同济大学研究生教育改革与研究项目资助(项目编号:2018GH30004)

# 驶向世界的"汉舟"

## 同济大学汉语国际教育专业成长印记 2015—2020

姚伟嘉　主编

同济大学出版社·上海

图书在版编目(CIP)数据

驶向世界的"汉舟":同济大学汉语国际教育专业成长印记:2015—2020 / 姚伟嘉主编. —上海:同济大学出版社,2022.10
ISBN 978-7-5608-9905-3

Ⅰ.①驶… Ⅱ.①姚… Ⅲ.①同济大学—汉语—对外汉语教学—概况—2015—2020 Ⅳ.①H195.3

中国版本图书馆 CIP 数据核字(2021)第 184571 号

## 驶向世界的"汉舟"
——同济大学汉语国际教育专业成长印记 2015—2020

姚伟嘉 主编

责任编辑 尚来彬　　责任校对 徐春莲　　封面设计 陈益平

| 出版发行 | 同济大学出版社　www.tongjipress.com.cn |
| --- | --- |
| | (地址:上海市四平路1239号　邮编:200092　电话:021-65985622) |
| 经　销 | 全国各地新华书店 |
| 排　版 | 南京文脉图文设计制作有限公司 |
| 印　刷 | 常熟市大宏印刷有限公司 |
| 开　本 | 710 mm×1000 mm　1/16 |
| 印　张 | 24.5 |
| 字　数 | 490 000 |
| 版　次 | 2022年10月第1版 |
| 印　次 | 2022年10月第1次印刷 |
| 书　号 | ISBN 978-7-5608-9905-3 |
| 定　价 | 88.00元 |

本书若有印装质量问题,请向本社发行部调换　　版权所有　侵权必究

# 序：刳木为舟，致远以利天下

作为目前全国唯一一个中国学生均为在职生，且采用非全日制模式培养的汉语国际教育专业学位点，同济大学的汉语国际教育专业相关实践和研究不但具有典型意义，而且有利于探索、研究、完善、推广一种全新的全日制与非全日制相互独立、相互融合、相互促进的人才培养模式。自2015年开始招生以来，我们一直在探索如何兼顾全日制培养和非全日制培养的优势，尽量使在职生在相对短的学习时间内获得与全日制学生同等的知识，并促使学生的专业知识与已有教学技能的相互促进、有效补充，进而推动在职生已有的专业知识和实践技能实现更加有效的优势互补，全面提升培养效率和效果。这是我们所确立的同济大学汉语国际教育专业硕士点发展的着力点和落脚点。通过这几年大家的共同努力，公认难招生、难培养的汉语国际教育专业在职生培养在同济大学已经形成特色，取得了突出成绩，得到了学界和社会的认可，学生数量和培养质量稳步提升。

要实现非全日制培养与全日制培养的优势互鉴、互补，其中最基础也最主要的工作，就是全方位科学设计专业课程教学、专业教材和跨文化技能培训，建构切实可行的汉语国际教育专业硕士培养质量保障与提升机制，包括建立生源孵化基地以提前强化专业知识，编写适合非全日制培养特点的专业教材；建立能够拓展学生专业知识的第二课堂补充教学体系，创立能有效检验学生教学技能和跨文化交际能力的国内外实践平台；尽量克服非全日制学生专业学习时间短的短板，向效率要时间，把零碎时间凝聚成整块时间，把教师的课堂同时也变成学生专业技能训练的空间，进而保障学生专业学习的时间和效果，不断提升专业知识素养和实践技能，形成专业知识与技能转化、质量保障与质量提升的自循环系统；创立非全日制和全日制培养有机融合的汉语国际教育在职生培养新模式。

针对汉语国际教育专业人才在职生的优势与劣势，我们借鉴全日制培养的经验，同时突破传统培养模式的局限，务实规划课程，保障非全日制学生既能全面掌握与全日制学生同等的专业知识，又能提升已有的专业技能，形成了基于全日制培养模式经验的专业人才在职培养创新模式。这一模式的主要特色是：依托同济大学科学的管理体制和高素质的校内外专业师资队伍，通过针对性的特色课程体系和实践平台体系，将招生、培养、就业有机统一，将课堂教学与多角度技能训练科学配置，将学生自主学习和延伸学习有序整合，将语言学习与文化理解有效融合，将招生机制与培养机制有机衔接，把培养目标分解到培养的每一个具体环节，采用"育""教""学""练"有机统一的方法，实现专业课学习、教学技能训练与跨文化交际实践有机融合，突破全日制培养以"课堂教学"为主的传统模式，形成汉语国际教育专业人才培养的"培育→学习→实践→内化→提高"的自循环培养系统，最终培养出既具有扎实的基础知识，又掌握了较强的跨文化传播技能的具有鲜明同济汉硕特色、"敢打仗、会打仗、能打赢"的卓越汉语国际教育师资。

同济汉语国际教育专业从招生、培养到学生毕业，姚伟嘉老师自始至终是亲历亲为者，她为同济汉语国际教育专业的建设和发展倾注了大量心血，我们都深表感激，也倍感心疼。当初她提议创办《汉舟》，说是以学生为主体，实际上从规划到设计以及内容的选编，她都是主导者，并不折不扣地实施，这让她更加忙碌。我每次看到新出的一期《汉舟》，欣喜之余，也常常后悔当初同意她的这一计划。可每次我想表示感谢的时候，却总能听到她单纯真诚的声音，我只好将所有感谢都埋在心里，因为她知道我想说什么，也在告诉我不必说，她在做自己认为对学生成长有益的事情，这是她的本职工

作。可我知道,她所做的,已经远远超出其"本职"。我为有这样的同事而骄傲。

伟嘉现在要将《汉舟》整理成书,我知道她是要记录一段同济汉语国际教育专业的发展史,也是要为同济汉语国际教育专业的未来发展提供一份实实在在的借鉴手册。历史都浸透在日常生活的细节之中,这当然也包括汗水。我能感觉到它们的分量,我和伟嘉以及我们的同事、学生也都一样珍惜它们所代表的过去和预示的将来。

"刳木为舟,剡木为楫,舟楫之利,以济不通,致远以利天下。"

一期期的《汉舟》,犹如一支有条不紊的船队,直挂云帆,乘风远航。

同济"汉舟",同济沧海!

孙宜学
2020 年 5 月 28 日

# 目 录

序：刳木为舟，致远以利天下

| | |
|---|---|
| 1 | **第一章　不忘初心** |
| 3 | 寄语《汉舟》 |
| 4 | 成为更灿烂的小太阳 |
| 6 | 莫负光阴　同舟共济 |
| 8 | 一路向前 |
| 9 | 隔山，风景亦美 |
| 10 | 平心静气练内功 |
| 12 | 怀一颗赤子之心前行 |
| 13 | 弱水三千，只取一瓢饮 |
| 14 | 人生匆匆　且行且惜 |
| 15 | 又是一年辞旧迎新月 |
| 17 | 脱茧，羽化成蝶 |
| 18 | 换个方向思考 |
| 19 | 像植物一样 |
| 25 | 同济同行　青春无悔 |
| 26 | 心之所向　素履以往 |
| 28 | 梦想，每天靠近一点点 |
| 29 | 九月心情 |

| | |
|---|---|
| 30 | 梦想·迷茫·前行 |
| 32 | "三跨考生"开启人生新一轮 |
| 33 | 是起航,也是回家 |
| 34 | 青山依旧　细水长流 |
| 36 | 千里之行,始于足下 |
| 38 | 感激 2016 |
| 40 | 上海见闻 |
| 41 | 2017 级汉硕生入学感言 |
| 43 | 考研心得分享 |
| 45 | 最初的梦想终会到达 |
| 47 | 回望来路　不忘初心 |
| 49 | 让我们相约"同济汉硕" |
| 50 | 心若向阳　何惧忧伤 |
| 51 | 念念不忘　必有回响 |
| 52 | 梦想在云端 |
| 54 | 以梦为马　不负韶华 |
| 55 | 遇见同济,遇见未知的自己 |
| 57 | 同舟共济　自强不息 |
| 59 | 语言通事　文化通心 |
| 61 | 2018 级汉硕生入学感言 |
| 65 | 语言构筑文化虹桥 |
| 68 | 年年岁岁花相似,岁岁年年人不同 |
| 69 | 2019 级汉硕新生入学感言 |
| 71 | 汉传心,Made in Tongji |

| | |
|---|---|
| 73 | 第二章　教学相长 |
| 75 | 秋梦入诗寄明春 |
| 78 | 好好生活　努力求学 |
| 80 | 妮子未出国门的跨文化之旅 |
| 83 | 不负这时光　不负这使命 |
| 87 | 平望中华灯谜参赛记 |
| 89 | 课堂活动设计分享 |
| 91 | "讲课交流会"助力志愿者考试 |
| 92 | "买东西"or"买南北" |
| 94 | 趣味汉字识多少 |
| 96 | 初为人师的我们 |
| 98 | 孔子学院志愿者考试经验分享 |
| 102 | 跨文化工作坊 |
| 105 | 纸上得来终觉浅，绝知此事要躬行 |
| 107 | 2016级中国汉硕班"国别分析主题报告会" |
| 110 | 中外学生"同济中华历史长河系列文化活动"拉开序幕 |
| 114 | "认知图书馆"系列活动顺利完成 |
| 115 | 2016级汉硕留学生代表参与马克思主义学院"国民教育讨论课" |
| 116 | 同心"济"语　汉传天下 |
| 117 | 2016级国际汉硕"第二语言学习理论与实践"学习心得集锦 |
| 121 | 2016级中国汉硕外派志愿者考试经验分享及反思（一） |
| 127 | 2016级中国汉硕外派志愿者考试经验分享及反思（二） |
| 130 | 2016级中国汉硕外派志愿者考试经验分享及反思（三） |
| 132 | 2016级中国汉硕外派志愿者考试经验分享及反思（四） |

| | |
|---|---|
| 133 | 中外学生融合,共诵中华文化原典 |
| 135 | 首届"汉教英雄会"晋级赛亲历记 |
| 139 | 第三届"江浙沪汉硕教学技能大赛"参赛心得 |
| 140 | 同济国际学生在上海市2017年留学生中国诗文诵读大会决赛喜获佳绩 |
| 141 | 在经验中学习,在分享中进步 |
| 145 | 国别化汉语语音教学对比研究 |
| 148 | 2017级同济汉硕班服班徽诞生记 |
| 150 | 佛罗伦萨孔子学院普拉托中学秋令营结营 |
| 153 | 西安文化体验游记 |
| 155 | 走进上海博物馆 感知上下五千年 |
| 156 | "跨文化对话:东西方文明的文化基因比较"专题研讨会听会心得 |
| 158 | 亲手制陶 |
| 160 | 第五届"江浙沪汉语国际教育硕士教学技能大赛"参赛侧记 |
| 163 | 端午文化初体验 |
| 164 | 古韵今风 书画同源 |
| 166 | 美国大学理事会志愿者项目培训心得 |
| 168 | 2018级汉硕生"语言、文化、教育"专题系列讲座心得 |
| 172 | 搭建信息共享交流平台,助推长三角区域汉语国际教育一体化发展 |

## 第三章　海外佳音

| | |
|---|---|
| 177 | 我的孔子学院志愿者工作 |
| 181 | 身在异乡非异客 |

| 183 | 佛罗伦萨大学孔子学院初体验 |
| --- | --- |
| 185 | "京大十一月祭"杂感 |
| 188 | 瀚宇之花开在庆熙 |
| 190 | 爱在庆熙 |
| 192 | 行走在翡冷翠的春天里 |
| 194 | 意外？意外！ |
| 196 | 备课之前先"备学生" |
| 198 | 西班牙汉语课堂跨文化冲突案例一则 |
| 199 | 江波副校长一行出席德国汉诺威莱布尼茨孔子学院揭幕仪式并访问莱布尼茨大学 |
| 201 | 我院孙宜学副院长带队赴意大利参加实用汉语教学特点与技能培养规律国际研讨会 |
| 203 | 在微笑国度的成长 |
| 205 | 我在美国孔子课堂 |
| 208 | 在新的环境中寻找自我 |
| 210 | 赴任中的见证 |
| 212 | 在美国当志愿者：独立面对的异国他乡 |
| 215 | 若叶祭中绽放中国文化之花 |
| 217 | 我在意大利教汉语 |
| 219 | 外派志愿者随感三则 |
| 221 | 坦桑尼亚的社交零体距与自来熟 |

| 225 | **第四章　杏坛论道** |
| --- | --- |
| 227 | "汉语国际教育导论"授课进行时 |

| | |
|---|---|
| 229 | 江南之珠：秀美园林 |
| 232 | 2015级汉硕"语言、文化、教育专题讲座"课程小结 |
| 235 | 谈谈中华文化才艺展示这门课 |
| 238 | 我们将如何教与学？ |
| 242 | 沪语的丰富性值得保护 |
| 243 | 谈毕业论文的准备 |
| 246 | 跨文化比较漫谈 |
| 249 | 绝对的现在：诗意化的"西方" |
| 253 | 论主观化理论在汉语教学中的运用 |
| 256 | 刳木为舟　致远以利天下 |
| 258 | 论"汉语语言要素教学" |
| 260 | 中德高校国际学生本科招生录取标准对比研究 |
| 263 | 汉语国际教育国别化研究 |
| 266 | 中国世界一流大学建设与可持续发展的孔子学院事业 |
| 269 | 两个"不知不觉"：汉语国际传播的现实与理想（节选） |
| 272 | 为建设一流的汉语国际教育专业而努力 |
| 277 | 存志有量　去娇戒骄 |
| 279 | 高校在中华文化"走出去"中的使命与任务 |
| 282 | 中国世界学：世界"中国时代"的共同期待 |
| 286 | 修身养性　用心治学 |
| 288 | 新时代赋予汉语国际教育的新任务 |
| 290 | "一带一路"文化交流需要一部"实战操典" |
| 293 | 建设"一带一路"孔子学院　推动构建人类命运共同体 |
| 296 | 中国强　汉语热 |

| | |
|---|---|
| 299 | **第五章　源头活水** |
| 301 | 从汉硕教学技能比赛反思汉语国际教育 |
| 302 | 李宇明教授做客同济"汉语国际传播论坛" |
| 304 | 思想碰撞　头脑风暴 |
| 307 | 为世界的理解与沟通架起一座彩虹桥 |
| 310 | "可持续发展视野下的跨文化交流论坛"分论坛活动纪要 |
| 313 | 浙江大学王小潞教授解析"学习动机" |
| 315 | 2017"语言与跨文化交流"学术周开讲 |
| 316 | 我院成功举办2017"语言与跨文化交流"学术周系列活动 |
| 318 | 实力：硬、软、智、新？ |
| 319 | 同济大学中华文明首届论坛"当代中国文化的国际传播与教学研讨会"成功举办 |
| 323 | 跨文化交流，让世界浸染在中国故事之中 |
| 329 | 第二届中华文明国际传播论坛"'一带一路'与当代中国文化的国际传播"国际研讨会成功举办 |
| 333 | 第二届中国北京国际语言文化博览会"'一带一路'语言文化共兴发展论坛"成功举办 |
| 337 | 第二届中华文明国际传播论坛"'一带一路'与当代中国文化的国际传播国际研讨会"会议综述 |
| 343 | 游走于东西方之间 |
| 344 | "汉语国际教育与文化国际传播"井冈山高峰论坛成功举办 |
| 346 | 狮城引智　同舟共济 |
| 348 | 古川裕教授讲座：汉语语法感性教学法探析 |
| 350 | 专家学者齐聚同济大学　务实共商"一带一路"与中外文化共兴共荣 |

| | |
|---|---|
| 353 | "第三届中华文明国际传播论坛"共同探讨城市文明与人类美好生活 |
| 355 | **附录** |
| 355 | 同济大学汉语国际教育专业硕士大事记 |
| 369 | 2015—2019年《汉舟》执行主编及发行时间一览 |
| 371 | 2015—2019年同济汉硕中外学生名录 |
| 373 | 2015—2019年同济汉硕导师名录 |
| 374 | 2015—2019年同济汉硕专业课授课教师名录 |
| 375 | **后记** |

# 第一章　不忘初心

是否还记得,废寝忘食、复习备考的煎熬?

是否还记得,收到录取通知书时的激动?

是否还记得,与同窗苦读、共勉的日夜?

是否还记得,选择这个专业的初心?

驶向世界的「汉舟」

2015年9月26日
星期六
总第1期（创刊号）
本期4版

同济汉硕的"园地"
驶向世界的《汉舟》

主办单位：同济大学国际文化交流学院　　主编：孙宜学　　本期执行主编：姚伟嘉

## 创刊词

### 寄语『汉舟』

陈强

学院的汉语国际教育硕士项目在大家的共同努力下，终于起步了。之前付出的心血，总算没有白费。然而，前路漫漫，存在诸多不确定性，有待大家一起探索，克难攻坚。

何谓"汉舟"？有多重理解，既可以认作"汉语知识海洋中摸索前行的一条小船"，也可理解为汉语国际传播大潮中奋力驶向大洋彼岸的"同济之舟"，甚至可以想象成"一飞冲天，直上星汉的宇宙飞船"。这三种解读方式不妨可以作为学院汉语国际教育发展近期、中期和远期目标，也可以作为同学们未来职业发展道路的三个坐标。

如何实现这些目标？如何让这些坐标变成现实？对于学院而言，关键在于大家达成关于发展目标的共识，制订明确的行动方案，强化能力建设，形成良好的团队精神和工作氛围。对于同学们来说，最重要的任务是通过学习和实践，推动自身知识、能力及人格的全面提升。

诞生之初的"汉舟"虽小，但只要全院师生共同努力，必定会逐步升级，最终成为遨游星汉的艨艟巨舰。

### "汉舟"行
#### 贺2015级汉硕新生入学

孙宜学

汉风古韵淳于醇，
语日言月至于臻。
国强民富根基厚，
际会风雨心神稳。
传文释惑本命在，
播诚环宇亦丹心。
柳声如海萍如石，
婕妤不再是女名。

◀ 9月12日，陈强、潘慧斌、孙宜学三位院长出席2015级的开学典礼。

### 汉硕半月大事记

▶ 9月12日，学院举行2015级汉硕的开学典礼。陈强院长介绍了校史、院史；孙宜学副院长对大家进行了学术道德和思想品德的教育；刘颖副教授解读了课程设置并为职业规划方面为大家做了指导。

▶ 9月6日，"国际文化交流学院"的名牌第一次出现在同济大学研究生迎新现场。伍江副校长专门来到我院迎新点，了解工作情况，并对我院的工作给予了充分肯定。

▶ "汉硕一期"六位同学顺利报到注册，同济欢迎你们。

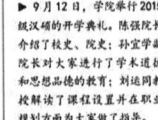

▶ 9月19日，"汉硕一期"的同学们正式开始了专业课的学习。

### 本期导读

第二版　"汉硕一期生"入学半月来的感受及未来三年的学习计划

第三版　胡春春副教授"海派文化、中国文化和中国梦"讲座纪要

第四版　杨光俊教授"日本汉语教学现状及对汉语教师的期望"讲座纪要、近期学术文摘

本刊为半月刊　　投稿邮箱：tongjihanshuo@163.com　　地址：上海市赤峰路67号　　邮编：200093　　联系电话：65983268

图1-1 《汉舟》创刊号：2015级汉硕生入学

# 寄语《汉舟》

陈 强

学院的汉语国际教育硕士项目在大家的共同努力下，终于起步了。之前付出的心血，总算没有白费。然而，前路漫漫，存在诸多不确定性，有待大家一起探索，克难攻坚。

何谓"汉舟"？有多重理解，既可以认作"汉语知识海洋中摸索前行的一条小船"，也可理解为汉语国际传播大潮中奋力划向大洋彼岸的"同济之舟"，甚至可以想象成"一飞冲天，直上星汉的宇宙飞船"。这三种解读方式不妨可以作为学院汉语国际教育发展近期、中期和远期目标，也可以作为同学们未来职业发展道路的三个坐标。如何实现这些目标？如何让这些坐标变成现实？对于学院而言，关键在于大家达成关于发展目标的共识，制订明确的行动方案，强化能力建设，形成良好的团队精神和工作氛围。对于同学们来说，最重要的任务是通过学习和实践，推动自身知识、能力及人格的全面提升。

诞生之初的"汉舟"虽小，但只要全院师生共同努力，必定会逐步升级，最终成为遨游星汉的艨艟巨舰。

【登载于《汉舟》创刊号】

## 成为更灿烂的小太阳

杨晶晶

一转眼,2015年的夏天已经悄悄远去了。想起人们常说的"一场秋雨一场寒",相信最近几天,每个人都已经有了切身的感受。想起去年的这个时候,处在繁忙的工作和各种各样的生活压力下不断挣扎着的自己,不禁感慨万千。首先感谢过往那些逝去的岁月,开心的、伤心的、沮丧的、积极的……这些都促使我对自己的人生有了深刻的反思和规划。也感谢自己有勇气为了最初的梦想而努力,而坚持。再次要非常感谢在我咨询的时候,给过我耐心的解答和指引的王琼老师,让我更坚定了自己前行的步伐。九月初,怀着无比期待和憧憬的心情来到了学校报到,见到了我们可爱而热情的姚伟嘉老师和朱婕老师,后来听到陈院长和孙院长讲话中对我们的热烈欢迎和对我们未来的期待,再到后来听了刘运同老师的课程设置说明及对我们在职业规划教育方面的指导,让我对未来更加期待,也更加坚信了自己的选择。虽然有了坚定的信念,但在各位老师的谆谆教导和热心指点下,我深刻地认识到了自身的不足,也真正意识到这条路并没有自己一直以为的那么简单,不可能只凭借一腔热血就能成为一名合格的老师,更何况还是一名将要代表着中国形象去传播中国文化的对外汉语教师。我一直觉得汉字本身是具有魔力的,而汉语和中国文化更是一种魔法,有一种发自心底的热爱。能成为同济大学国际文化交流学院的汉语国际教育的专业硕士,我非常荣幸和骄傲。在接下来的三年时间里,我希望自己不但能成为一名合格的"指挥家",也能成为一名快乐的"魔术师"。在以后的职业生涯中,让学生能在快乐地学好汉字、汉语知识的同时,也对中国文化保持强烈的好奇心,在被吸引的同时可以进一步探索、研究。首先,由于本人是跨专业学习,我必须要努力学习本专业的基础知识,包括汉语本身和相关的教学法。如杨光俊教授所说,要教得了书,站稳讲台。胜任国内及海外的汉语及文化课程教学工作是我对自己的基本要求之一。其次,要在努力学习汉语基础和教学法的同时努力学习教育学和心理学方面的知识,并熟练掌握英语知识,学好学校特色语种——德语的相关知识,使自己在以后的日子里能胜任多国别、多类别、多层次、多课型的汉语及文化课程教学任务。最后,希望自己可以努力学好古琴,并熟练掌握剪纸等展示和传播中国文化的技能。也希望自己可以在这三年间多参与活动,更好地锻炼自己的能力。与此同时,我也要改善自己的身体素质,加强自身锻炼。身体是革命的本钱,这是学习、工作最基本的保障。在此,特别感谢学校提供的在本院担任汉语教师的实践机会,教学相长,希望自己在学习和实践同步进行的同时,多看书,多思考,多登载文章,在未来的日子里,更好、更快地成为一名优秀的对外汉语工作者。"路漫漫其修远兮,吾将上下而求索。"有了正确的选择,接下来就需要不断努力奋斗了,这样才能使当初正确的选择锦上添花。希望未来的我也能如我的名字一般,成为能量充足的"小太阳",发光发热,去温暖和感染更多的人。

【登载于《汉舟》创刊号】

# 莫负光阴　同舟共济

王贞慧

2015年9月6日,怀着激动的心情来到同济大学,看着绿荫道上来往的人群,按捺不住地兴奋。忙忙碌碌的一天,最后定格在新生报到的集体照上。那一刻,心定了,仿佛多了一个家。开学典礼那天,校长说:"同济大学的研究生应该是以社会的可持续发展的研究为己任的学生。"我开始深入思考,作为研究生的三年我该怎么过?我要收获些什么?

## 与书籍为友

从本科开始,图书馆就是除了寝室之外我待得最长的地方。书籍就是一副镇定剂,通过阅读让人愈加清醒。

三年的时光,希望自己更多地读书。本科的学习只是入了门,但对于研究还远远不够。所以,三年,仍然要多读书、读好书。希望老师的教导和自己的学习,可以让我从专业角度,具备独立上好各个层次、各种类别汉语课的能力,通过努力去国外的孔子学院。也希望能够通过广泛的阅读,找到自己的兴趣点,深入拓展研究,能够做到突出当然最好,不能,也是一件乐事。

另外,提高语言能力,希望可以用坚持换来两到三门外语的熟练掌握。

## 与智善者为友

穿梭在校园中,会与很多人擦身而过,有时会盯着一张迎面而来的陌生面孔出神,猜想对方有什么样的性格和故事。社会是一张大网,因为和不同的人交往,生活才变得丰富。尤其在学院和各个国家的学生接触以后,有些震撼,原来世界比自己想象得大得多。所以,未来三年希望自己心态更开放,积极认识不同思想、不同文化的人。

与智者和善者为友,择其善者而从之。同时也和自己为友,希望通过三年的沉淀能够认清自己,形成高品质的人格,明确自己的方向,成就自己独特的风格,宽和待人、严于律己。

## 与时间为友

过去的经历让我明白,每一段时光都有不同的价值,它们就像衣服,有的标着天价摆在华丽的橱窗里,有的被堆积在杂乱的地摊上。这三年,除了想完成研究的目标、学好语言的目标、多交朋友的目标,还想去学书画、把书法练好,学好钢琴,学会太极,等等,这些细碎的技能都要和时间赛跑。因而我也深深明白,三年的时光是金贵的。

理想丰满,但现实往往骨感。我认为现实,源自人的信念和付出。客观地说,三年时间的品质某种程度影响着三年以后的生活,骨感的付出必然承载不起丰满的现实。所以,三年,不长不短,不慢不快。别忘记,莫负光阴!

【登载于《汉舟》创刊号】

驶向世界的「汉舟」

# 一路向前

张 鹏

时光荏苒,不知不觉自己已然成为一名硕士研究生,像其他的莘莘学子一样,背上行囊,从银装素裹的东北踏上列车,来到魔都——上海,融入同济大学国际文化交流学院并成为集体中的一员,重新开始了属于自己的征程。在欣喜与兴奋的同时,也略有些紧张与迷茫。三年时间,转瞬即逝,因此,为自己制订三年内的学习计划便成为我们学习伊始的重要前期准备工作。只有明确了学习目标和计划,我们才能在有限的时间内充实自己,让自己变得更加强大,让生活变得饶有趣味、五彩缤纷。为院长老师们的殷切期许交上一份满意的答卷。

首先,我们要对自己所学的专业有一个清醒的认识。汉语国际教育,要以语言理论为基础,以教育教学实践为主体,重视发挥实践教学。由于自己的对外汉语教学经验不足,更多地偏重语言理论研究,因此希望自己在这三年内能够有一个较大幅度的转型,能够把对不同国家、各个层次汉语水平的留学生的教学做到游刃有余。诚然,自己深知这需要付出辛勤的汗水,但我并不畏惧,相反,我会义无反顾地继续下去,因为自己一直 on the road!

其次,要学习并掌握好第二外语,提高自己的语言能力,开阔视野,丰富语言多样化和类型化。我会充分利用学院为我们提供的课程平台,努力学好这门语言以及文化知识。

最后,要运用有效的学习和研究方法,尽可能多地去了解世界各国风格迥异的多姿文化、不同民族的思维方式和认知差异,为跨文化交际以及中华文化传播推广工作打下坚实的基础,力争自己独当一面,能够承担起这一光荣而神圣的使命和任务!

【登载于《汉舟》创刊号】

# 隔山,风景亦美

王雪娇

作为一名从农学跨专业考到汉语国际教育这个纯文科专业的理科生,我很清楚自身情况及特点,所以在接下来的三年学习中,我打算针对自己的实际情况,充分利用学院提供给我的平台和机会,更加努力地学习以提升自己,补足短板,发展长板,努力做一个各方面素质都符合要求的全优汉语教师。

首先,就是尽快建立起一个合理的、符合汉语教学工作需要的知识结构,在语言学、心理学、教育学、文化学、跨文化交际学等方面储备知识,了解和研究包括本体论、教学论、习得论和工具论等诸多方面的问题。

其次,要大量阅读有关中外文化的书籍,增加知识面,了解各国风俗文化,为跨文化交际打好基础。这一点也是我比较欠缺的。在跨文化交际中,我所需要的知识包罗万象,它包括一个国家的政治、经济、历史、地理、宗教、习俗、礼仪、道德等社会的各个方面,这些对个体人的行为及思维方式影响很大。所以作为一名对外汉语教师,我必须不断学习,不断提高自身的文化修养,才能适应跨文化教学的要求。

再次,我还需要在真正的教学实践中学习并掌握各种教学技能。希望能够学到多种不同的教学方法、教学技巧,吸收采纳其他老师们的教学优点,让自己的实践能力也有所提升。

除此之外,我还要在课余继续自学西班牙语,同时在下学期努力学好德语。最后,希望自己在这三年的深造后,重塑一个更完整、更有魅力的人格,在保持自己乐观向上心态的同时,能够更加沉稳干练、不急不躁,做到"打得起太极拿得起笔",拥有独立的思想观点和思考能力。希望三年后的我回头再看这篇文章的时候能够欣然无悔地说:"不枉我这同济走一遭!"

【登载于《汉舟》创刊号】

## 平心静气练内功

曹 璐

第一周的课,让我开始真实地接触汉语国际教育这个专业,老师的风采和丰富的知识让我们每个人都聚精会神却全然不知疲累。我感觉自己是进了一座宝山,那岂能空手而归?面对国际汉语教师的标准时,我觉得路漫漫而修远。不像其他同学,由于工作的限制,我暂时失去了在教学第一线历练的机会。看到身边的伙伴"如饥似渴"地观察老师的言谈举止,记录下每一个零碎的知识点,不放过任何一个让自己提升的细节,我的内心欣喜、羡慕,又充满着一股不服输的劲儿。所以,我先制订一个"半年计划"!

这半年我想做点实事,利用好自己零碎的时间,每天坚持做一点,积累一些,让自己明年站在讲台上时更有底气,做好本职工作。虽然现在的工作与所学的专业并没有直接联系,但我要秉持善始善终的态度,在工作中练好日语,学会做好事、做好人。在与日本人的交往中,也可以运用跨文化的知识,而不是一味受对方习惯熏染,带着思辨的头脑,带着真诚,相互学习,让他们更深入地了解中国。

练一手好字。汉字自不必说,是中华文化的标识,也是一名国际汉语教师的门面。现在自己的字实在难登大雅,所以得抓紧练习,每天花一个小时,静下心来好好临摹。

读几本经典。讲座上胡老师问:"你们读过'四书'吗?你们读过几遍《论语》?"我沉默了,不敢回答。这些经典我从未细读,更谈不上理解,很是惭愧!我要求自己这半年得完成《论语》《诗经》的阅读。

看几本专业书。《说文解字》《现代汉语八百词》等,这些大家的专著是我的给养,我希望当我站在讲台上,回答学生千奇百怪的问题时,能更多地靠知识,而不只是纯粹的语感。

上好课。老师在课堂上不仅传授给我们知识，引导我们思考，也会分享经验。我很感谢老师们能慷慨地将自己的独门秘笈与我们分享；老师们能推心置腹地传授我们各种情况的处理方式，让我受益良多。所以我得花时间将精华稀释、溶解，慢慢吸收。

与同学们交流。公司研发部门的同事工作上遇到技术问题，总是聚在一起热烈讨论，非常坦诚，毫不避讳，所以总能碰撞出意想不到的火花。让我不禁感叹，这才是知识青年应有的态度，这才是好团队应有的状态！我们六个人，截然不同，各有所长。我喜欢雪娇的灵动聪慧、晶晶的热情认真、贞慧的沉稳大气、张鹏的执着不挠、娅雯的善良可爱。希望大家都能在同济收获知识，展望各自有意义的人生！

【登载于《汉舟》创刊号】

# 怀一颗赤子之心前行

曹 璐

作为同学中最特殊的一个,我少了太多积累、精进的见习机会,也无法像其他同学那样全身心地投入教育第一线中;却也"管中窥豹",领略了众多老师的风采,遐想着多年以后自己站在讲台上的应有模样。体味到学海无涯,看着身边津津有味吸收着新给养的同学们,更鼓起干劲,力争上游。在社会和校园的对比转换中,感受到在纷繁复杂的环境里,保持一颗赤子之心、静下心来学知识是多么重要!

网络上流行着这样的段子:"想成为国际汉语教师,要上得了厅堂、下得了厨房,舞得起刀剑、画得来国画,剪得来剪纸、写得来书法,听得来京剧、勾得来脸谱,吹拉弹唱样样会、五千年历史样样懂,穿得了正装、撑得起旗袍,编得了文件、做得来视频,组织得了活动、hold住全场,老师、保姆、清洁工,样样都要显神通。"而当我上完了四分之一学期的课后,再看这段话时,丝毫没觉得夸张。我们守着座金山银山,古往今来沉淀的中华文化是我们最强健的臂膀,而我想做的是首先以敬畏之心去感受,然后像孩童吮吸乳汁一般去吸收;希望自己能永远怀着一颗赤子之心前行,无惧风雨,愈行愈坚!

【登载于《汉舟》第6期】

## 弱水三千,只取一瓢饮

曹 璐

在一轮又一轮的忙碌中熬过了第一个学期。带着些许欣喜,我觉得可以稍微长舒一口气,过一个放松、欢乐的春节长假了。回顾这个学期,从各方面开始接触汉语国际教育这个专业:"汉语国际教育导论""中华文化经典""教学测试与评估设计""中华文化才艺""现代教育技术""二语习得课程""名家讲座"。光看名字,就可以看出课程类型之丰富、形式之多样。

我很庆幸在自己的本命年里,凭着自己的努力和运气来到同济,在一个全新的广阔平台上享受着充实的快乐,看着自己日有所长;虽然前进的脚步是如此缓慢,但看着将一个个不可能变成可能的实例,看着真诚单纯的伙伴们孜孜不倦地汲取知识的给养,看着经历各种磨练愈渐成熟、坚强的自己……我可以毫不犹豫地说一声:弱水三千,我只取了同济这一瓢,值!

新的学期,我也可以重新调整重心,好好给自己充充电,让自己从语言(英语、日语、普通话等)、才艺(古筝、书法)、专业知识等各方面慢慢提升,让自己吮吸中华文化的乳汁,怀着一颗赤子之心前行。我喜欢"Ambition"这个词,而对于我来说,雄心壮志是细水流长地不断精进,我渴望见证不断进步的自己。

越努力,越幸运!

【登载于《汉舟》第8期】

## 人生匆匆　且行且惜

王贞慧

余秋雨说，我等不到了。可是我会等，也愿意等，因为该来的一定会来，不过是要看时间愿意给你几分薄面，还你几份人情。人总是忍不住回首，看往事都像水中月，美到迷离。人生就是见一面少一面的路程，唯有倍加珍惜或许才能拉升点儿生命的长度。然而，何谓珍惜？清谈一句"我爱"便算了吗？

某日下班高峰乘地铁在闸机口排队刷卡出来时，旁边一女子推推搡搡欲插入不太规整的队伍中，向来"嫉恶如仇"的我毫不示弱，用正义者的姿态昂首挺胸将其挡在身后，慢悠悠刷卡出来了。但没走两步，心中生出一个念头：如果刚刚谦和有礼地让她先刷，又会如何？

我想总还是少了些发自肺腑的敬畏与珍惜，才不看重这一面之缘。每一程车水马龙，每一次嬉笑怒骂，每一个匆匆回眸，落在生命的画卷中转瞬即逝。是不是对生命应该多一些感恩、敬畏与珍惜？毕竟不知下一段风景会否到来，又是否有你！

【登载于《汉舟》第 8 期】

# 又是一年辞旧迎新月

张 鹏

辗转,又是一年辞旧迎新月,亦是一年耕耘收获时。之于昔日的工作单位,写年终总结呈给部长是必要的,此时此景,应编辑之约,就随便写下几行文字聊以慰藉吾心。

寒来暑往,四季更迭,万物交替轮回。虽品过甘甜,尝过苦涩,却都宛若泉内之一泓,亦犹昙花之一现,好不忧凄!纵有牵绊,也只能立于峭壁巉岩之上放声疾呼,只因风儿许诺将字句细语携至天涯海角,从海岛出发,漂洋过海,抵达异国他乡。于是我便每日睡前祷告,望你勿于海上遇见风暴抑或盗跖,只愿你能平安抵达目的地。可是我却不能大声疾呼,因为这里没有高冈。放眼望去,广袤的平原,仿佛看到了油油的绿意,依稀回到锡林郭勒,静静的薄云游龙般回荡在苍穹之上,伴着库伦沙漠那圆盘般烈日下探险者修长的身影,挥舞着彼此的登山杖,信手捧一把白蘑,如饮松花之水,如尝烹鱼之鲜。伴着馥郁芬芳摇首行,猛然间抬头,望见银杏与梧桐的叶子沙沙作响,轻歌曼舞般一跃而下,害得清洁工人一遍一遍地持帚打扫。梧桐的寂寞映衬着十二月上海的秋旻,却也只是加重了些湿气。其实,北纬就是如此,我们也都如此。

昨日,我遇见了园丁,他告诉我并非所有的花都需要肥沃的土壤,沙漠就是仙人掌的天堂。我遇见了厨师,他告诉我好汤不需要浓汤宝,只要保证充足的时间和不变的沸点。我遇见了修理工,他告诉我修理不需要多么复杂的技艺,只要你去用心呵护和保养。我遇见了摄影师,他说偏远的村落之于他并非苦难折磨,而是世外桃源,别番乐土。我遇见了藏民,他告诉我原始是他们的骄傲和自豪。他们都有自己的哆啦A梦,我暗自嘀咕着,深谙踏在白雪上的咯吱声就是最摄人心魄的音符,它能

唤起死的魂灵,它能撼动冥顽的心。

马路总是跟你开玩笑。他说他不姓马,也不叫路。但是它能直通罗马,也会百般阻挠,九曲回肠,由不得你心猿意马。言者无心而听者有意,不禁眉头紧锁,若有所思……

噫,时已不早,记至此。

【登载于《汉舟》第 8 期】

## 脱茧，羽化成蝶

邬娅雯

转眼之间，半学期已悄然过去，回望来时的每步路，还是收获颇多。因为学习方式的特殊性，我们在周六周日集中上课，周一到周五在学院实习，这种教学相长的学习模式大大提高了我们的教学能力，但是却给身体素质带来很大的挑战，所以每天要抽时间锻炼身体，毕竟身体是革命的本钱！

过去的一年最新鲜的经历是我当老师了。习惯了学生的角色，突然转变成老师多少有点不适应，至今依然清晰地记得初登讲台时的剧烈心跳。

还好已经很快适应了老师的角色，每天都期待见到我可爱的"孩子"。天有不测风云，发生了一件意想不到的事情，我摔倒了，脸上挂了彩，缝了五针，被迫回家休息。离开学校的日子，很担心跟学生培养起来的感情会断掉，没想到竟然还收到学生们的问候短信，感动之情难以形容。养好伤回到学校之后，又投入到了教学之中，愈发觉得自己是多么幸运，可以做这些可爱的学生们的老师。需要学习的还有很多很多，希望在新的一年里能遇到更好的自己。

【登载于《汉舟》第 8 期】

# 换个方向思考

王雪娇

有一本书的开头是这样写的：两条小鱼在水里游泳，突然碰到一条从对面游来的老鱼向他们点头问好："早啊，小伙子们，水里怎样？"小鱼继续往前游玩了一会儿，其中一条终于忍不住了，他望着另一条，问道："水是个什么玩意？"

所以我在想，我们每个人其实无意中都给自己创造了一个拟态环境，把自己当成自我世界的中心，通过长期的思维模式和过往经历养成了看待问题的固定印象和态度。比如在路上看到高峰时的车水马龙就开始急躁抱怨，说全世界都要和我做对，都要挑这个时间出发；在超市看到有人排队买单，队伍却迟迟不动，因为收银员和某顾客交流，就认为一定是这个顾客算不清楚钱或者啰里啰嗦、斤斤计较……

生活中每天发生的例子，其实说到底跟我们看待问题的角度有关。所以，如果我们愿意相信事出有因，或者换个方向去思考，我们的生活状态就会大不一样。不信吗？先试试！

【登载于《汉舟》第 8 期】

# 像植物一样

王雪娇

我无论生活在哪里,遇到任何意外都要保持自我平衡,面对黑夜,风暴,饥饿,嘲弄,事故,挫败,都要像树木和动物那样坚韧。"

——惠特曼《我沉着》

去年准备考研的时候,我养了盆植物,学名叫罗勒。那是夏天的时候我用同班同学的罗勒籽种的。盆和土都是同学送的,小小黑黑的籽连埋都没有好好埋,就拌在表层的土里。虽然啥指望也没有,但记得以前奶奶做豆芽的时候,给黄豆盖一层浸湿的布,说遮光发根,湿气大种子膨得快,所以从某处厕所扯了张擦手用的厚纸,让它喝饱水,盖在土上。一盖盖了一个礼拜,早晚刷牙想起来的时候,把漱口杯里剩的水浇进去。

后来有一天忽然发现纸下面好像长了什么东西,遮开一看,竟然是冒了一排排的芽,因为当初拌种子的时候比较匆忙,所以芽发得不匀,有的地方密有的地方稀稀拉拉的。室友看了以后皱眉说,太密了,你得掐掉几棵,或者再弄个盆,让它们分开长。我心里想这才是自然状态呢,就没管。

这盆罗勒倒是很争气,几个月过去长了绿绿的一盆叶子,挺好看。正好有一种颜色叫做 kelly green,是我非常喜欢的绿,于是我就给它起了个名字,叫 Kelly。茎部除了某一两棵长的又长又直,大多数都好像是磕磕巴巴地拧着,尤其靠近土的部分,都七歪八扭,只是上头的叶子太密实,看不出虚实。那几棵面儿上,只是长得高点、齐点,多的也没有,但是错落有致,也挺有意思。

我一直觉得 Kelly 长得很慢,一个月时间里也就比盆沿儿高出那么一点。我有时候跟着着急,听说罗勒就只能长一年,一想到它们长这么慢还没发育完全就死翘翘了就感觉有点过意不去。有时候我急了就早晨多浇点水,晚上从图书馆回家就会看到整个盆就跟溺水了一样,叶子黏黏糊糊的耷拉下来,感觉一摸就得沾一手的水。有时候窗台上能看到渗出的泥水印。然后我又手忙脚乱地拿化妆棉拍表层的土或者用吹风机吹盆底的洞,但是幸好它磕磕绊绊地活了下来。有一次我放假放了一个多星期,走之前拜托了室友帮忙给 Kelly 浇水。她每天都忙得要死,我其实不太确信她会每天浇水,后来事实也证明了我的想法。可是,回来拿到 Kelly 的时候我忽然发现它竟然还长高了,内心再次为这盆小宝贝点了个赞!

那个学期我每天晚上睡觉前都习惯做几道题,经常错得惨不忍睹,有时候发现两个月前做过的题再做居然又错,感觉挺崩溃。每次看到灯光下窗台上的 Kelly,就觉得自己跟它一样,长得好慢啊,一眼望不到头的感觉。可是第二天睡醒了,还是该学习学习,该浇水浇水,就像是当初 Kelly 被我折腾得乱七八糟还是顽强地活了下来。后来,我终于考上了研究生,知道得到消息的那一刻我有多高兴吗?就跟拿到两个礼拜没见却发现长高了的 Kelly 一样高兴!好好活着,如同 Kelly 一样顽强地生长,如同那些茎叶为了阳光和空间努力和"邻居们"拼争,只需要水,便长出自己的节奏和个性。如果说 2016 年有什么愿望的话,就是这个!

【登载于《汉舟》第 9 期】

驶向世界的「汉舟」

2016年6月25日
星期六（本刊为半月刊）
总第13期
本期4版

同济汉硕的"园地"

驶向世界的《汉舟》

主办单位：同济大学国际文化交流学院　　主编：孙宜学　　本期执行主编：姚伟嘉

## 让我们一起弘扬同舟共济精神

江波副校长6月21日在我院2016届留学生毕业典礼上的致辞

各位亲爱的同学们、老师们、家长们：大家下午好。

六月的同济校园，洋溢着收获的激动，充满了成长的喜悦。此时此刻，我们欢聚在这里，隆重举行国际文化交流学院2016届留学生毕业典礼。

首先，请允许我代表同济大学，向各位毕业生、向各位前来参加典礼的家长们表示最热烈的祝贺，向为同学们的成长付出辛勤劳动的各位老师和各部门的同事、员工们表示最诚挚的敬意。

**亲爱的同学们，你们将从一个109年历史的世界知名大学毕业。**

这所大学已经培养了358000名毕业生，其中有15500名是来自世界各国的留学毕业生。他们在国际、中国国内的各行各业工作岗位上已经发挥或正在发挥重要作用，是"专业精英"和"社会栋梁"，是推动和引领社会进步的卓越人才和领导者。在世界各地都能看到同济大学毕业生的身影。同时，无论是中国学生还是国际学生，都是沟通中国与世界各国政治、经济、文化的使者，都通过勤奋的工作为中国与世界各国架起了一座座友谊的桥梁。同济大学为自己的优秀学生、为自己的优秀毕业生感到由衷的自豪和骄傲。

**亲爱的同学们，毕业其实不是结束，而是一个新旅程的开始。**

在开启这个新的旅程时，我对各位同学们有个建议，建议大家在庆祝"结束"、纪念"完成"的时候，静下心来回想一下在同济大学的这段学习经历。是的，回首走过来的路，你们会想到：勤奋苦读，从容面对各种考验，各方面都取得了长足的进步。你们还会想到：有过付出，也有遗憾，收获了友谊，留下一段青春时光酸甜苦辣的回忆。

但是，在这里，我特别希望各位亲爱的同学们能记住的是同济大学的精神，也就是同济大学校徽上的图像所象征的精神文化的含义。这个精神就是：同舟共济。这个成语比喻"同心协力，团结互助，战胜困难，取得胜利"。这个精神就是同济大学的精神，这个文化就是同济大学的文化。

同济大学教书育人的任务就是要把这个精神、这个文化传承下去。也正是按照这样的精神文化要求，今天的同济大学提出了建设"以可持续发展为导向的世界一流大学"的发展目标；也正是按照这样的精神文化要求，同济大学制定了要办中国乃至世界最好的国际化大学之一的计划。同济大学目前每年在校的国际留学生达5000多人，他们来自世界145个国家和地区，每年毕业的国际留学生有1000多人。这些国际留学生分布在同济大学的许多学院。同济大学的国际文化交流学院是同济大学培养外国留学生最多的学院，还承担了汉语国际教学推广和协调同济大学四个海外孔子学院工作的任务。我们希望通过国际留学生的教育，通过汉语国际教学和孔子学院工作，积极把这种同舟共济的文化传播到世界各地。

当今世界，地球上的人类取得了人类历史上前所未有的伟大进步，但同时也面临前所未有的严峻挑战。人类命运联系在一起，我们要共同建设好人类命运共同体。世界是属于你们青年一代的。建设一个美好世界的任务需要你们去承担！请记住，一定带着同舟共济的精神从这里充满自信地往前走吧！无论你走到哪里，前进的道路不仅指向你要去的远方，也联结着我们关注的目光。在你们的身后，老师和家长们、更多的同济学人们在默默地凝望，大家期盼着你们的成功。

最后，衷心希望同济大学的经历会成为你们人生最宝贵的财富和最美好的回忆。母校期待着你们捷报频传，期待着你们创造辉煌。你们的光荣是我们的梦想与期望。同济大学热爱同济的学生。同济大学为你们而自豪和骄傲。让我们携起手来，同舟共济，共同驶向美好的彼岸！谢谢大家！（限于版面略有删节）

投稿邮箱：tongjihanshuo@163.com　　地址：上海市赤峰路67号　　邮编：200092　　联系电话：65983268

图1-2　《汉舟》第13期（1）

21

驶向世界的「汉舟」

## 2 | 学年回顾  执行主编：姚伟嘉  2016年7月2日 星期六  汉舟

**二〇一五年**

9月6日，汉硕新生报到。

9月12日，开学典礼、入学教育。

9月14日，王雪娇、王贞慧、邹娅雯、杨晶晶同学走上讲台;)

9月15日，日本樱美林大学孔子学院院长杨光俊教授讲座:《日本汉语教学现状及对汉语教师的期望》。

9月下旬，杨晶晶同学参与同济大学迎新晚会留学生表演指导。

9月16日，汉硕同学参与孔子学院奖学金生征文比赛评审。

9月19日，秋学期专业课程开课。

9月20日，胡春春副教授讲座《海派文化，中国文化和中国梦》。

9月26日，《汉舟》创刊号问世。

10月10日，第二期《汉舟》发行，执行主编：杨晶晶。

10月11日，凌碧君老师讲座《如何给外国留学生讲汉语语法》。

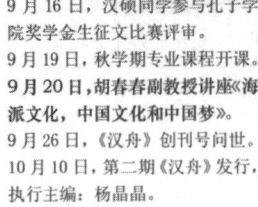

10月18日，上海师范大学对外汉语学院副院长任海波博士讲座《语料库语言学在汉语研究和教学中的应用》。

10月24日，第三期《汉舟》发行，执行主编：王雪娇。

10月25日，程妤副教授讲座《开通文化交流的高铁——孔子学院十一年》。

11月1日，叶澜副教授讲座《在西方讲东方——谈在德国的汉语教学经历》。

11月7日，第四期《汉舟》发行，执行主编：王贞慧。

11月8日，同济大学发展规划研究中心蔡三发主任讲座《大学评估与世界一流大学建设》。

11月5日，第一节古琴课。

11月10日，龙人古琴张锦冰、程鸿媛老师讲座《翡冷翠的琴声——龙人古琴的亚平宁之旅》。

11月13日，周小兵教授讲座《国际汉语教材评价与研发》。→

11月21日，第五期《汉舟》发行，执行主编：邹娅雯。

12月5日，第六期《汉舟》发行，执行主编：曹璐。

12月8日，资深英文媒体人张慈贇先生讲座 Ancient Chinese Wisdom—Beyond Kungfu films and the Great Wall。

12月12-13日，所有同学参与同济大学"汉语国际教育：历史、现状与未来"国际学术研讨会。→

12月17日，汉硕同学赴苏州大学参加"第二届江浙沪汉语国际教育硕士才艺大赛"，以一曲古琴齐奏《鹿鸣操》获得三等奖的佳绩。→

12月19日，第七期《汉舟》发行，执行主编：张鹏。

**二〇一六年**

1月2日，第八期《汉舟》发行，执行主编：杨晶晶。

1月5日，胡春春副教授讲座《从汉硕教学技能比赛反思汉语国际教育》。

1月16日，第九期《汉舟》发行，执行主编：王雪娇。

1月24日，秋学期课程全部结束。

图 1-3 《汉舟》第 13 期(2)

**汉舟** 星期六 2016年7月2日　　　　　　执行主编：姚伟嘉　**学年回顾|3**

2月27日，春学期开学。
2月29日，曹璐、张鹏同学走上讲台:)
3月5日，春学期专业课程开课。
3月6日，孙宜学教授讲座《跨文化视域下的汉语与中华文化国际传播的途径与方法》。

3月8日，全体导师参加汉硕生"讲课交流会"，提出大量宝贵意见。→
3月11日，中国驻日大使馆原公使衔参赞、北京外国语大学原副校长、中国教育国际交流协会白钢理事讲座:《中日人文交流之我见》。

3月，张鹏同学的论文《基于模因论的汉语作为第二语言探微》发表在《文教资料》2016年第2期上。
3月13日，"文汇报"教科卫报道中心李雪林主讲座:《中华文化国际传播与新闻媒体的责任》。
3月17日，洛杉矶加州大学中文部主任陶红印教授受聘我院兼职教授，并举行座谈式讲座:《语言研究与语言教学漫谈》。→

3月20日，《中国语文》编辑方梅教授讲座:《互动交际中的立场表达》。
3月3日-26日，曹璐、张鹏同学参与第三期大阪大学·同济大学上海文化体验班工作。
3月26日-27日，全体学生参加国家汉办外派志愿者考试。
3月27日，原韩国庆熙大学孔子学院中方院长赵卫东副教授讲座:《韩国孔子学院及其文化传播形式》。

3月29日，2016级汉硕新生入学复试。
3月30日，上海大学聂伟教授讲座：《好莱坞大片廿年中国旅行记》。
4月8日，第十期《汉舟》发行，执行主编：张鹏、曹璐。
4月12日，上海市语言文字工作委员会办公室凌晓风副主任讲座:《汉语国际教育与语言文字法律法规及规范化》。
4月13日，王雪娇、王贞慧、邹娅雯同学收到通过外派考试的通知。

4月17日，上海市政府参事蔡建国教授讲座:《华侨华人与"一带一路"战略》。（见上图）
4月20日，张鹏同学的论文《试论现代汉语网络流行语"XX感"》入选第一届华东地区"同文杯"研究生学术节的Poster Presentation环节。
4月23日，王贞慧同学代表我院赴南京大学参加"第二届江浙沪汉语国际教育硕士汉语教学技能大赛"，获得优胜奖。（见左图）
4月26日，上海教育报刊总社仲立新社长讲座《数字化时代的舆论问题》。

4月29日，第十一期《汉舟》发行，执行主编：王雪娇、邹娅雯。
5月2日，李萍副教授讲座:《古文字具象·释义·文化功能与汉语教学》。
5月5日，2016级汉硕留学生网络面试。

5月8日，通过外派考试的部分同学赴北京、大连参加汉办培训。
6月1日，第十二期《汉舟》发行，执行主编：杨晶晶。
6月19日，张鹏同学被西班牙莱昂大学孔子学院录取，参加外派培训。
6月20、21日，参加外派培训同学回校补考。
7月2日，第十三期《汉舟》发行，执行主编：姚伟嘉。　（未完待续）

图1-4　《汉舟》第13期(3)

## 4 | 一期感言　　执行主编：姚伟嘉　　2016年6月25日 星期六　　汉舟

**From 王贞慧**：青春无悔。亲爱的下一届即将来同济国交学院的学弟学妹们，很幸运我们有一份属于自己的期刊，让我可以和你们唠叨两句。写这段话时我正在参加汉办志愿者培训最后一天最后一项的培训内容——小品展示。只能说很幸运在尚年轻时通过了汉办的选拔考试，有机会接受甚至比高考和考研还高强度的集训。临别前夜，我一个人坐在每天必经的广场，对着大连异常明亮的夜空，想，我们的青春到底该如何度过才算精彩。有人说青春怎么过都是种浪费，可现在的我并不以为然，我想青春的幸福在于我们知道自己要什么还能够拼尽全力去追求。所以，不论身处何境，请为我们选择这个专业而自豪，有一天你会发现它给我们带来的独特美好。最后一句话送给大家：但行好事，不问前程！祝福大家在国交院学习顺利，院长和老师们人都超级好的，加油！

**From 曹璐**：来同济之前，我像所有普通的女生一样，喜欢稳定，害怕变化，只是想拥有简单稳定的生活。但这一年，一直在不停地变化，我学了古筝、练了书法，经历了初入社会的艰难，又重新回到校园，改变了角色，由学生变成老师，一切都是那么新鲜而又充满挑战。我遇见了各色各样的人，我的学生里有心系世界的韩国教授，有能唱又跳会太极的美国魅力大叔，有外表魁梧内心靠谱的土耳其小伙，有阳光儒雅的德国孩子……第一次体会到为人师的艰辛与责任，想教好这些孩子们。为此，我的路还很长很长。路漫漫其修远兮，吾将上下而求索。且带一片赤诚前进！感谢给我机会，包容我不足，带我前进的老师们。

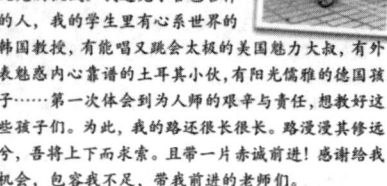

**From 张鹏**：时光穿梭，岁月蹉跎，一年的时光犹如白驹过隙转瞬即逝。虽然时间情情地从指尖溜走了，但留下的却是不尽的回忆，无穷的收获。在这一年里，相信每个人都遇到过坎坷，尝过快乐，我自己也不例外。与此同时，自己也学到了很多对外汉语方面的教学经验和中国传统文化。学院为每个人都提供了很好的平台和众多的资源，重要的是你是否能好好地抓住机会加以利用，从而更好地将自己包装打造成为一个全新而又合格的汉语教师。尽管一年的时间里课程集中，任务繁重，但这也正是自己人生道路过程中积累的阶段，切莫小看微不足道的一年，相反，一定要加以重视，正所谓"不积跬步，无以至千里；不积小流，无以成江海"，对外汉语教学这门学科没有教学经验是很难站在讲台上的，只有满腹经纶，不断累积，才能真正做一名合格优秀的对外汉语教师，才能在课堂上有的放矢，应对处理各种情况。

**From 王雪娇**：长江后浪推前浪，我这个前浪在新学年等不到看你们后浪汹涌澎湃了，好遗憾。所以这里就给你们几条我自己的心得和建议吧。一、规划要清楚。来读这个汉硕，究竟是为了喜欢的专业，为了自由的学校生活，亦或只为镀金一纸学历证书？不用告诉我答案，不管出于什么目的，只要你享受了，学习了，收获了，就值了。二、别做书呆子。要成为受学生喜爱、尊敬的教师，或学识渊博以压群众、或个人魅力迷倒群生。拘泥于书本可当不好汉语老师，必须全面武装自己。三、如果你心中已有向往的孔院，建议尽早学习该国语言，脚踏实地慢慢来，学校语言资源很丰富，又有大把渴望练习汉语的留学生，完全可以找一个语言伙伴互相学习，而且汉硕生可是留学生语言伙伴的首选呦！以上几点建议，仅作参考，希望帮助大家更愉快、充实地在同济生活和学习！

**From 杨晶晶**：「寄」

是谁，备好了砚台墨笔，铺开了上好的宣纸等待着有人题上字句诗文正楷、狂草、隶书或者篆体选择权正安放在我们手里

自由与梦想那是我们一直追寻着的从开始，到现在

在这里，欢喜，感动和成长我想我知道，属于我们的故事未完待续

**From 邬婕雯**：

细雨斑驳的夜花朵像在呼吸的缝隙中穿越远去和归来

夹着阳光的繁盛和凋谢时间不知何时拖得像他的成长和年迈眼前的少年推开了故事的深远

风声卷起青色的水花被热烈的光芒晒成彩虹这时溅起了细碎的心跳

图 1-5 《汉舟》第 13 期(4)

# 同济同行 青春无悔

张立辉

从考研报名到正式步入同济校园,大家都经历了至少1年的努力、煎熬、等待与期盼,我们是幸运的,骄傲地成为同济大学国际文化交流学院的一分子。

踏入同济校园,对我们已经被现实社会打磨历练过的在职研究生而言,校园里简直就是陶渊明笔下的"世外桃源",情不自禁地便会被其清新的气息、和谐的氛围所感染。有热情的小红帽为我们指路;有温暖的校园之家为我们准备贴心的礼物;并且在我们的学院,有诚恳又不乏远见的孙宜学院长为我们点亮心灵之灯,指引人生之路;有激情洋溢、活力四射的姚伟嘉老师为我们安顿好各项入学事宜;还有体贴的王老师、和蔼的朱老师、漂亮的刘老师……更有那一群可爱的汉硕小伙伴们。

在这个新世界里,我们将用知识丰富自己的思想、用氛围陶冶自己的情操。告别原有的那渐趋麻木、精神生活贫乏的物化生活,重新营造起自己的人生舞台,带着一种纯净的心情、一步一个脚印儿地谱写自己的人生旅程。于是我抑制不住自己内心的骚动,和汉硕小伙伴们一起昂首阔步地走在同济校园内,骄傲地拿着同济校园的一卡通,穿梭于校区内的各大食堂,尽情地满足着贪婪而挑剔的味蕾。

另外,一想到下周就能和可爱的汉硕小伙伴们一起重返久别的课堂,我有些许兴奋、些许激动,感恩可以在这样优越的环境下学习;同时也有些许不安和茫然,惭愧于自身的修养和贫瘠的大脑。所以我热切地期待未来在同济的三年,通过学习和经历,体验生活中那些美好的思想,感受丰富的精神情怀;进一步完善自己的人格,做一个身心矫健、自信博爱的同济人。

非澹泊无以明志,非宁静无以致远。汉硕的伙伴们,同济同行,青春无悔!

【登载于《汉舟》第14期】

## 心之所向　素履以往

田　媛

一路南下，北方姑娘途经楚地爱晚亭，到达岭南印象园。又北上，行走姑苏金鸡岛，眼观无锡太湖水。一路玩玩闹闹，走走停停，最终来到申城开始新生活。如《红楼梦》里宝玉见到林黛玉说的第一句话"这个妹妹我曾见过"，对于流水曲折的南方，我从小就有一种深深的执念。自唐风宋韵的晋国而来，锦绣江南的申城以往。又如对外汉语，第一次知道这个专业的时候，就觉得，这应该是我喜欢的。

奶奶是小城里的文化艺人，爸爸熟稔中外历史，妈妈喜欢舞蹈，但因为各种原因，那个年代的爸爸妈妈没能坚持。从小就对汉语情有独钟，在别的小朋友学英语的时候，我趴在书桌上的各种书籍里，找觉得能难倒爸爸妈妈的汉字。我想学剪窗花、捏泥人，妈妈说："去看书"，于是未遂。我想学山西特色的"花馍"，老师说："去读书"，又未遂。我甚至想学奶奶的刺绣手艺，但我懂事的时候奶奶年事已高，复未遂。当看到汉语国际教育硕士的时候，心起涟漪。当辗转来到申城，得知同济招收汉硕研究生时，心动不已。同济啊，那是我年少时候的梦。遂鼓足勇气且坚定地报考了同济大学第二届汉语国际教育硕士。忘了告诉你，我是出生农历二月的双鱼座，"2"是我的幸运数字。

我还记得，复试讲课结束后，我抑制不住自己的情绪。庆幸自己来到了上海，因为激动，又因为紧张。当录取名单公布后，牵绊的心，终于放下了。收到录取通知书的时候，高兴极了。因为研究生学号竟然和本科学号一样，都是最吉利的8。也许，你觉得数字而已；但是于我来说，好似是一种召唤，一种命中注定。是好的衔接，又是好的起点，也许，又预示着好的结尾。三年的时间，真的一点也不长。我的中国心，我的汉学梦，我的各种想法……

  在国际交流学院,我遇到了博学多识的孙院长,遇到了幽默负责的伟嘉老师;新学期,我第一次参与到中韩两校访问交流的活动中;我站在了教各国留学生汉语的讲台上;除此之外,我们还有最具同济汉硕特色的《汉舟》。看吧,同济这个厚实的平台,会给我们很多机会。我感恩每一个我遇到的人,感恩,老师选择了我们,感恩我遇到了你们。同济大学,我来了;同心协力,共济三年。许三年之约,走好每一步。

  接下来的三年时间,珍惜且努力,做好每一步的小我,实现蜕变后的大我。一针一线,绣转千年文化;一笔一画,起承古今中国。心之所向,素履以往。

【登载于《汉舟》第 14 期】

## 梦想，每天靠近一点点

黄黎楠

这一切都好像做梦一样，离开校园7年的我，在2016年的夏末秋初重新回到了大学校园，开始了研究生的学习。

美丽的同济，汉硕研究生的光环笼罩着我，不得不说我的心里充满了满足和感恩。同时也深知：长路漫漫，任重而道远。肩负着学习和教学双重任务的我一丝也懈怠不得，跨专业的背景告诉我一定要打好基本功，查缺补漏，把汉语本体知识学扎实。每一天在教室黑板前的教学都提醒我：一定要把现代汉语掌握好。自己有一桶水，才能倒给学生一杯水。同时，我们在教室里也是代表我们的祖国——中国，必须有理有节，不卑不亢。除了教给学生们知识，同时给他们温暖。"有温度的教学"一直是我支持的教学理念。充分理解学生们不同的成长背景和国家文化也是必不可少的，将"跨文化交际"融入每一天的实际操作中，才能够成功做一个好的汉语教师。

正如孙院长在2016汉硕研究生开学典礼上说的，我们要做到"自然人"不忘初心，正直善良；"社会人"有担当，能担当；"国际人"有眼界，博观约取。我欠缺的还有很多，但是我有信心，三年后，通过同济国际文化交流学院老师的潜心教导和我的不懈努力，我离梦想中的自己肯定会越来越近！加油，自己！

【登载于《汉舟》第14期】

# 九 月 心 情

于慧勤

一场秋雨过后,空气里都是沁人心脾的凉意。一阵风吹过,树上的小花飘飘洒洒散落下来。匆忙赶路的间隙,一低头,发现路边不知名的小黄花已铺满了被雨水冲洗得愈加洁净的青色路面。站在九月的秋风里,不由得感叹,又一个秋天到来了。

没有了知了没完没了的聒噪,没有了夏日肆无忌惮的炎热,仿佛就在转眼间,已进入了温文尔雅的秋天。恰如人的成熟,有时也正是一刹那的事情。九月一到,便有了丝丝秋意。秋意凉凉,易让人沉静下来,细细品味成长。如同一个青年,经历了童年无忧无虑的成长,少年不知何处而来的叛逆,而今终于在这成熟的季节里,开始懂得认真思索生命的意义。

今年的九月,有些不太一样。带着对往昔蹉跎岁月的惋惜、对未来更进一步的期待,我来到了同济大学国际文化交流学院,给梦想一个新的起点。这里有和蔼可亲的老师,有亲切友好的同学。除此之外,还有了来自世界各地勤奋好学的学生,这一切让我有了一种家的归属感。都说秋天是收获的季节,一点也不错。对我来说,这个秋季收获颇丰。同时,也更深刻的感受到了播种的意义。不经播种,又何来收获?这是一个新的起点,需要开启新的征程。

"自古逢秋悲寂寥,我言秋日胜春朝。"九月的天空,格外地高远辽阔,像极了我们想要努力追寻的梦想。海阔凭鱼跃,天高任鸟飞。在这金色的九月里,让我们站在新的起点,开启新的篇章!期待三年后,更加优秀的自己!

九月,真好!

【登载于《汉舟》第14期】

驶向世界的「汉舟」

## 梦想·迷茫·前行

石玉鸾

　　一直觉得"梦想"这个词语太过美妙，美得不太真实。所以我一般都不用这个字眼，可是最近教给留学生"愿望""梦想""实现"这些生词时，听到她们讲自己的梦想和故事，突然觉得梦想的魔力也是妙不可言！

　　现在想一想：是从什么时候起，我被这种魔力影响，开始了解并喜欢汉语国际教育这个行业了呢？大概是高三时候我在学校门口书店里的一本杂志上看到这个专业和北京语言大学。印象最深的一句话是：做一名对外汉语老师很幸福，可以真正做到"桃李满天下"。

　　大学时也刚好选了这个专业，但可能是学科设置及大学前三年都在解放军外国语学院主修德语的原因，我对外汉语教学方面的知识了解得并不多。但是大三时德语精读课本《外国人看中国文化》给我很大启发。里面都是很有名的汉学家（主要是德国汉学家）对中国历史文化的解读，学过后让我反省自己作为一个中国人在这方面知识的薄弱，同时也让我从一个新的角度去理解自己国家的语言和文化，更重要的是其中一些汉学家对中国的误读引起了我的兴趣。我不想说也不敢说我要做一个中华文化传播者。但是我想通过自己的努力让更多的人了解一个更加真实的中国，让他们体会到汉语的魅力。

　　去年大学毕业后我开始从事对外汉语教学工作，开始真正体会到这个行业的酸甜苦辣咸。有时候看到这个行业的不规范以及就业的现状，我也会焦虑要不要继续走下去；有时候觉得学无止境，对外汉语教学这门学问太深，怀疑自己有没有足够的毅力；有时也想自身的条件和性格是否适合这个行业。虽然有过迷茫，但一年来学生对我的肯定以及这份工作带给我的快乐和成就感让我选择继续走下去！我相信同济这个良好的平台以及这么多优秀的老师会让我更加明确自己的方向！保持初心，继续前行。

【登载于《汉舟》第 14 期】

# "三跨考生"开启人生新一轮

黄 懿

我是"三跨考生"——跨学校,跨专业,跨时代,一路追寻着年少时的梦想,在三十五岁的"高龄",来到同济汉硕。国际文化交流学院的老师们和蔼可亲,是硬朗的同济大学里的一抹柔软。

刚报到时,我沉浸在考研的成就感和老师们的温柔耐心中,心理上略有松懈。直到开学第一周的周末,清早七点,踏着晨光走进食堂,眼见人群熙攘——"小朋友们"已经在早餐窗口前排起了长队;上午十点,结束课程后走入图书馆,虽不是人满为患,却也辗转三间阅览室才找到座位。年轻的"孩子们"在学期开始就全身心投入学习,让体力、专注力、记忆力都日趋下降的我,重新紧张并不断充实起来。

我将在未来三年里完成理论学习、教学实践和论文撰写,时间紧迫,任务繁重。踩在青春的尾巴上,我必得火力全开、马不停蹄地向远方奔去。

小伙伴们,我们一起同行。

【登载于《汉舟》第 14 期】

## 是起航,也是回家[①]

### 黑 龙

我叫黑龙,是同济大学2016级国际文化交流学院汉硕研究生。

我很荣幸能够有机会代表我们院研究生全体同学发言。我刚来上海的时候,并没有觉得我在异国他乡,老师的热情给我留下了很深刻的印象!他们脸上总是挂着迷人的微笑,从老师身上,我看到了中国人的友好和善良。

上海是一座既有历史又具现代化的城市,当我的老师通知我有机会到中国读书时,我毫不犹豫地报了同济大学。同济大学是中国一流的学校,所以我的老师及家人们都很支持我。我要借此次机会,感谢我的家人一直以来对我的支持与肯定。

作为一名汉语国际教育的研究生,我的梦想是学好汉语、读懂中国,使我能够教好汉语,让更多的外国朋友欣赏汉语的魅力。

同学们,让我们为了共同的目标一起努力吧!让我们跟着春天,拿起小画笔,把生活描绘得更美丽;让我们放飞心灵,展开歌喉,共唱一首春天的歌!

最后,请允许我以研究生代表的身份,衷心祝愿所有在场的人——学子们学业有成,老师们身体健康,祝愿同济大学蒸蒸日上,明天更辉煌!

【登载于《汉舟》第14期】

---

[①] 本文根据黑龙同学在2016级汉硕开学典礼上的发言整理。

驶向世界的「汉舟」

# 青山依旧 细水长流

李泽君

新学期伊始,学校又恢复了往日的勃勃生机,虽说这样的场景对于已在学校工作3年的我来说司空见惯,但今年9月之于我,却有着更为非凡的意义。还记得最初看到招生简章时的怦然心动,还记得复习迎考时的焦虑紧张,冲破了笔试、面试等重重关卡,汉语国际教育硕士的录取终于尘埃落定。我踌躇满志,意气风发,对未来,有了各种期许。

## 积累知识

离开校园的年岁里,我游历过许多国家,聆听过许多智者之言。看到的世界越大,越是感觉到自己知识量的匮乏。如何理解这个汉字的意义?如何解释这一文化现象?如何在跨文化的交际中弥合差异?要想有朝一日能够找到答案,我需要充分利用这三年的时间,踏实地去学习,去研究,去实践。积累知识,打下扎实的基础,是对三年硕士生涯最基本的要求。

## 广结善友

埋头苦干固然是美德,"左右逢源"也必不可少。初次来到国际文化交流学院时,就被这里温暖的氛围所吸引。亲切的老师,友爱的同学,还有来自世界各地的留学生,因为对汉语和中华文化的热爱,我们走到了一起,不同的背景带来了多样化的文化体验,相似的爱好又滋养了珍贵的友谊。与人为善,以诚待人,广结善友,是不辜负国际文化交流学院这个广阔平台构筑起的缘分之桥。

## 体 味 生 活

再次踏入校园的我,已不是当年那个肆意挥霍时光,说未来还很遥远的青涩少年。我深切地知道三年的时间稍纵即逝,不虚度每一天,在平凡的生活中追求属于自己的卓越,才是生活的真谛。正如艾德琳·弗吉尼亚·伍尔芙(Adeline Virginia Woolf)曾经说过的:"记住我们共同走过的岁月。记住爱,记住时光。"体味生活,珍惜当下,也是对青春最好的交代。不畏未来,不念过往。望青山依旧,看细水长流。

【登载于《汉舟》第 15 期】

## 千里之行，始于足下

杨晶晶

暖冬的十二月里，丽娃河上的风轻轻拂过每一个年轻且认真的面庞，170多位赴英语国家的汉语教师志愿者们满怀梦想，齐聚于华东师范大学国际教师研修基地，进行为期6周的专业培训。而我非常荣幸地成为了其中的一员，我们一个个从陌生到熟悉，一路携手并肩，共同成长。

到目前为止，相关培训课程分别从理论和实践两方面入手，采用观摩学习、讨论交流与试讲演练相结合，有针对性地促进志愿者们提高自己的综合能力。该培训以更好地教会志愿者们去解决问题为目标，以全方位、多层次的案例教学为核心，以有效提高志愿者赴任的相关能力为重点，采用专业老师们的分享指导教学与每个志愿者现场实训教学，以及大量的任务式培训和志愿者自主学习相结合的培训方式。

就具体的专业知识方面来说，我们分别从课堂活动设计、汉语课堂中的提问技巧、词汇与词汇教学、汉字与汉字教学、语法与语法教学、导入与结课、语音与语音教学、教案的设计与编写这八大方面进行了专业培训与操练。一般来说，先由各位专家老师，如刘珣老师、吴中伟老师、姚美玲老师、曹文老师等来到基地为我们开设大班讲座，然后小班课的相关负责老师与我们一起总结、分享、讨论与交流，最后全班同学分成小组讨论、整理，每次派一名代表上台展示。在这个过程中，我们小组成员都很积极、团结，很好地完成了相关任务，每个人也都得到了不同程度的锻炼。比如第一轮试讲中我展示的就是"一……就……"的语法知识点。在全真模拟的课堂演练里，同学们都认真地扮演着留学生，考验着志愿者老师的上课能力。每次当个人展示完毕，首先需要做一个自我评析，其次是同班的志愿者们的点评，最后班级负责老师总结剖析，并用自身丰富的教学经验提出有效建议，不断督促着大家前进成长。

除了这些,我们还去了CIEE(Council on International Educational Exchange,美国国际教育交流协会)课堂观摩学习,真实感受到优质的对外汉语教师的迷人风采。整个培训过程从大到小,有任何疑问都可以随时和老师或其他志愿者交流,在这些日子里,我觉得自己的专业教学能力得到了提高和升华,特别是在课堂活动设计及操作方面。

就汉语教师志愿者自身素质的培养方面来说,每周有三次的课外拓展训练,会跑步和做广播体操,提高了大家的身体素质,毕竟"身体是革命的本钱"嘛。与此同时,各个行业的专家老师们也分别来为我们做了与志愿者赴任相关的讲座,比如教师的语言与教态、课堂管理、孔子学院工作介绍、跨文化交际意识与能力、海外生活所遇到的心理障碍及对策等等,感受最深的就是"娘家人"孙院长以幽默诙谐的语言讲述的"基于文化自信的文化国际传播",使我对作为一名汉语教师志愿者应该持有的态度、应该担负的责任有了更加深刻的理解,讲什么与怎么讲,路漫漫,我们任重而道远。

除了以上这些,我们还进行过有趣的大探索活动,每个同学查找准备并相互分享赴任国与赴任岗的生活情况介绍,见识一场由不同国家、不同地区的孔子学院及孔子课堂组成的风采展示会。我们班还把赴任同一个国家的同学分为一组,有针对性地设计出孔子学院的相关文化活动。国家汉语国际推广领导小组办公室还为我们开设了中国园林、茶艺、国画、中国结、武术、民族舞六种中华才艺课,本就多才多艺的志愿者们学到了更多的中华特色技艺。与此同时,华东师范大学里各种良好的基地设施都为我们免费开放着,比如厨房、KTV等,大家一起做饭、一起唱歌、一起玩狼人杀……促进了班级的团队建设,在这个大集体里我们感受到了多样的温暖与幸福。

"不积跬步,无以至千里",此时此刻,我们以志愿者的身份在基地相聚相识,通过国家汉办的专业培训汲取着无限的正能量。千里之行,始于足下,笙歌嘹亮,行囊鼓鼓,我们已蓄势待发,努力去把能量带给更多的国际友人,努力去实现自己的梦想,创造自己的价值。坚信,我们会做得更好!

【登载于《汉舟》第20期】

# 感　激　2016

### 刘智善（泰国）

光阴似箭，日月如梭。一年这么快就过去了，又迎来了新年。这一年是值得感激的一年，我经历了许多。

一月份老师派我去孔子学院实习，希望这样能帮助我适应中国人的风俗。第一天来到孔子学院，发现同事们都是中国人，而且工作的速度既快又紧凑，我一下子很紧张，觉得很难适应，又不敢与同事们交流，所以我就安安静静地做自己的事情。突然有一个皮肤白皙的可爱同事来到我的面前。她的名字叫"李颖"，让我陪她去银行，因为她不会说泰语。银行里有很多人，所以我们坐着等，那时我不知道该聊什么，两个人干坐着实在有点尴尬。突然她起身走了出去，我担心她是不是不高兴了。可过了一会儿，她走进来，手里拿着两个冰淇淋，送给我一个。她说："泰国的冰淇淋很好吃呢！"然后我们就慢慢地聊起来。这是我俩认识的第一天。

从那天起，我和李颖就变成了好朋友，每个周末我们一起去玩儿、逛街、吃好吃的东西，我们的爱好和性格很相似，所以我们的关系越来越亲切。她常常辅导我的中文，我也教她泰语。我们互相帮助和学习。

她在孔子学院的工作主要是写新闻。有一天院长发现她写的新闻有错字，就把她叫去批评。等了很久才出来，我看到她的脸色非常不好，然后我就走近她，她拉着我的手跑上十三层，然后坐下一直哭，什么话都不说。当时我也不敢问，只好陪着她、安慰她。我很了解她那时候的心情，谁也不想出错，但谁也不能避免出错。我想让她高兴起来，所以转天我带她去玉佛寺拜佛、做善事、拿面包喂鱼。当时她不理解为什么泰国人喜欢来寺庙。我跟她说，我个人如果遇到困难或心里不舒服时，就会来寺庙拜佛、打坐，让心感到安宁，我觉得如果心里很安静的话，脑子和身体也会有

精神和力量。她听了我的话,静下心,慢慢走出伤心,恢复自信,也理解了泰国人的信仰。

随着时间的推移,我对孔子学院的实习工作越来越熟悉,和同事们的关系也越来越好。我在孔子学院过得很幸福,有像在家一样的感觉。不知不觉我的实习结束了,我要回家准备来中国读研究生。那时我舍不得离开孔子学院和同事们,尤其是李颖。但是人的一生就像一场宴席,总有要散的时候,每个人都要走自己的路。分别是为了更好的重逢。

我要感激老师派我去孔子学院实习,感激孔子学院给我丰富的实习经历,感激缘分让我认识这么好的同事们,感激这一年给我所有快乐的生活!这一年我最幸运的事就是认识了最好的中国朋友李颖。我们来自不同的国家,说不同的语言,这并没有影响我们的友谊,而是让我们的关系更加亲密。友谊地久天长,我终于理解了"中泰一家亲"的意义。

【登载于《汉舟》第 21 期】

驶向世界的「汉舟」

# 上海见闻

林婕珍（吉尔吉斯斯坦）

我到上海已经四个多月了。别看我住在这里的时间不长，但我第一天就发现这里外国人特别多，这个城市对外国人有巨大的吸引力。

我个人觉得每一座城市跟人一样都有自己的特色，独一无二。这样，世界各地的城市给人的感觉也不一样。有的城市排斥你，有的欢迎你，也有对你无所谓的城市。我觉得上海还是欢迎我的。有人会问，你怎么能认清这么抽象的态度？上海毕竟是一座城市，而不是生物。但是从那天送我到宿舍的出租车司机，在宿舍工作的阿姨、师傅，我大学的老师，超市的工作人员，小商店或小饭店老板的态度上，就知道上海对我很好。

我去过北京，可在北京我身边很少有人知道我们国家，听到"斯坦"马上就说："啊，哈萨克斯坦！"这让我有点尴尬，真希望有更多人知道我的祖国。而在上海，我发现身边不少人都听说过吉尔吉斯斯坦。这对我来说很重要，它让我觉得上海对我很友好。

有一天，我去田子坊，本来不知道那是什么地方，只想离开房间散散心。但那里给了我大大的惊喜——：看起来很小的一条路，可走进去，却有花三个小时也看不完的小商店、作坊、艺术馆。在那样的氛围里，你会情不自禁想去探索、去创新。那天我收获不少，最重要的是获取了"正能量"，原本有些低落的情绪也变好了。看着那里的人欢笑、歌唱，跟朋友一边聊天儿，一边吃饭，自由地表达自己感情。我好像从梦中醒来，突然意识到这世界多美好，我的生活多美好！然后，明确自己的目标，快乐前行！

【登载于《汉舟》第 21 期】

# 2017级汉硕生入学感言

**刘轶新：**"知人者智，自知者明。"同济汉硕会帮助我回归汉语，乘坐汉语之舟回溯自己生长的中国文化，认识真正的自己。

**汤驿：**我们不甘在被窝里做梦，因为只有奋斗，梦想才可能成真。机会，需要我们自己去寻找；改变，从今天的努力开始！

**董方：**不必为昨日的失败而痛苦，也不必为今日的成功而喝彩，珍惜在同济的每一天，不虚此行，不枉此生。

**刘畅：**但行好事，莫问前程。

**宋薇：**世界那么大，我们那么渺小，但是在同舟共济的氛围中，我们必定抛弃彷徨，砥砺前行。

**包丽媛：**每一个决定都是为了遇见更好的自己。

**陈瑶：**心之所向，一苇以航。

**莫愁：**新学期，新开始，一步一脚印，脚踏实地朝着我们的目标去努力，让明天的自己比昨天的自己更好，对外汉语事业的今年比去年更好，加油！

**孙晶：**攻读汉硕，同舟共济，弘扬国学，志在千里。

**王梦玲：**最美的风景在路上，最好的自己在远方。遇见同济，就是遇见最好的自己……

**程丽娜：**希望能在同济多学、多问、多探究，三年后看到一个全新的自己。

**李靖贤：**百年修得同船渡，我终于登上了同济这艘巨轮。

**刘威麟：**风雨能带走财富、地位与健康，却带不走你独一无二的经历与体验。

**池佳斌：**同济汉硕，不虚此行。

**唐蕾**：一战北大，二战北师，三战同济，谢谢前两次的考研经历让我积累了宝贵的经验；感谢同济和老师给了我难得的机会，让我进入了汉硕的大家庭；更加感谢坚持不懈的自己，因为喜欢汉硕，所以选择坚持。希望之后的学弟学妹们，一战成功！历经千帆，归来仍是少年。

**蔡志杰**：如果你想而且马上要执行，那么这就是最好的时机，2017年是我加入汉硕的好时机，愿继续"脚踩大地，仰望星空"。

**卢锦凡**：读万卷书，行万里路，新的征程在这里开始。

**靳开颜**：以理想为风，鹏程万里扶摇直上；以心胸载舟，天地无垠扬帆起航。

**龙天华**：生活贵在有不一样的经历，愿在同济大学的我们都能看到不一样的自己！

**李珊**：念念不忘，必有回响，如果不能放弃，那就永远坚持。

**周雯玉**：每一名汉硕人都肩负着推动历史甚至改变历史的使命，我们一起加油吧！

【登载于《汉舟》第26期】

# 考研心得分享

周雯玉

在 2017 年全国研究生入学考试中，我以 414 分的初试成绩（复试成绩 303 分）考入了同济大学汉语国际教育硕士专业，幸运地成为了一名 2017 级同济新生。

又到了考研季，我很想把自己的备考经验分享给所有同样有志于考入同济大学汉语国际教育硕士专业的学弟学妹们，帮助大家在考试中取得好成绩。

集中谈一谈专业课的备考。专业课备考的核心就是阅读学校指定的考试参考书目。问题是怎样读书才最有效。我以《现代汉语》为例，说说我的办法。我采用的是"多轮多遍"的复习方法，即把备考时间大致均分成三份，在每一份时间里通读两遍《现代汉语》，这样三轮复习下来，至少通读六遍《现代汉语》。当然每一轮读书的侧重点会有所不同。第一轮是两遍细读，主要是构建现代汉语的知识体系，可把主要精力放在各种概念和定义的理解与背诵上。注意一定在一开始就养成逐字逐句细读，逐字逐句理解的习惯，切忌走马观花。对于不易理解的难点部分一定要标记出来，可暂且跳过，留待第二轮复习时集中解决。

第二轮是两遍精读，这一轮大家既要加深对于各种概念和定义的理解，又要对每一个知识点进行归纳总结。例如，上声的变调有几种情况，动词的分类有哪几类等等，一定要做到一清二楚。同时，还要仔细阅读及思考书中举出的例子，包括例字、例词和例句，每一个例子都有可能成为考试中的考点。甚至书中的中例子不够用，可以自己去找一些例子。例如，书中把副词分为八小类，每一小类又给出了很多例字和例词，这么多的副词要如何记忆掌握呢？大家不妨给每一个副词都造一个句子，如果怕出错，也可在百度上搜索现成的例子，这样对于这些副词的理解就会非常深刻了。同样地，在前两轮复习中遇到的那些在理解上有困难的知识点，经过反复思考后如果仍然无法解决，大家也可以尝试在百度上搜索相关的问题和解答，往往可以受到启发。这种初步的研究能力也是未来的研究生学习所需要的。

　　第三轮是两遍研读。这一轮我建议大家找一找汉硕专业的模拟考试试题，一边做题一边读书。通过做题目发现自己的弱点和考试的重点，研究分析原因，查漏补缺。同时，还可以进一步用学到的汉语知识去思考分析自己遇到的各种语言现象，也就是活学活用。通过把知识点与真实的语言运用联系起来，进一步强化了我们对于知识点的掌握。经过这样三轮六遍的学习，应该就可以比较牢固地掌握《现代汉语》了。我建议每一轮复习的时间不少于一个月。其他专业书也可以按照这个方法来进行学习，或者在这个方法的基础上寻找到一个更适合自己的复习路子。

　　总之，要在考试中取得好成绩，就要一步一个脚印，稳扎稳打，掌握好每一个知识点。同时还要合理安排时间，兼顾公共科目政治和英语的复习。政治和英语的主要复习原则是多做真题和模拟题，并根据自己的薄弱环节有所侧重，力求事半功倍。希望大家能从我的这篇文章中得到启发，并在考试中取得佳绩！同济大学国际文化交流学院期待你的加入！

【登载于《汉舟》第 27 期】

# 最初的梦想终会到达

龙天华

和同济最初的缘分是我在班级看到张贴的名校徽标的宣传画。同济大学的徽标是那么与众不同。课堂上碰巧给学生们讲到"济"这个字,我对他们说"济"的本义是渡河,同济大学的校徽就是一条船上三个人在奋力划船,古汉语中"三"代表多数,大家一起划船相互帮助渡河,因此"济"还有帮助的意思。万万没有想到自己有朝一日会成为同济大学的学生。"同心同德同舟楫,济人济世济天下"。这句话印在我们的录取通知书上。这就是一所大学的情怀与担当。

在复试的过程中,结识了几个让我钦佩的小伙伴。薇薇,一个自信阳光的新疆姑娘,决定每周往返新疆和上海,完成自己的学业,其中的辛劳可想而知;蕾蕾,一直坚持学习不放弃,辞职考取汉硕学习;珊珊,计算机专业跨考汉硕,对未来发展的目标很明确;方BOSS,已是成熟教师,高级职称,仍不断进取;大王,热情活泼,组织力极强,早在初试结束就建立组织,让我们这些一直没有见面的人在QQ和微信上熟识;玲玲,赴泰国的志愿者,开朗大方,能力极强。还有很多我认识但还没来得及进一步了解的其他伙伴们,我知道你们每一个人的心底都有独属于自己的梦想。

不得不提的还有一个外国朋友——黑龙同学。这次开学,在同济的食堂里竟然看到了他。我走上前和他打招呼,和他聊了一会儿。初识黑龙大概是两年前,在备考同济的QQ群里,当时他告诉我他想来上海,想到同济大学来学习汉语。而现在,黑龙不仅来到了同济圆了他学习汉语的梦想,还代表同济参加了汉教英雄会,表现极佳。这次见面,我问他未来有什么打算,他告诉我他要回国,当一名汉语教师。我知道,他一定会达成他的梦想。

这次开学典礼后,热心的姚老师带领大家参观校园,我们在学校的代表建筑下合影留念。拍照前姚老师从包里拿出一面红色的旗帜，上面写着"汉传天下"。初见这面旗帜是在同济汉硕的招生宣传里，如今我们代表着同济2017级国际文化交流学院在这里合影，心中有着莫名的感动。因为一些原因，我今年选择休学。"十一"期间，我看了电影《缝纫机乐队》，当结尾响起《不再犹豫》时，我泪流满面——"谁人没试过犹豫，达到理想不太易，即使有信心，斗志却抑止。"那天我默默地告诉自己：不要轻易放弃真正想要的东西，等待虽难，但后悔更甚。

世界很大，机会很多，人生很短。愿我们每个人都能发自内心地为自己做出选择。希望最初的梦想终会到达。

【登载于《汉舟》第28期】

# 回望来路　不忘初心

汤　驿

回望一年前的备考之路,我觉得考研复习过程中最重要的是清楚自己的学习动机,寻找学习动力来源,并且始终坚持提醒自己"不忘初心"。我的学习动机和本身从事的工作有关。学习动力源自于职业发展的压力,当然亲人的鼓励也是增强动力的重要因素之一。我的初心就是同济情怀,不能放弃当初的梦想,直到最终成功才能松一口气。

下定决心以后,就要开始认真复习,复习的过程比较繁琐,我具体从四个方面来介绍自己的心得。

第一,制订并不断调整复习计划。俗话说"凡事预则立,不预则废",每个人可以利用的复习时间都不同,所以复习计划也不能照搬别人的,必须按不同阶段,制定合适自己的量化的时刻计划表,完成一个科目复习后打钩,并写上实际复习的时间段,因为往往实际复习时间和计划时间不完全一致。

第二,复习准备阶段。由于是跨专业考研,我的专业课复习是从头学起的。在购买参考书、网上找复习资料、了解考研流程的细节问题上要花最少的时间。由于时间紧迫,我购买了网上专业课视频课程,结合课本、讲义和练习,按专题一项一项攻克并巩固。复习就是一个"不懂到懂,懂了又忘,忘了再背,背了再忘"的循环过程,直到考试前夕还要不断积累,反复记忆。此外,还要做好长期的心理准备,学会调节自己的作息,一定要给自己留有休息和锻炼的时间。

第三,正式复习阶段。专业课要尽快看完第一遍指定参考书和视频,另外我还完成了100多套历年全国各校的真题,在做题的过程中会发现很多问题都忘了或没有搞清楚,那么再看第二遍书,依次类推,《现代汉语》上下两册,我从开始复习到结束,没有统计过看了多少遍,但至少有30多遍。《语言学纲要》这本书我没有花太多的时间,所以在最终考试的时候,失去了很多分数。专业二的参考书可以在闲暇时间不停地巩固和背诵。看书的遍数并非越多越好,每个人的复习习惯不同,但最终目的都是理清知识体系和搞懂所有知识点,但是我认为做题的份数却是越多越好,只有做更多的练习,才会发现更多的问题,然后有针对性地巩固。英语的复习,就是每天坚持背单词和短语,虽然背了忘但必须坚持每天背,英语其实没有太大的秘诀,最主要的就是研究真题,不需做模拟题,真题则要至少做十多遍,一开始要留几套近些年的真题,放到最后几周来模拟。阅读和写作占了 80 分,但很多同学会放弃完形和翻译,其实这是不明智的,完形和翻译可以不用花很多时间做专项练习,但是翻译里所有的单词都需要背诵和记忆,以及历年真题的完型和翻译题也要反复做,最后每一分成绩都会影响最终的结果。

最后简单说一下政治,政治在后期花的时间最多,也是让我最辛苦和头疼的,每天都在背也在忘,背诵会消磨你的英语阅读和写作的语感,也会影响专业课琐碎知识的记忆,所以建议政治一定要提早复习,辅导书推荐肖秀荣各阶段的全套材料。

对于初试,最后还要提一下考试模拟,最后几周务必要抽出双休日的时间来模拟,按照考试规定的时间完成相应的考试,尤其英语要多模拟几次。另外,专业课有时会有简答题或一千多字的主观题,那么你平时至少练一次,看一下你在 A4 纸上面写一千多字需要几页,在考场上就不用费时去数字数,平时勤于动笔,考试时就不怕无话可说。

第四,复试准备。在初试结束后,可以给自己几周时间休息,玩的时候就痛快地玩,然后,和自己约定好复试的复习安排,无论自己能否进入复试,都要提前准备。复试的参考书目以初试的为主,还要多看一些汉语作为第二语言教学相关的书。还要提高外语能力,准备面试的自我介绍和可能会被问到的问题等。

我始终认为"坚持"和"熬"对于考研来说是最重要的,做好自己就行。有一种幸运,叫不放弃,加油!

【登载于《汉舟》第 28 期】

## 让我们相约"同济汉硕"

孙 晶

十七年前,我从北方一所大学的法律专业毕业后,来到上海工作。一年前,我的工作地点换到四平路远洋广场,同济大学就在对面。每天中午我都会来校园散步,这里的一切仿佛让我重回青春时光。

"众里寻他千百度",于是我们在网上遇见,"同济大学在职汉硕"正是我感兴趣的语言教育方面的专业,我毫不犹豫地决定报考。距离考试只有两个月,现在回想起来,那段时间一边复习备考,一边准备中央党校在职研究生毕业论文,虽然期间有各种辛苦,但充实的感觉几乎冲淡了所有疲惫。

我认为要成为真正的汉硕人,不仅要参加课程的学习,而且每天都要挤出时间阅读有关书籍和论文,学习感悟老师讲授的方法技巧,细心观察学生学习的状态变化,为早日走上讲台奠定基础。

让我们相约同济汉硕,一起收获丰硕的学习成果吧!

【登载于《汉舟》第 30 期】

# 心若向阳　何惧忧伤

宋　薇

我叫宋薇，从大学一毕业就有幸得到了一份稳定的工作，过着风平浪静的生活。在2016年下定决心走上考研之路。也许是上天眷顾，也许是自己不懈的努力，战斗一年后，2017年7月，我顺利地拿到了同济大学国际文化交流学院汉语国际教育专业的录取通知书。

经过了长久而痛苦的思想斗争，我毅然决然地决定去同济学习。即使每周两万千米来回奔波，即使每周学海无涯苦作舟，即使每周高强度的本职工作，但是我坚信不忘初心，方得始终。时光匆匆流逝，弹指间，在同济大学学习了三月有余。在这期间我痛并快乐着；在这期间我非常开心结识了或儒雅或睿智或开朗或单纯的同学们；在这期间我非常荣幸地受到或风趣或优雅或博学多识的老师们的谆谆教诲。学习的快乐，同学的温暖，即使身体疲惫不堪，但内心也是愉悦的。

无论今后旅途中的风景如何变幻，但心若向阳，何惧忧伤。

【登载于《汉舟》第30期】

## 念念不忘　必有回响

李　珊

来时是冬的尾巴,如今又是冬至,去年此时和闺蜜在窗边埋头苦读的画面还历历在目,如今我却已经坐在同济国际文化交流学院的教室里学习半个学期了,对于一个出身理工科的IT女来说,可以说是"稀里糊涂",却又"命中注定"。

在开学的师生双选会上,把我惊着了——原来大家都是"科班出身"啊!一开始就让我心里不安,但是既然已经踏上了这条路,不得不努力尝试着走下去了,于是我带着这份不安,开始了我周一到周五"程序猿"、周末汉硕生的双面生活。

在同济学习的每一门课程,都让我觉得新奇而又有趣。从潘老师的课上我才知道,原来我们从小学到大的汉语还有这么多门道;从许老师的课上我才知道,教育学是这样和其他学科息息相关的学问;从刘老师的课上我也渐渐确定了自己的论文方向;通过一次又一次的小组合作和自主学习,我觉得自己的团队合作和探究学习的能力变得更强了。

大一的英语课上,老师问我,不考虑现实的情况下,你想要从事什么呢?我说,我想要在国外教汉语,当时班上的一群"程序猿"们都笑了起来,包括我自己也无奈地笑了。没想到今天,这个笑话却已经逐渐成为了现实。这份"稀里糊涂"如何成为"命中注定"了呢,我想我只能用复试时回答老师的那句话来解释了:"Something that stays in your mind will someday spring up in your life."

【登载于《汉舟》第30期】

## 梦想在云端

莫 愁

时光过得很快,转眼已是我来到同济大学学习的第一个学期尾声。

看着2017年12月底前来参加研究生考试的学生,黑压压一片走出学校大门,我是其中为数不多的逆行者:他们向外,我向内;他们结束考试,我去参加我的课程。突然,为身为一名同济人而感到自豪,感到由衷地开心,不为别的,只为能与如此多追逐人生理想的人同行。

仍记得开学第一天,与学院导师见面会上,孙院长无意间说道:"我记得你们之中有一个叫莫愁的……"可能别的同学都不知道为什么孙院长会记得我,而我却不会忘记,当时复试时,由于我的名字与武侠小说《神雕侠侣》中的"李莫愁"相似,孙老师便提问我,"问世间情为何物"出自谁之手,我一时语塞,没能答出来。复试结束回家的路上,我查阅资料才知道,"问世间情为何物,直教人生死相许"是出自金元之际著名文学家元好问的《摸鱼儿·雁丘词》一词,后在《神雕侠侣》小说中被金庸引用而广为流传。内心忐忑许久,生怕印象分会少了不少,但随后释然,无论结果如何,我都会牢记孙老师"多读书"的教诲。是啊,读书,才会让人生点亮,才能用敏锐的视角去审视你身边的一切。

我的工作是国外航空公司的空乘,每月从上海飞往瑞士然后再飞回。学习汉语国际教育专业是我18岁时未完成的一个梦想,还记得大学本科时想报读这个专业学习对外汉语教学知识,日后可以有机会赴美国,成为一名孔子学院的对外汉语教师志愿者。然而,因为各种原因,未能如愿。大四时被国外航司录用,当年8月,便得赴国外培训参加工作。原以为对外汉语学习之梦就此与我无缘,但机缘巧合,得知同济大学开办了在职的国际汉语硕士班,心想,这不就是我所追求的吗?因此在工作

一年后开始准备同济大学的研招考试。与大家不一样的是,我得不断和公司、同事协调,才能保证我考试与日后按时学习的时间。虽知困难重重,我却义无反顾,因为我知道,这是我要做的。

为什么这是我要做的呢?在国外生活和学习工作的日子中,我愈加发现,我和身边的欧洲人是这么的不同,不仅仅是语言发肤,让我感触颇深的是根植于我们内心的文化差异。我深深感到,世界上这么多不同的民族、语言与文化,作为本族人,我们有义务以专业的方式去传授与传承本民族的语言与优秀的文化。

我们汉硕人,走出国门,便是我们中华民族的代言人,我们要以专业的水准,让其他民族了解我们汉语的无穷魅力与我们古老文化的博大精深。

的确,我们都在为之努力着,每个人都在不断汲取着养料。十分感谢让我遇见你们每一个人,让我们在同济滋养下逐渐成长,希望日后,在世界不同角落都能看见枝繁叶茂的我们!2018年,共同前行!

【登载于《汉舟》第32期】

## 以梦为马　不负韶华

唐　蕾

时光荏苒,光阴似箭,回顾这一学期的学习生活,充实而快乐。

9月开学典礼,当自己真正坐在那儿聆听钟校长的致辞,心中无限感慨,自己梦寐以求的研究生生活就要开始了,重回校园,再做学生的感觉真好。

从2017年到2018年,我们上半学期的课程将要画上一个圆满的句号。心里默默地数了数,我们上过潘老师的"汉语语言要素教学",刘老师的"学术研究与论文写作指导",许老师的"汉语国际教育导论",刘老师的"汉语教材与教学资源利用",李老师的"中华文化经典"以及张老师的"基础德语",每一门课程都是老师为我们汉硕研究生精心设置,从各方面提高我们的教学能力、研究能力和写作能力等。老师们的讲课方式各有特色,潘老师和张老师的青春活力,两位刘老师的成熟稳重,许老师的严谨认真,李老师的俏皮可爱,每位老师都给我留下了深刻的印象。

虽然后面有半个学期的新课还未开始,但我对每一门要上的新课都满心期待,回望自己当初满怀激动来到同济,第一次坐在研究生的教室里,第一次和优秀的老师们见面,第一次在工作日工作,在双休日上课……未来,还会有更多的第一次在等着我。愿我们每个汉硕人不忘初心,与梦同行!

【登载于《汉舟》第32期】

## 遇见同济,遇见未知的自己

龙天华

汉硕专业课的第一节课,潘海峰老师问大家为什么要来同济读汉硕,大家都说"职业+兴趣"。这个问题,我曾默默思考了很久。

2017年我考取同济大学国际文化交流学院汉语国际教育硕士研究生,但因为种种原因未能来学习。这一年内心万分煎熬,为了工作,为了家庭,甚至一度想要放弃。但心底总有一个声音在告诉我,要来同济,在那里你会看到不一样的天空。是啊,工作久了,总向往一种新的自由。最终,在自己的坚定与家人的支持下,我终于能坐在教室里和2018级的同学们一起学习了。在别人看来是自然而然的求学之路,而对我而言,这条路真的有些坎坷。

来到同济每一天都是新的。教学楼墙壁外生机盎然的爬山虎,图书馆前略有凹凸不平的小石头路,不同的食堂不同的摸索,从而摸索到自己最喜欢的一个食堂,一个人骑着单车,自由自在地在校园里到处看,有一天竟然发现了曼珠沙华,一种别名叫彼岸花的奇特植物……

能够在学院兼职代课让我感受到另一种愉悦。班上有来自不同国家的优秀的留学生。他们勤奋、好学、阳光、自信。他们心怀梦想,带着对中国无比的热爱,学习汉语和文化。他们当中有愿意花两个小时认真预习课文,在课本细心批注的学生;有掌握四国语言,获得国家奖学金,仍努力学习的学生;有致力于学好汉语,将来回到他们的国家,成为汉语教师的学生……在他们的身上,我看到了一种积极向上的力量。不仅如此,我们一起聊不同国家、不同文化背景下对待同一事件的看法,大家积极分享,各抒己见,让我真切感受到了小小的教室却能够承载一个大大的世界。

驶向世界的「汉舟」

"济人济世济天下"这句话是我来到了同济才真正深刻体会到了它的含义。2017年3月我来同济复试,天色已晚,我有些迷路,幸得一位阿姨的帮助,聊天之后发现居然是同济已退休的周抗美老师,她教德语。我们相互留了联系方式。今年,我们学习的德语教材竟然就是周抗美老师编写的,我发短信给周老师,热心的周老师竟邀我见面,还推荐了其他几本德语学习的书籍,并指导我如何学习。一位德语教学领域的大家,见面后是那样的和蔼可亲、平易近人。周老师说她对自己的学生就像是对待自己孩子一样。此时,我内心充满了感动。第一次的德语课同样也是满满的感动!教我们德语的林希老师虽已是花甲之年,但她以笑容可掬的态度为我们上了整整三个半小时的课,从头至尾都没有坐下来休息片刻。说真的,德语很难。但有这样敬业的老师为我们上课,我们又怎能有懈怠?唯有以更加努力、勤奋来报答老师的辛勤教导。

还有我最熟悉的姚老师,音色自带高大上的广播范儿,听她说话就是一种享受。从去年到今年,姚老师给我发了数不清的邮件和微信。细心叮嘱我要注意的各种事项,提醒我要关注各种时间节点。严谨踏实,温暖亲切,与姚老师的交流不会有任何压力。这是我心中理想的老师的形象。2017级的小伙伴们,得知我今年要来上学,为我提供各种资源帮助,给我讲学院的各种情况。凡事只要问她们,第一时间就能帮忙解决。这让深处异乡的我感到无比的温暖。

崭新的生活每天都在继续……我将陆续结识更多更优秀的同济的老师们和2018级的小伙伴们!见贤思齐,同济带给我的是一生中难能可贵的成长环境。我为什么要来同济读汉硕?答案就是:探寻未知的领域,克服自身的弱点,不断打磨自己,不断成长。让我们一起遇见同济,遇见未知的自己!

【登载于《汉舟》第35期】

# 同舟共济　自强不息[①]

布茹来(吉尔吉斯斯坦)

各位老师、同学,各位嘉宾,大家好!

我叫布茹来,很荣幸代表2018级汉硕留学生在开学典礼上发言。我来自吉尔吉斯斯坦,毕业于奥什国立师范大学,在接下来的2年我将在同济大学国际文化交流学院,汉语国际教育专业攻读硕士研究生。

自从学习了汉语,我对中国就有了特别的关注,我知道了它有着五千年的历史,它地大物博、人口众多,还有很多壮丽的风景。随着汉语水平的提高,我发现自己要学习的东西越来越多,比如不同地方的人对相同事物的说法不一样,但是他们彼此之间可以用普通话交流,为什么能在拥有共同语的同时,还保存着各地的方言?中国有各种节日,每个节日都有它的意义或者传说,那么这些节日是如何成为全民节日的呢?许多许多类似的问题,对我来说就是一个又一个的谜,而老师就是帮助学生解惑的、解谜的!这是我学习中文的动力,也是我选择国际汉语教师这个职业的原因。只有学好中文,才可以解决我的迷惑,然后告诉那些和我一样有疑问的学生。

说真的,最开始报名的时候,没敢报同济大学,因为我知道同济大学是中国最好的大学之一,怕我的条件不够,但最后还是选择了同济大学。因为同济大学的精神鼓舞了我,"同舟共济、自强不息",我专门在网上查了这句话的意思,同心协力,战胜困难,努力拼搏,改变自己的命运,特别是"自强不息",给我的感觉很震撼、很棒!当我收到录取通知的时候,我哭了!这是激动的泪水、也是得到认可的泪水,我很自豪能成为同济大学的学生!感谢同济大学给我的机会,一个可以改变人生的机会。

---

[①] 本文根据布茹来同学在2018级汉硕开学典礼上的发言整理。

我对未来两年的生活充满期待,我很愿意跟随老师一起努力学习、研究,和同学们互相帮助,共同进步,融入同济大学,让我们一起用"同舟共济、自强不息"鼓舞前行,做一个"济人济事济天下"的同济人。

【登载于《汉舟》第 35 期】

# 语言通事　文化通心[①]

刘姗姗

非常荣幸能够作为2018级中国汉硕班新生代表在此发言,我叫刘姗姗,于2010年毕业于北京体育大学外语系英语专业,现就职于同济大学浙江学院,从事学生和党务工作。作为跨专业考研的学生,在此发言我十分激动,同时也如履薄冰。

我们的同学来自不同的地方、不同的学科,几天下来已深深感受到大家的热情和大家庭的温暖。虽然"5＋2"的"工作＋学习"模式可能会让我们偶尔感觉疲惫,但苏轼有云,"古之成大事者,不惟有超世之才,亦须有坚忍不拔之志",我们虽不一定有超世之才,但会努力做到拥有坚忍不拔之志,在以后的学习和生活中,不断奋进,为汉语和中华文化传播贡献自己的力量。

"海行靠舟,陆运需车",语言看似最"软",却是思想之舟舆,不仅"达意",还能"表情",可以"通事",更能"通心"。语言通,则文化通;文化通,则民心通。中华上下五千年,56个民族,100多种语言,文化丰富多彩如群星璀璨,现代汉民族共同语优美隽永、博大精深,值得我们以及无数中华儿女不断研究学习并广泛弘扬。

"天下之至柔,驰骋天下之至坚。"随着中国综合国力不断增强,国际地位逐步提高,"文化强国"和中国文化国际化已成为国家发展战略的重点之一。习总书记在党的十九大报告中指出"文化是一个国家、一个民族的灵魂。文化兴国运兴,文化强民族强。没有高度的文化自信,没有文化的繁荣兴盛,就没有中华民族伟大复兴。"

作为立志于传播汉语和文化的我们,只有全面深入地学习了解优秀传统文化,把其中蕴含的信念、智慧内化于血液之中,才能认同、尊重、践行、弘扬优秀传统文

---

[①] 本文根据刘姗姗同学在2018级汉硕开学典礼上的发言整理。

化,才能更加坚定文化自信,做好传承和发扬。

　　"同舟共济"的百年传承,这是所有同济人共同的故事,也是我们将要续写的华章,能在这里学习我感到非常自豪,研究生阶段的学习,是自我成长的历练,今后在跨文化、跨专业、跨年龄的交流中,期待我们一次又一次的灵感碰撞,能够突破思维的限制,更多元、有效地传播汉语和中华文化。因热爱而努力,为使命而坚持,让我们和身边的同济人一起,再次出发,开始探索一段新的人生旅程!

【登载于《汉舟》第 35 期】

## 2018级汉硕生入学感言

**陈玉桃：**进入同济的那一刻，我已被优美的校园环境深深地吸引，国际文化交流学院上书法作品的标语鼓舞人心，我坚信这里将会是我人生中永远记忆的地方，我在心里想："想挑战自我吗？现在你要开始发现并勇敢地抓住机会，随时怀着一颗自信的心，你将会迈向成功！"即便现在的我能力不算突出，但在同济国际文化交流学院学习我将会学到很多自己未曾知道的东西，不管是交友、学习、做事还是做人，各方面能力都会有所提高！

**林东：**不知不觉在同济学习已一月有余，发现自己会的不多，不会的越来越多……每周往返于福州、上海，在不同的城市里，感受不同的温度，扮演不同的角色，体验着不同的生活，这种感觉有点分裂却也奇妙。虽然目前的生活奔波且劳累，但是能受教于许多好老师，学到自己想要的知识，能身处一个温暖的集体之中，与一群志同道合的人一起做着自己喜欢的事情也是一种幸福！

**刘姗姗：**汉传天下！带着传播中华优秀文化、做好汉语国际教育的期许，我们披荆斩棘、一路高歌来到同济大学国际文化交流学院，成为一名光荣的汉硕生。短短一个月的时光，经历过辛苦和迷茫，经历过学习的满足与片刻的光芒，我们不断地打磨并发现不一样的自己。愿不忘初心，终得偿所愿。2018级汉硕生，一起加油！

**姜文净(韩国)：**四月初，樱花缤纷，走到国际文化交流学院，偶遇姚老师，她的热情似火，她的温柔似水。从此决定报考同济的研究生。经过各种报名、面试，我被学校录取的那天，不知有多么兴奋，高兴得泪流满面。带着一颗欢欣鼓舞的心来到同济大学报道。报道的那天，姚老师给我讲同济大学的历史与"同舟共济"的成语，她的言语深深地拨动了我心弦。自9月10日到现在，包括姚老师在内所有汉硕的老师们无微不至的关怀与指导都令我感动。在这里学习是我的荣幸。

**蔡智媛：**从收到通知书的一刻,心中充满了欢欣雀跃。现在常常被紧张的学习与课程压到感觉透不过气来,却看到了自己的成长,希望每天都能有所成长,加油!

**孙明明：**工作七年后,有机会再步入校园,感觉陌生又亲切。同济大学的严谨,国际文化交流学院的细致,一个月以来,已经在点滴中改变着我原有的生活。菁菁校园,温暖如春,还有越来越多的惊喜和未知。感谢学校和学院,感恩与那些敬业且专业的老师们、勤奋可爱的同学们相遇,期待未来三年的美好时光!

**张晓芯：**我为自己能考上这所大学而骄傲,同时,我为这所拥有百年历史却始终与时俱进的大学感到骄傲。我对汉语国际教育这条道路充满了期待,同济是我是梦想启程的地方,我希望在这里实现我的梦。

**徐晶芹：**时隔两年,再次回到校园。校园的一切,是多么令人怀念。趁阳光温热,趁微风不噪,趁时光未老,很幸运在同济遇到了一群可爱的小伙伴和老师!未来三年,希望大家在同济以梦为马,不忘初心,不负韶华!

**张培艺：**新生报到那天,当我走进国际文化交流学院的时候,我的心情开始激动起来。每每想起未来三年要在国际文化交流学院度过,喜悦之情溢于言表。在开学典礼之后我更深刻认识到求学之路漫漫!但书山有路勤为径,学海无涯苦作舟,唯有历经磨砺,尝遍苦寒,方能学有所获,业有所成。

**高丽：**重回校园,心里感触良多。这里绿树掩映,这里书声朗朗;眼前处处是满目求知的年轻脸庞,耳边总不缺语重心长的谆谆教诲。无论是课堂上,你来我往,唇枪舌剑地讨论,还是休息间,三五成伴,喜笑颜开地评价食堂饭菜,都让我真切地感受到时光的美好。短短几周的时间,感觉自己的生命仿佛切换到了一个全新的轨道,这样的生活和学习节奏带来的是充实,是骄傲,是每时每刻都有进步的喜悦,是每分每秒都在成长的感动。读书,学习,听课,讨论,我希望每一分努力都能化作一缕细丝,不断累积,最终织成锦缎,铺就走向讲台的路。

**郭漪菲：**入学已经一个多月,现在回想起来,依然能感受到胸中的跃动。我希望能通过汉硕学习这个机会,把我的中文和外语水平都往上提一个档次。

**华敏敏**:踏入汉语国际教育的大门,希望能成为一扇文化的窗口,让更多的留学生通过切身的感受来体味中国发展所带来的巨大变化同时,通过对汉语言文化的学习来感受中国文化的独特魅力。二十年栉风沐雨,二十年春华秋实,祝福国际文化交流学院二十岁生日快乐,越来越棒!

**普心雨(泰国)**:一寸光阴一寸金,寸金难买寸光阴。新篇章开始了,我要学会自主学习,提高自己学习效率,学会安排时间,掌握学习的有效方法和策略。

**闫亿欣**:来到同济的每一天都充满了温暖与惊喜。雨中的开学典礼,大家身披蓝色雨衣,我们是一群同济蓝精灵。我为自己真正成为同济人而骄傲、自豪。中秋时节同济的高颜值月饼让我体味到了家的温暖。同心筑梦,济念师恩。师傅领进门,修行在个人。来到同济,常常感到时间不够用,觉得自己需要学习的东西还有好多。希望自己真正琢玉成器,不负韶华!

**吴洋**:初试时犹自飘零的金黄枫叶,复试时漫天飞舞的粉嫩樱花,入学时芳香四溢的橙红丹桂,这里有缤纷的色彩。开学典礼上刘院长和李老师的殷殷期待和谆谆教诲;生活学习中姚老师无微不至的关怀;德语课林老师为补齐冲掉的课时,连讲三个半小时,负责的态度令我油然生敬;要素教学潘老师简洁明晰的讲解及犀利的实战分析,虽然绷紧了每位同学的神经,但也为之后扎实的理论基础和课程讲解奠定了基础;论文指导刘老师细致的会话分析在打开了另一扇知识之窗的同时还提供了观察课堂的新方式;导论课许老师妙语连珠,让枯燥的理论学习变得生动有趣,激起了我的学习兴趣和积极性。这里有专业且敬业的老师们。"这是德语的发音规则和词性规律,大家看看,有不明白的地方随时和我联系。""同学们,这是刘老师的公共邮箱和密码,大家保存下,之后会一直用到的。""周一、周三晚上 5:50—8:30 有林希老师的课,大家感兴趣的可以去听。""这是彰武路校区的地址,进门左转的样子。"……这里有热心友爱的同学们。很幸运可以到同济国际文化交流学院读书,很幸运能够遇到这样一群志同道合的小伙伴。希望三年之后的自己可以蜕变成更好的自己。

　　以上是2018级汉硕的新生感言。让我们一起传承"同济汉硕,汉传天下"的理念,点燃青春,放飞梦想。为天地立心,为生民立命,为往圣继绝学,为万世开太平。脚踏实地,把论文写在祖国的大地上。希望大家在国际文化交流学院,以梦为马,挖掘自己的潜力,修炼出更出色的自己,每时每刻都有进步的喜悦,每分每秒都有成长的感动。

【登载于《汉舟》第36期】

# 语言构筑文化虹桥①

周伟霖（埃及）

尊敬的各位领导、各位来宾：

大家好！

首先，很荣幸收到中国国际语言文化博览会组委会的邀请，来参加第二届中国北京国际语言文化博览会暨"一带一路"语言文化共兴发展论坛。

我是来自埃及首都开罗的周伟霖，毕业于埃及艾因夏姆斯大学语言学院中文系，目前任职于西安西电国际工程有限责任公司（埃及分公司），担任汉英阿三种语言的翻译岗位。我曾在埃及泰达、尼罗河纺织股份有限公司以及东方之星国际有限公司任职，担任翻译工作。

在学习汉语的过程当中，我不仅学到汉语言相关的知识，同时也接触到了中国灿烂的文化。在大学四年的本科时间，我曾在埃及苏伊士运河大学孔子学院学过一段时间汉语，并参加了母校和孔子学院举办的各种各样的活动。例如，每年的中国文化日、端午节的赛龙船以及驻埃及中华共和国大使馆每年举办的春节联欢会和其他与中国文化相关的一些活动。

在孔子学院学习一年汉语之后，我通过苏大孔子学院的推荐获得了孔子学院奖学金到了中国天津外国语大学，在那里进行1年的汉语言文化学习。这一年的时间，我的汉语水平有所提高，通过参与多样多彩的活动，我更好地了解中国人民的风俗习惯，也密切地接触到中国的文化。

回埃及之后，我直在上述提到的企业做翻译类的工作。这样的工作环境让我从

---

① 本文根据周伟霖同学在第二届中国北京国际语言文化博览会"一带一路"语言文化共兴发展论坛上的发言整理。

另一个视角认识中国。经济毫无疑问是中国最了不起的一面,其中,"一带一路"倡议是中国目前最重要的事情之一。

"一带一路"是习近平主席在 2013 年提出的一个概念,和他在 2012 年提出的"中华民族伟大复兴""中国梦"一脉相承,可以说是复兴中国、实现中国梦的具体实施方案。

在"一带一路"倡议中,有些地区格外重要,尤其是中东地区。中东对于"一带一路"重要性体现在,它把亚欧非三个大洲,通过铁路或者海运的方式连接在一起。

作为中国文化的热爱者、曾在驻埃及中国企业就职的工作者,我也会注意到经济发展对中国语言文化传播的益处。驻埃及的企业不仅靠埃及人力资源,还要依托中国人力资源,一起成为企业前进的动力。因此,当前到埃及工作生活的中国人,数量越来越多。

虽然中国人相信"入乡随俗"这句话,但是人也不能脱离自己的文化。因此,他们在驻埃及的中华人民共和国大使馆的指导下,开始逐步举办与中国文化有关的各种活动,例如春节联欢晚会、端午节及其赛龙船活动等。上述提到的一些传播中国文化的方式可称为"直接接触文化"的方式,那么,怎样是非直接接触文化的方式呢?

我这里来引用一下埃及泰达特区投资公司运营管理副总监阿米拉·拉扎对新华社记者关于"一带一路"倡议对全球产生的影响时说的几句话,来回答这个问题。她说,"一带一路"将为大型发展项目所在的沿线国家,特别是发展中国家创造效益,带来更多就业机会,改善这些国家低收入群体的生活。拉扎说:"以我自己为例,正因为中国提出'一带一路'倡议,我的收入水平不断提高。在中企的工作,增长了我的经验和才干,特别让我学到了很多中国文化,学习如何与不同国家背景的同事合作相处。"

我这里还要引用中国驻埃及大使宋爱国在 7 月 2 日发表于中国网的一篇文章中的一段话,该文章题目为《中国驻埃及大使:共建"一带一路"推动中阿合作》。他说:"中阿人民彼此感知对方的人文风情,心的距离越来越近。双方共同举办了 7 届文明对话研讨会,互办了3届艺术节,'欢乐春节''中国文化周'等中国特色活动陆续走进阿拉伯国家。2016年中埃两国元首共同开启的中埃文化年,更是通过文艺团体互访、书展、画展、电影展等应接不暇的活动,掀起了中埃文化交流的新热潮。同时,中国优秀影视作品也陆续走进阿拉伯千家万户。"

我认为在未来的几年内,尤其在"一带一路"倡议的积极影响下,埃及的中国企业数量必然会不断增加。因此,不管是为了找到更好的工作还是源于自己对汉语言文化的喜爱,或者是对中国某个方面的感兴趣而接触到中国语言文化的埃及本地人,一定会越来越多。

我还认为,随着埃及的中国企业数量的增加,翻译工作者的需求也会越来越多。因此,在埃及教授中国语言文化的一些活动中心,例如埃及教育高校、中国文化中心或埃及的三所孔子学院等等,也会接受更多的汉语言学习者。这才是"一带一路"语言文化的共兴发展的体现。

【登载于《汉舟》第39期】

## 年年岁岁花相似,岁岁年年人不同

赵 怡

一年前的樱花季,我一个人惴惴不安地来到同济面试,依稀记得312教室里20多张陌生而紧张的脸孔,回想起来只对那位霸气地甩出同济硕士毕业证的同学印象深刻,她现在成了我的同桌。怀着重入校园的期盼之心,跨专业的我在讲台上磕磕绊绊地应对台下诸位老师的问题,心生敬畏。面试后,独自一人来到樱花大道,绚烂的樱花树下,年轻学子英姿勃发,看着那一张张鲜活的面孔,特别希望有机会重返校园,成为这美丽校园的一员。

一年后的樱花季,我已经在这里学习一个多学期了。认识了很多才学渊博的老师,拥有了20多个志同道合、多才多艺的同学,有超级负责、照顾同学的班长,乐于助人的德语老师。每天紧张而忙碌的生活让我觉得充实而美好。今年再看同济樱花大道,已不再是游人的心情,而是怀着主人翁的自豪与骄傲!

【登载于《汉舟》第41期】

# 2019级汉硕新生入学感言

**钱蔚殊:**学习语言是接触另一种文化的初阶段。很好奇其他国家的人最初触及中国时有怎样的心路历程。希望三年的学习可以给我一些启示,让我能在工作中更好地对"外"交流。

**林向荣:**以前曾专程来同济看过樱花,没想到现在已进入同济深造,倍感荣幸!仪式感满满的开学典礼后,聆听专业老师的精品课程,还不时有机会参与业内顶尖学者的讲座,身边同学也都是个个优秀,学习意愿特别强烈,这样的氛围让我对接下来的学习生活充满期待。大家一起加油吧!

**陈玛丽:**同济汉硕是我人生的新起点、新征程。要珍惜学习机会、珍惜实践机会、珍惜好时光,必须对得起自己的选择、对得起自己的付出、对得起老师的教导。在今后汉教的路上,能讲好中文、讲好中国故事,不给同济丢脸,努力为同济争光。

**李言:**新学期新气象!初来同济,学校的学习氛围十分浓厚。老师们知识渊博,同学们非常优秀。十分荣幸自己能够进入汉语国际教育这个专业。希望接下来的三年能够和大家共同进步。

**王燕:**校园真大!食堂饭菜性价比高!学院虽不大,但是很温馨。班里的女生一如既往地多,很高兴能结识其他行业的同学。老师们负责、耐心、各有特色:有幽默型、有严谨型,也有热情型。未来三年,我计划第一年打下扎实的专业基础,第二年在苏州或者国外机构实习,第三年顺利完成论文答辩。希望借助同济的平台,为自己创造更好的未来。

**张露:**秋天该多好,你若尚在场。两年前的今天,我带着学生与同济第一次相遇;两年后的现在,我成了一名同济的新生。三十已立,岁月新颜。称一声老师好,道一句同学好,愿你我未来都好！三年后,春天里,樱花大道下,愿你我都笑逐颜开。

**王俊**：工作多年后重回校园,感觉非常奇妙。怀着梦想来到同济国交学院,愿在这里打好专业基础,学习实战经验,在未来的生活中发挥才干,顺利完成毕业论文,交出满意的人生答卷。

【登载于《汉舟》第 45 期】

## 汉传心,Made in Tongji

汤 驿

转眼间,在同济的学习生活只剩最后一学期了。同济的樱花、食堂的大排、国际文化交流学院的师生们,大约会是我们毕业后也难以忘怀的三份"济"忆。回顾自己的汉教经历,总离不开这三件事:汉语教学、文化活动和学生管理。就让我结合自己的工作,从这三个方面说说这三年自己的成长。

其一,为更好地开展汉语教学积累了各类材料与经验。我的日常备课资料除了指定教材外,也少不了将同级别汉语教材作为辅助材料,还有课堂活动、汉语语法、词汇释义、汉语技能教学、HSK等各类参考资料,其中很多都是同济的专业课程老师推荐给我的。为了撰写论文,导师总提醒我,要勤查文献资料,多关注学界动态和新书,更新理论和教学思路。另外,只要能安排出空余时间,最好能多多把握校内外的讲座、论坛和研修班等学习交流机会。

其二,学会有效地组织文化活动并能及时总结、反思、优化。哪些活动适合你的教学对象?通过怎样的主题和形式去组织活动?怎样宣传才能吸引更多学生参与?场地、时间和预算条件能否满足需求?活动内容是否存在文化禁忌和安全隐患?活动结束后的收尾工作如何完成?用什么方式进行报道、宣传、获得反馈?……要思考的问题还远不止以上这些。传统"老"活动如何加入新时代的特色?创新形式的活动又要如何评估效果?各种问题,如果不干就没法解决。以我的经验,活动的每个阶段都要尽可能考虑细致、有效控制,这样才能确保活动顺利开展。

最后,说说留学生管理。七年前,刚参加留管工作时,我觉得语言交流是这份工作的难点,谁知这根本算不上什么大问题,教学与活动组织管理、各类突发事件处理、日常心理辅导和关注、文化差异和趋同,以及许多不可预知的情况才是主要难点所在。三年来,我从同济的老师身上看到特别重要的三点:对学生和工作富有责任心;提前做预案,防患于未然;积极沟通,及时改进。

  以上仅仅是我的个人心得体会,教学相长,让我在这三年飞速成长。感谢《汉舟》给了我们展示的平台,汉传一路,与"济"同行!

【登载于《汉舟》第 50 期】

# 第二章　教学相长

学习的最佳方式，

不是"听讲"，而是"讲给别人听"，并且让听的人都明白。

知是行之始，行是知之成。

知行合一，是同济对汉硕生的培养目标之一。

## 汉舟

2016年9月24日
星期六（本刊为半月刊）
第1期（总第14期）
本期4版

同济汉硕的"园地"
驶向世界的《汉舟》

主办单位：同济大学国际文化交流学院　　主编：孙宜学　　本期执行主编：张立辉　田嫒

### ☆ 2016级汉语国际教育专业硕士举行开学典礼 ☆

9月10日，2016级汉语国际教育专业硕士的开学典礼在我院隆重举行。今年有22名中国学生、11名外国学生进入我院汉硕专业学习，刘淑妍院长、孙宜学副院长，及我院全体研究生导师出席了开学典礼。

典礼上，刘淑妍院长向同学们表示热烈欢迎，期待大家在这个温暖的学院学有所成。孙宜学院长向同学们提出三条具体要求：做一个自然人（回归本真）、做一个社会人（勇于担当）、做一个国际人（兼容并包）。院长们谆谆教导，同学们连连点头，有欢笑、有掌声，更有思考。院长讲话结束，同学们突然拿出自发准备的花束，送到每位出席的老师手中。这份用心的教师节礼物，让老师们都十分感动。

开学典礼之后，学院为新生组织了导师见面会，在简单的自我介绍之后，同学们很快与导师聊成一片。中国同学尚未确定导师，三五成群，围着与自己学术兴趣相近的导师，询问学习、研究、实践等相关问题。见面会结束，是一系列更为具体见面会结束，是一系列更为具体的入学教育。李萍老师向同学们介绍了汉语国际教师需要具备的各种技能与素质，指出"德"对于治学、教学的重要性。刘运同老师为同学们讲解专业课程设置的情况，通过教学案例让大家感受到汉语国际教育之不易，同时鼓励大家：无论对人生有怎样的规划，最重要的是马上去做！姚伟嘉老师与同学们开了第一次班会，布置入学后的各种事务，并选举张立辉同学成为2016级汉硕班的中国学生班长。

"入学教育日"活动圆满结束。同学们表示：能来到同济实在太好了！一定不忘初心，好好学习，如院长们所期待的，成为响当当的同济人！

### 汉硕本月大事记

9月3日，22名中国研究生报到入学。

9月5日，汉硕同学在校大礼堂参加开学典礼。

9月7-10日，11名外国研究生报到入学。
9月10日，全体2016级汉硕生参加入学教育活动。
9月12日，杜嘉彬、黄黎楠、黄懿、钱金铎、石玉鸾、田嫒、于慧勤、张立辉八位同学走上讲台。
9月13日，外国研究生开始上课，分享中秋月饼。

9月7-13日，田嫒同学参与庆熙大学代表团接待工作。

9月19日，外国研究生参加学院留学生开学典礼。黑龙同学作为研究生代表发言。
9月21-23日，田嫒、张立辉同学进行本学年《汉舟》第一期排版。

### 本期导读

**第二版　第三版**
刊登部分中国汉硕生的入学感言，更多"汉硕心语"下期将与大家见面。
**第四版**
孙宜学副院长寄语；黑龙同学发言讲稿。

投稿邮箱：tongjihanshuo@163.com　　地址：上海市赤峰路67号　　邮编：200092　　联系电话：65983268

图2-1　《汉舟》第14期：2016级汉硕生入学

# 秋梦入诗寄明春

杨晶晶

秋意浓浓,秋雨绵绵,凉风扫过微微裸露着的皮肤,有点儿冷。

从窗户探出头去,我看见楼下的桂花开得刚刚好,一簇一簇地抱在枝头,煞是可爱。忍不住大口地呼吸起来,空气裹着香味儿直冲五脏六腑,只是一瞬间,你就能发现这个世界里总是有那么多美好的存在,也许微小,但不妨碍你的心一下就被催化得柔软起来。

就在此时,忽然想起了北岛的诗句:"日子和楼梯不动,我们上下奔跑。""生活是一次机会,仅仅一次,谁校对时间,谁就会突然衰老。"

当然,想起这些,绝不是要无端在这里伤感,只是在这样的时点意识到原来时间又悄悄给我们施了幻术。挂在鹿角上的钟停了,可时间本身从来没有停下过它的脚步,所以我们本就不该对生活无意识地麻木,理应保持一份警醒,上下来回地奔跑,努力去跟上它真正的步伐。

开学以后,生活被各种各样的事情塞满:泡图书馆,查资料,备课,上课,写作业,组织活动……每天好像都在忙忙碌碌,这样的日子充实极了,像在不断充气的大气球,愈发饱满。所以一个月很快就悄悄从指缝中溜走了,等到我们真正意识到的时候,它早已经不见了,还剩下的一些只能供我们反思和总结。可也正是因为这种不可逆转性,我们才会更加珍惜,多多留出时间仔细盘点着我们的生活。

## 为人师表之初体验

来到同济大学国际文化交流学院这个大家庭之前,虽然带过家教,也做过一点儿形似的工作,但真真正正地做个对外汉语教师我绝对也还是头一遭。刚开始心中难免充满了如梦般的各种期待和幻想,可能有时还莫名地对那些所谓的风险和挑战嗤之以鼻。所谓的"初生牛犊不怕虎"大概就是对这种状态最贴切的描述。

想起研究跨文化交际时,学者们常将它分为四个阶段:蜜月期、挫折期、调整期和适应期。我想不只是跨文化交际,每个人人生的方方面面也都可以在这一点上拓展开来。比如我们正在努力去做的这件事——为人师表,还是跨文化地进行。我们抱着一颗热忱的心很快便体验了蜜月期那短暂的新鲜和兴奋,不可避免地遇到了让我们头疼的各种"麻烦",大家绞尽脑汁地去调整和解决,努力使自己变得越来越好,想要早日成为一名合格的对外汉语教学工作者。

忘不了自己第一次站在讲台上的感觉,有点兴奋,有点紧张,也有点期待,望着台下一双双清澈的眼睛,身上的责任感和使命感油然而生,真想要立马把自己身上储备的好东西都统统拿出来与他们分享。想法是如此虔诚而美好的,现实却是那样真实而残酷。在这样的过程中,碰到了各种各样的问题,比如怎样拿、拿出多少会更适合他们。常常会跟其他的老师同学咨询学习,不断调整自己,认真努力地充实自己,在睡前会写下自己当天的心得体会,希望回头时能看到自己的成长,这确实也是一件特别令人兴奋的事情。

记得有一次课后帮学生答疑解惑,她很认真地看着我说:"我觉得我的杨老师是最棒的!"第一次感受来自学生的正面肯定,感觉身上每一寸细胞都在开心地跳舞。

为人师表之初体验,苦辣酸甜,一一尝遍。不变的是信念和信心,仍愿坚定地沿着对外汉语这条航道,继续前行,永无止境地探索。

## 为人学子之再体验

重新回归校园,像梦境一样美好。这里有良好的氛围,优秀的老师,友好的同学,广阔的平台……梦想就像刚刚喝饱了水的植物,元气十足地开始疯长。

秋天是收获的季节,也是开始积淀的季节。这样的时光里,可以静下心来读书学习,做些自己喜欢的事,不断地沉淀、升华自己,这里的每一秒都应该被好好珍惜。

俗话说得好:"师傅领进门,修行在个人。"为人学子之再体验,不管过去如何,当梦想与生活狭路相逢,只愿在老师的引导下,认真吸取精华,努力修炼,不断贮存使自己成长的养分,等待着有一天,终能破茧成蝶。

时间不断在飞逝,一切都在运转,从春天到夏天,再到秋天,最后是冬天。这样的四季轮回中,时间教会我们最重要的事便是思考,心理装备足够了,我们才能走得更远、更长。

秋天来了,叶子黄了,落了,而那又如何呢,就让我们把梦想题进秋天的诗句,寄给来年春天的姹紫嫣红吧!

【登载于《汉舟》第 2 期】

驶向世界的「汉舟」

## 好好生活　努力求学

王雪娇

行人匆匆,车水马龙。来不及捉住夏末的尾巴,转眼已经看到了灿灿的盛秋。零星的阳光透过树丛映照在我的身上,微风凛凛,枯叶飞舞,仿佛在诉说着我这段时间的心情。我是一个简单,却又不安于现状的人。开学这一个月对我来说,过得比蜜蜂勤奋,比蚂蚁忙碌,却仍感觉碌碌无为,心里空荡荡的。每天的内容就是备课、上课、批作业、写作业、查资料,机械般的生活,让我失去了往日的自由,阻塞了心底的声音,仿佛有什么东西正在离我远去。

那天,我又一次带着疲惫的身躯躺在床上静思以往。渐渐地,有个东西不觉浮出脑海——一本神情幽怨的书,封面印着"汉硕专业知识"。啊,我恍然大悟,是你,原来是你!回想开学至今的时间,每天奔波于学校与宿舍这两点一线之间的我,在校时忙于各种教务琐事,回家后头痛脚麻,困意袭来恨不能倒头就睡,没有时间也没有心力去读书,更不会想到去主动接触更多专业知识和学术成果,以至于一个月之后才终于猛然意识到这个如此重要的问题。

归结原因有以下几点:首先,接下的课程太多。初到上海,一切对我来说都是那么新鲜,但又昂贵。学费、房租、吃饭、交通这些费用比家乡翻了不止一倍,这给我带来了一股无形的巨大压力。于是我接下了最多的课程,企图缓解经济压力,但真真是因小失大了。其次,做事条理性不够,没有合理分配时间。初任班主任,又兼顾学生的角色,开学初的教务琐事是极多的,再加上专业课作业的批改和一些学院活动的参与,使我分身乏术、身心疲惫。其实如果分清各种事务的轻重缓急,合理安排好时间,是能够更加有条不紊地完成任务的,还会大大缓解心理紧张感。再次,偏离重心,忘记初心。开学前我的定位是读书、学习,增加自己的专业知识、提高专业技能,

现在竟被外因引进了歧路。但所幸及时意识到了问题,再次明确了自己的目标,清理好前进路上的杂草,然后继续朝目标前进。最后,不够吃苦和感恩。这点无需多言,无论做什么,都要从中学到东西,有收获就值得做。感谢学院和老师给我做事的机会!

  我尊敬的导师刘运同教授曾分享给我一篇发人深省的文章,我很喜欢里面的一个观点:好好生活,好好做学问。是的,我也要好好生活,努力求学,不忘初心!

【登载于《汉舟》第 3 期】

# 妮子未出国门的跨文化之旅

王贞慧

我出生在一个山清水秀的小城,从小在青瓦白墙间穿梭,跟着小伙伴追盛夏的毒日头,看调皮的男生冷不丁就蹿进了波光粼粼的池塘,露出滴着水珠春笋般的小脑袋,逗得我哈哈大笑。院前的葡萄架,院后的栀子花,冬天翻滚的雪球,夏天呼啸而过的穿堂风。那一切柔和的诗意与夕阳下顶楼露台眺望的远方,就是我小小幼年加少年的温暖世界。大学以前,我以为世界就是这么大。从没想过若干年后的一天,我会站上一个底下坐着来自14个不同国家的29位外国学生的讲台。未出国门,却遇见一个始料未及的大世界,那种心潮澎湃应该不亚于拿一个奥运奖牌吧,虽然我并没有拿过。话不多言,一起来看看"爱丽丝"的跨文化之旅吧。

## 蓝绿眼睛之争

某一课,我们学习的课本中出现了这样一句话,"站在我旁边那个高个子,黄头发,蓝眼睛的小伙子,就是我的好朋友"。我想让学生们学会这样的人物描写方式,于是在讲解完语言点以后,便让学生开始描述自己或是教室里的任何一名同学。一位俄罗斯男生说他自己有一双绿眼睛,我不认同,觉得凭我多年被告知的"外国人是蓝眼睛"的经验和粗略的观察,他应该是蓝眼睛!我几乎本能地反问他,这时一位波兰女孩很诧异地问我,为什么我们不可以是绿眼睛。看着她紧皱的眉头我知道某一个点我"触雷"了,于是平和地解释了我毫无恶意,这场小风波终于在我表面的波澜不惊中顺利过去。

某一天和从事外交翻译工作的英语老师聊天,聊起这个话题,老师以他的职业敏感告诉我是因为blue这个词在英语中有忧伤的意思所以人们不愿承认其有蓝眼睛。虽然事后和学生们聊过他们并非因"忧伤"之意才不说蓝眼睛，但我同样大大惊异原来这小小的点中都可以别有"洞天"。事情很小，却深深地给我上了一课，国籍复杂的课堂上"无知"是忌讳，"童言无忌"更是大忌，这一课教会我严谨。

## 谁动了我的"隐私"

我们班级有个微信群，每天上完课我会把作业发在上面，平时有好听的音乐、好玩的事情和重要的信息，也都在群里分享。这群可爱的小伙伴来中国一段时间后学会了和我开玩笑。我也常在他们朋友圈中点赞或评论。这样的互动让我们彼此都亲密了不少。

有一天，我们班的日本女孩发了短短的一句朋友圈"我失恋了"，我看她似乎并不在意，不仅贴在了朋友圈还在那句话后加了俩灿烂的笑脸，便轻松地点了赞。这个朴实的日本小姑娘，总是穿着深色的衣服，一个人坐最后一排，书上密密麻麻地写满了词语的解释，我讲知识时会面无表情地盯着我，不常主动跟人聊天，但也绝不内向。印象最深的是，某天下课，她兴致冲冲地跑来告诉我："老师，我发现了一种很好喝的酸奶。"我问她酸奶的名字她说不出，只说现在去排队买，好喝就告诉我。她脸上灿烂中略带得意的笑容，让我有些震撼和感动，放开的笑容是多么美好。

点赞后的第二天上课前，人不多，她来得早正和旁边的同学聊着天。我顺势加入她们的闲聊中，提起她的朋友圈消息。她哈哈笑了笑，然后就淡然地跟我分享了一个"好友和我和爱人"的故事。轻松地听完，简单地鼓励，话题自然落幕。上课时，我们正好学习恋爱故事，教生词时我又常设置日常情境，让学生代入。看大家兴致高昂，不经意便把早上听到的她的恋爱故事简单带出。

下课吃饭，我正一边咀嚼一边发作业信息时，收到了那个日本女孩微信发来的格式准确的信件。虽然礼貌，但也直接表达了她对我上课"泄露"其隐私的不悦，我意识到当时脑海中一闪而过的担忧是必要的。但话已出口，覆水难收，只有坦然认错和道歉，表示感激然后改进。所以，尊重就像细胞和氧气，生存之下就应无处不在,许多事要保持绝对的尊重和礼貌。

## 愿羽化为碟,舞动世界

我们常说做个有文化的人,什么才是文化呢？或者许多时候我们自己都未明了,为什么战败被称为"败北"而非"败南";为什么主人要叫"东道主"而非"西道主";人世间为什么又被称为"红尘"？我们常常将习以为常当作世界运转的法则,然而非也,那只是一个小世界甚至小团体的运作规则。世界之大,大到没有既定规则,大到你必须摆脱一些"习以为常"和"脱口而出"。所以,站在国际舞台上的舞者就不该有太多的本位和唯我独尊的思想。舞步放开,博采众长,才能舞出难以匹敌的精彩。如今,我还会怀念那青瓦白墙的世界,那段我任何时候去你家随便坐下,我们开始天南地北聊,我可以摸你的头、拍他的手,看着婆婆摇着芭蕉扇不言不语就是一下午的时光。穿堂风还在吹,只是,我突然开始想,为什么它要叫"穿堂风"呢……

【登载于《汉舟》第 4 期】

# 不负这时光　不负这使命

邬娅雯

## 怀昭昭之志行煌煌之路

白驹过隙,时光荏苒。自己的研究生生活已接近两个月了。每日疾步行走在日渐熟悉的校园里,伴随着不变的风景及总是不变的急促身影、忙碌姿态。忙不完的功课,做不完的任务给这段日子涂抹上紧张且浓烈的背景色。然而仍要在忙碌中自省,所作所为到底是卓有成效还是碌碌无为?立志求学,不能不先细细思量此志在何方,此学在何处。

《大学》开篇言道:大学之道,在明明德,在亲民,在止于至善。念及己身,尤为玄妙。我们一面为师——操语言之橹,济文化之舟;一面为生——欲立人者先立己,欲达人者先自达,想要更好地完成为人师的责任,首先要做的便是培养自己身为老师的能力,扭转一直以来形成的根深蒂固的学生定位。何谓师?以及如何为师?怀施教之心,养人师之德,树育人之志,方可为师。至于如何做老师,学院的老师们便是很好的榜样。向老师们看齐,唯一心求进,苟日新,日日新,先明自身之"德学",再推己及人而做到使人人"亲民",希望终可臻于"至善"。

## 为"师"有方

由此观之,为人师,我要做到"言有物而行有恒,思其难以图其易"。教学的过程需要深入浅出——备课的过程必须是深入的,必须细细分析思考汉语教学的方法,以便我的授课过程是简单有效的,对学生而言并不费力。至少不会因为备课不充分或者讲授方法不科学而平添他们语言学习的困惑。除此之外,我还应该具备换位思考的能力,由于文化和思维方式的差别,在语言教学过程中,可能某些我们觉得很幼稚简单的问题学生们却疑惑不解——这个情况就如同我们学习英语等外语一样。唯有站在学生的立场上看待教学内容和方法,才能做到感同身受并由此不断提升自己的教学水平。一言以蔽之,汉语和中华文化博大精深,因此我在教学过程中要始终保持耐心和细心。教学应言有物而无赘言,行应有恒而无定行,方可思其难而图其易。

## 为 生 有 道

由于本科专业并非现在所学,加上有较多教学任务占去了绝大多数时间,慢慢觉得想多学点东西有些精力不足、时间不够。有时候也会想,用来学习的时间少了是因为教学任务略显繁重。一念及此,便好像给自己找了不错的理由松懈下来。然而某天忽然惊醒,求学一途,"无冥冥之志者,无昭昭之明;无惛惛之事者,无赫赫之功"。不管是因为自己对所学的东西感到生疏还是觉得时间精力不足,都不是消磨毅力、松散心志的借口。倘若学习的内容对自己而言比较困难,那么人一能之,己百之;人十能之,己千之。亦可虽愚必明,虽柔必强;倘若感觉时间精力不足,只要积跬步、聚细流,不骄不躁、不气不馁,始终脚踏实地,安心求学,想必终能至千里、成江河。"济人"与"渡己"汉语教学的过程也是一面"济人",一面"济己"。"济人"便是对来求学者细细教导,传授他们汉语知识,鼓励他们使用汉语,引导他们了解中华文化。而"济己"却是要使汉语走出去。语言是文化的载体,而文化竞争力早已成为国家软实力最重要的一部分,让汉语走出国门对提升国家文化竞争力、增强国家软实力的重要性自是不言而喻。让更多人学习使用汉语,了解中华文明是我们义不容辞的光荣使命,正如陈强院长所说,我们要使《汉舟》成为那"汉语国际传播大潮中奋力划向大洋彼岸的'同济之舟'"。"济人"是为了引进来,"济己"是为了走出去,而这一来一去之间,便是我们努力求学,不懈奋斗的意义。

子曰:"益者三友:友直、友谅、友多闻。"在求学之路上,身畔有良师益友为伴,同舟共济而行，幸甚至哉。也愿自己能眼观雷霆雨露而心中如光风霁月，一路前行，不负韶光。

【登载于《汉舟》第 5 期】

2015年12月19日
星期六（本刊为半月刊）
总第7期
本期4版

同济汉硕的"园地"
驶向世界的《汉舟》

主办单位：同济大学国际文化交流学院　　主编：孙宜学　　本期执行主编：张　鹏

## 『新闻快讯』

### 汉传天下 硕果可待——"汉语国际教育：历史、现状与未来"国际学术研讨会在同济大学召开

本报讯　2015年12月12日-13日，我院成功举办了"汉语国际教育：历史、现状与未来"国际学术研讨会。本会旨在搭建国际汉语教师、相关学者、专家交流合作的平台，促进汉语国际教育学科的建设及人才培养，共同探讨汉语国际教育的任务与方法，以适应未来世界对汉语学习的需求。

研讨会围绕汉语国际教育的"历史、经验与借鉴"、"现状、问题与对策"、"未来的规划与设计"三大议题，开设"孔子学院与汉语国际教育硕士的培养"、"汉语国际教育学科建设与中华文化国际传播"两个专题论坛，从"因材施教"与"学科建设"两点引发"头脑风暴"，探寻让中国文化更好更快"走出去"的路径。

学科水平的提高，离不开优秀的汉硕教师。如何使青年教师更好地掌握汉硕教学技能，为汉语国际教育事业储备更多教师精英，培养未来学科建设和中华文化国际化的领军人物，也是当下一个重要课题。为此，本次大会特别举办"汉声杯"汉硕青年教师教学技能大赛，搭建一线教师展示课堂风采、切磋授业技艺的平台，让与会者充分感受到汉语国际教育专业独特的课堂氛围及现代教育技术对该学科的重要影响。

在研讨会期间，还举行了我院与樱美林大学孔子学院精诚合作、打磨八年的"樱美林大学孔子学院中国学丛书"新书发布式。丛书凭借独特的视角、精到的解读已吸引了众多日本学者的关注。

关于本次研讨会具体内容，本刊近期将发行《特刊》进行介绍，敬请期待。

（姚伟嘉/文　张　鹏/图）

### 『新闻聚焦』　我院汉硕亮相江浙沪高校联盟传统才艺赛并喜获三等奖

本报讯　2015年12月17日，我院汉硕生赴苏州参加第二届"江浙沪地区国际汉语教师才艺技能大赛"。本次大赛由苏州大学文学院承办，旨在加强江浙沪地区各培养单位之间的交流，展示中外汉硕培养成果，提高其中华文化传播能力，积极响应国家汉办助力"文化一带一路"战略。

我院本次参赛作品题为《鹿鸣操》，内容丰富多彩。在留学生的助演下，学生身着汉服，以"樂"为主题合奏古琴并吟唱此曲，展示篆、隶、楷、行不同形体的软笔书法，赢得观众和评委的一致赞扬。经过激烈的角

逐，我院汉硕学子发挥出色并荣获三等奖。赛后，来自不同高校的学生相互进行了交流，均表示获益颇多，希望今后能多参加文化才艺活动，切实提升自己的中华文化传播能力。

（张　鹏/文　姚伟嘉/图）

投稿邮箱：tongjihanshuo@163.com　　地址：上海市赤峰路67号　　邮编：200092　　联系电话：021-65983268

图2-2　《汉舟》第7期头版

# 平望中华灯谜参赛记

陈光利

每个人的生活中,都有很多美好的回忆,有很多难忘的事情。我在上海虽然只有短短的两个月,但是参加了各种各样的活动,如同济大学迎新晚会、面具晚会、同济大学十大歌手和"平望杯"中华灯谜比赛等。其中"平望杯"中华灯谜比赛,给我留下了尤其难忘的美好回忆。在平望三天,我感受到了中国人的热情,也领略到了中国美食、中国古代建筑的魅力,感受尤其深的是中国文字的博大精深。

初到平望,除了沁人心脾的空气,令人难忘的还有人们洋溢着真诚的笑脸。在第一天的行程里,我们参观了黎里古镇,那里的建筑从古代保留到现在,到了那里我感觉好像穿越到古代的中国一样,只是在电影里才看到过那样的风景,从来没想过会在生活中亲眼看到那些漂亮的古建筑。黑瓦与白墙互相映衬,制造出了一种朴素简洁的美。滴水瓦的尖底排成了一条直线,整整齐齐的黑瓦、粗细一致的支柱,每一个地方,都显示出一种精致的气质。来到这里,我看到了中国文化的深处。

第二天就是猜谜比赛。我们是"同济漂洋队",有三个外国人,分别是来自柬埔寨的我、来自乌克兰的安娜和来自意大利的弗郎西斯,我们飘洋过海来到中国,所以叫"漂洋队"。猜谜语对我们外国人来说非常难!比赛是在屏幕上显示一道题,然后每个队都要用很快的速度去抢答那个题目,我们好不容易回答了几道题,因为恰巧那几道题是关于我们国家的胜地,所以我们比较熟悉。我和弗郎西斯学中文有四年了,安娜刚刚学了一年,以我们的能力怎能跟中国人比呢,但是无论如何我们都尽力而为,最终我们队只得了团体第八名。虽然我们猜不出来,但是揭开谜底是我们最快乐的时候,我们被谜语精妙的构思折服了,这些谜语是哪个中国人想出来的?他是多么聪明的一个人啊。同济漂洋来相会,猜一个字,谜底是"湘"。

比赛结束,晚上聚餐,我们一边吃饭一边聊天,觉得还像跟家人吃饭一样。虽然我是去参见比赛的,但是我觉得并非所有的对手都是敌人,热爱灯谜的人,都是一个大家庭。平望灯谜,平望家庭。

【登载于《汉舟》第 5 期】

# 课堂活动设计分享

王雪娇

### "你好,欢迎你!"

第一节课,自我介绍:每人用一张纸做成名牌放在身前桌上,依次带着名牌到讲台上自我介绍,可用母语。老师提前教好"我叫×××,我喜欢×××"句式,并在期间用汉语重复说出学生常用的重要词语。每个同学讲完后,全班一起说:"×××,你好,欢迎你!"这样可以让学生在第一节课就感受到班级大家庭的氛围,并更快地融入新环境中来。

### 拼音游戏

交朋友:学习单声母或者元音时,让学生自选一个掌握不太熟练的音,与任意同学交朋友"你好,我是 b,bbb",这个游戏用在开学前期可以同时促进学生相互认识并熟悉。

找朋友:学生分成两部分,一半声母一半韵母,自由声韵搭配找到自己另一半,然后上讲台介绍:"我是……""我是……""我们是……",带领全班一起读齐四声。

抛绣球:讲台上一个人在纸团中写任意声母,台下所有人当任意韵母,台上的人抛绣球,接到的人拼出拼音带领大家读出四声,然后继续写声母抛绣球,依次循环。

### 歌曲辅助教学

如第一课的"你好""你好吗",可以放在英语歌 hello, how are you 里面练习;第三课的课文二"你去邮局寄信吗"可以放在《两只老虎》的曲调里练习;而《两只老虎》

中的"跑得快"也可以继续用在学习"得"字结构时,帮助学生更巧妙地记住语法结构。

其他的还有《小苹果》《我爱北京天安门》《生日歌》《新年好》《洗澡歌》等简单易懂的歌曲,甚至某些歌曲中的歌词,都可以在适当时候教给学生,激发学生对汉语的学习热情,课堂气氛会非常好!

【登载于《汉舟》第9期】

# "讲课交流会"助力志愿者考试

2016年上半年汉办志愿者考试前夕,我院为2015级汉硕生举行了一场"讲课交流会"。孙宜学副院长与汉硕导师莅临现场,为同学们上了一堂别开生面的"教学实践课"。

此次交流会旨在检验汉硕生入学半年来的学习、实践成效,并希望通过导师提点、同学观摩,帮助他们准备即将到来的国家汉语志愿者选拔考试。交流会采用"汉硕生讲课—导师组点评"的形式,导师同时也扮演"学生"参与课堂互动。

所有同学都为交流会做了充分准备,亲切大方的教姿教态、简约美观的板书课件、画龙点睛的辅助道具、活跃气氛的课堂游戏,展示出了各自独特的教学风格。曾参与他们入学面试的老师都不禁感叹:"这半年进步真大啊!"不过,由于教学经验尚浅,对汉语本体的研究也不够扎实,讲课中他们常被"学生"的"刁钻"问题问住——"我还想再去一次"里的"还"是什么意思?"对"和"对于"的区别到底是什么?"苹果要比西瓜好吃"可以说吗?为什么加"要"?……导师们指出,在实际教学里,处理"疑难杂问"是最见教师功力的时候。汉语教师首先要对汉语本体及教学语法的架构有全面深入的认识,其次,应了解各国学生受母语影响可能出现的偏误。夯实基础,方可垒筑广厦;有了充足的知识储备,才能更自信地面对学生。

交流会后,大家纷纷表示这堂"实践课"上得太及时了。孙宜学副院长指示,在选拔考试前的这段时间,同学们应在导师指导下,怀着破釜沉舟的劲头刻苦练功,学院也会给予全力支持。

【登载于《汉舟》第10期】

驶向世界的「汉舟」

## "买东西"or"买南北"

张　鹏

在日常生活中,"东西"这个词我们经常脱口而出。众所周知,语音的强弱决定了它有两个意思:一个意思是"物品、事物",也就是英语中的"things",比如,我们经常说"买东西";另一个意思是表示东和西的方向。待留学生习得这个词语之后,可能相继也学会了南北。那么,有的留学生就会问道,为什么你们汉语说"买东西"却不说"买南北"呢？有的人可能一下子就被问住了,顿时不知作何解释。外行看热闹,内行看门道,今天就让我们一起从社会语言学的角度来看看原因到底是什么,以后再遇到这个问题就不会在留学生面前感到尴尬啦！

在正式进入主题之前,我们有必要先弄清楚一个概念,那就是"社会语言学"。"社会语言学"(social linguistics),是由"社会学"和"语言学"两个概念组合而成。简言之,就是把语言学与社会生活结合起来加以研究,采用社会学的方法,研究语言的使用及其演变。主要包括两方面的内容:第一是 social linguistics,指从语言的社会属性出发,用社会学的方法研究语言,从社会的角度解释语言变体和语言演变；第二是 sociology of language,指从语言变体和语言演变的事实来解释相关的社会现象和它演变发展的过程。这两个方面的根本区别就是,前者是从社会的角度来解释语言,后者是从语言的角度来解释社会。

我国古代的著名语言学家荀子在《荀子・正名篇》中说道:"名无固宜,约之以命,约定俗成谓之宜,异于约则谓之不宜。"一个东西叫什么并非从一开始就被固定下来,而是在人们日积月累的使用过程中由社会团体约定俗成的结果,大家都同意使用这个名称来言说,那么这个"形式"就是合适的。

其实,"东西"这个词语就是大家这样约定俗成地从古至今一直沿用下来的。早在唐朝时期，长安(今西安)有两大市场，在东边的市场叫做"东市"，在西面的市场叫做"西市"，百姓出门购物的时候，要么去东市购买，要么去西市购买，这两大市场是大家经常光顾的。于是古人渐渐就把购物称为"买东西"。由此可见，一种语言的词汇有特定民族的文化内涵，若不了解该民族的文化，不了解语言背后的文化元素，那么，我想也就很难懂得诸如"买东西"这样的言语形式了。通过社会语言学的视角，我们可以对"买东西"这个动宾结构的成因窥见一斑。

【登载于《汉舟》第 7 期】

# 趣味汉字识多少

张 鹏

### 最滑的汉字"鱻"

【鱻】拼音(xiān),古同"鲜"。《周礼·天官·庖人》:"凡其死生鱻薧之物,以共王之膳。"

【释义】1.泛指鱼虾类。2.(花朵)有枯萎。3.以新鲜的鱼作鱼脍。4.鲜美的味道。5.刚收获的新鲜食物。6.新,新鲜。7.鲜明,明丽。

【通俗解释】这个字读作"鲜",是鲜的异体字,指生鱼,解释为"新鲜,明丽",也指鲜美,应时的食物。三条鱼,味道鲜美!

### 最闹的汉字"猋"

【猋】拼音(biāo),狗奔跑的样子。《说文解字》:"犬走貌,从三犬。"

【解释】1.犬跑的样子。2.迅速。3.暴风,旋风。4.古书说的一种草。

【通俗解释】这个字读作"标"。三条狗纠缠在一起,象形字,表示狗奔跑的样子,引申一步,是迅速、飙升的意思。

### 最顶的汉字"麤"

【麤】拼音(cū),同"粗"。《史记·聂政传》:"故进百金者,将用为夫人麤粝费。"

【解释】1.粗糙;粗劣。2.粗疏;粗浅。3.大;粗大。4.鲁莽、粗鲁。5.粗鄙;粗贱。6.粗略,大略。

【通俗解释】这个字读作"粗",是"粗"字的异体字。从字形上看,一头大鹿两头小鹿,死死地顶在一起,似乎彼此混搅,非常有力气。可是,实际只表示了"动粗"的意思。

【登载于《汉舟》第10期】

# 初为人师的我们

曹 璐

二月末开始正式站在这三尺讲台，上课的前一晚充满忐忑地向同学讨教了经验，我还是不出所料地失眠了。我早早地来到教室，却发现我的同学们比我来得更早——两个德国的女孩子正在认真地看书。我不禁窃喜，这两个学生真乖，我的第一堂课应该不会太尴尬。没想到，真正上课时，这两个学生提的问题特别犀利，我差点招架不住；现实的课堂也与我预想的大有出入，我第一次感到了作为老师的压力。但所幸的是，第一堂课磕磕绊绊却也平安无事地结束了。

之后的几个星期，我一直会被问五花八门的问题："相互"和"互相"、"挑选"和"选择"、"刺"和"戳"的区别，等等。也会遇到各种突发情况。我的韩国学生问我："为什么安静地看书就是乖呢？我们现在的课堂教学形式其实并不适合学生发散思维。"这样的跨文化冲击还是小事，于我来说，最尴尬的要数写错字了。

头三个星期，一直处在这样一个紧张、混乱的状态，我甚至也怀疑过现在的自己是否具备身为人师的资质。对此，我头疼过、迷茫过，甚至退缩过。但是看着台下坐着的同学们对知识渴望的眼神及给我温暖的肯定与鼓励。我渐渐卸下了多余的思想包袱。再看到"师者，传道、授业、解惑也"时，我不再自惭形秽，反而以此为梦想并作为激励自己的箴言。

我开始用心去了解我的学生们，更加认真地备课，更加积极地调动自己，以自己的热情和努力带动我的同学们。我深知现在自己的知识储备远远不够成为一名让他们尊敬的老师，但是何不稍稍放低自己的姿态，本着与他们一同成长之心，本着一腔热血，带他们一同学习语言，一同感受中文之美，一同领悟中国古人的处世智慧。此外，我还希望能有一个平等、放松的空间，让他们展示自己国家的文化，与他们共同探讨现代中国的人间百态。

　　总之,我希望初为人师的我永远能够保持最初的热情,凭着初生牛犊不怕虎的勇敢,不断积累、磨炼、充实、提高,以期日进有功,无愧于心!

【登载于《汉舟》第 10 期】

# 孔子学院志愿者考试经验分享

王贞慧

## 选　　择

年三十那天,就在我满大街找不用排队的理发店时我收到了孔子学院志愿者考试的通知,便开始考虑该选择哪一所学校。我们学校这次有德国、韩国和意大利三所合作孔子学院招收志愿者。一开始看到欧洲的两个国家,想着那古典气息浓重的教堂,想着周游欧洲的机会也曾犹豫过,但综合考虑下来还是选定了韩国。这个世界上的果实有千千万,一个比一个漂亮,可是看上去最漂亮的不一定是最适合自己的。至少你确定自己认同也能适应彼国文化,还有你的语言和生活能力是否能让你很好地驾驭一个人背井离乡的生活。

## 备　　考

真正开始准备志愿者选拔考试,是在 2 月底。我记得那时距离考试只有 28 天。记得第一个星期李萍老师给我们上课,上了足足三个半小时。大家都如饥似渴地听着,因为许多内容都与备考息息相关。李老师的那次课也给了我们当头一棒,意识到自己确实有很多书要啃,有些紧张。

可我大概就是越紧张的时候越能够取舍的。虽然很多书都想看,但我还是给自己缩小了范围。我网上搜过往年的考试形式,知道考试分为综合测试、外语测试和心理测试三块。包括综合测试的形式,网上贴吧也能搜到。心中大概有谱了以后,我的方针就是"对症下药,逐个击破"。

首先,我把杨寄洲《汉语教程》第一和第二册的大小语言点,细致梳理了一遍。

梳理时,会配合着《对外汉语实用语法》《现代汉语》《汉语课堂教学技巧305例》和《对外汉语教学语法释疑201例》一起看。这样关于某个语言点就会形成一个系统而较深刻的理解。综合面试中有"近义词辨析",我对这一块特别没把握,特意买了本《1700对近义词语用法辨析》。但这本书很厚,我其实没看完,很惭愧。近义词辨析很多是实词。实词辨析应先根据语感归纳词义,接着套用《现代汉语》中说的语体色彩、感情色彩、程度等几方面入手分析异同。

其次,外语测试我选择的语种是英语。我的英语基础不错,传统课堂出来的孩子,词汇量和阅读还可以,但听说一般。于是,我着力训练自己的听力。我有一本《英语耳》的听力书,作者是个韩国人,装帧十分精致美观,提升了我听下去的兴趣。内容也很不错。关键书中每一课都有记录卡片,可以写写心得或反思。每天20分钟,听的过程也跟读,既提升了语感也练顺了发音。除了听说,我也借助学单词的App,利用碎片化的时间每天学一点。不一定要背得很牢或多记多少个生词,只求脑中有些"存货",用的时候能想起。另外,偶尔看看像《破产姐妹》这样的短剧,一集20多钟,笑点足足,既能放松心情又能辅助学习。

总的来说,做任何事有的放矢很重要。在着手复习之前先要找准方向,不要盲目使力。考试前,看看前人的经验和以前的真题,找出规律,磨刀不误砍柴工,结果往往会事半功倍。

## 考　　试

现在回想考试,自己还是不太满意。如果不紧张的话,表现会更加自信完美。但是上场的机会只有一次。总之,第一不要紧张,因为你可能因此没法把自己知道的东西展示出来,很吃亏。第二,表现要落落大方,注意细节里表现的礼貌,比如保持微笑、离场擦黑板。第三,碰到老师问的问题自己没把握,也不要惊慌,可以礼貌地询问老师"是否可以思考一下",整理一下思路,争取条理清晰地说出来。其实,不用太在意面试老师当时的表情,想想老师们两天的工作量也很大,面无表情很正常,自己坚持微笑就好！当然，所有的技巧都是基于基础知识扎实之上的"锦上添花"，所以好好复习语言知识才是王道。

  每一种结果都是生活给与的恩赐，得失祸福是生命一次又一次的轮转，不必过喜也不必过忧，做好自己就好。要相信现在拥有的就是最好的。最后，借此机会感谢一路上帮助我的老师们，尤其是李萍老师和伟嘉老师，辛苦啦！还有一路相伴走过的小伙伴们，愿经历使我们成长，让我们面对更好的未来！

【登载于《汉舟》第 11 期】

驶向世界的「汉舟」

2016年04月30日
星期六（本刊为月刊）
总第11期
本期4版

同济汉硕的"园地"

驶向世界的《汉舟》

主办单位：同济大学国际文化交流学院　　主编：孙宜学　　本期执行主编：王雪娇 邬雅雯

## 我院王贞慧同学喜获第二届"江浙沪汉语国际教育硕士汉语教学技能大赛"优胜奖

　　为提高汉语国际教育专业硕士研究生的教学技能，增进江浙沪各培养单位之间的友好交流，第二届"江浙沪汉语国际教育硕士汉语教学技能大赛"于2016年4月23日，在南京大学举行。来自15所大学的34位汉硕生（12名为外国留学生）参赛。我院2015级汉硕生王贞慧同学表现出色，在此次大赛中获得优胜奖。

　　由于我院汉硕生是初次参赛，赛前学院十分重视。以贞慧导师李萍副教授为首的多名经验丰富的教师，对她进行了数次指导。贞慧亦不负众望，在正赛时，姿态亲和、语言流畅，与学生互动良好，精心准备的PPT更是令课堂有序又生动，获得场内观众的好评。

　　赛后，贞慧表示，此番参赛见识到了兄弟校选手们的水平——不但在教学设计、课堂管理，连衣着、化妆、声音的表现等细节方面，自己都学到了很多。看到不足，才能更快成长。相信此次参赛经验，对她日后的教学工作将大有裨益。

　　23日晚，在"江浙沪汉语国际教育硕士专业学位教学联盟"工作会议上，孙宜学副院长介绍了我院汉硕培养的基本情况，并希望与各联盟院校合作，探索汉硕培养的有效模式，并邀请各兄弟院校来同济交流。（文 姚伟嘉）

从左到右依次为：孙宜学副院长、参赛学生王贞慧、带队老师姚伟嘉

贞慧讲课比赛现场

获奖选手合影

贞慧课件片段

投稿邮箱：tongjihanshuo@163.com　　地址：上海市赤峰路67号　　邮编：200092　　联系电话：65983268

图2-3 《汉舟》第11期头版

*101*

# 跨文化工作坊

程 好

4月17日,根据"跨文化交际"课程教学安排,汉语国际教育专业硕士研究生与12级汉语言本科班留学生,联合举办了一次"跨文化工作坊"。由于研究生本身都已具有汉语国际教育经历,因此,此次工作坊的主要目的是从汉语教学的"教授者"与"学习者"两个相对的身份,对教学与学校生活场景下的跨文化差异,甚至冲突进行分析,从而更加了解对方的立场与思想。此次工作坊设置在学期期中,学生已具备初步的文化敏感度与基本的跨文化交际理论知识。因此,学生已有能力提炼出自己在教学或学习过程中的跨文化交际的案例,并在一定理论支持下进行有质量的讨论,达到相互启发、自主学习的目的。

此外,希望通过此次工作坊,中外学生在解除内心疑惑、训练跨文化分析能力的同时,养成探究精神,在未来的学习和工作中,去主动发现问题、分析和处理问题。工作坊在友好愉悦的气氛中进行,中外学生开诚布公、畅所欲言。

现代科技延伸了人类的五官感知,以及行走、计算、记忆等能力。因此,相比百年之前的祖辈,我们仿佛被置于一个时间和空间的压缩机中,感知到更多的"变化"和"多样"这一对分别代表时间维度上和空间维度上差异的兄弟。"差异"是现代科技和生活带给我们最好的礼物,也是一个最大的挑战。本次工作坊,就是一次发现差异以及面对差异的一次朋辈间训练。活动过程中,学生总结出一些较有代表性的跨文化现象。

"洗澡时,你的皮肤会掉色吗?"类似的问题被问得多了,马里女孩从起初的惊愕变成后来的哭笑不得。跨文化冲突源于对差异了解的不足,冒犯常源于对差异的无知。在这个例子里体现的不仅仅是对陌生黑色肌肤的无知,更是对评判他人是一种不礼貌行为的无知。此外，不同文化体系中的标准不同，"以己度人"在跨文化情景下往往行不通，往往会出现因对别人反应的"误读"而误以为别人迁怒于己的情况，用可能根本是错误的归因令自己愧疚、难过。跨文化交际是一门实践中的学问，在汉语国际教育的领域里，我们需要探索的还有很多很多。

## 汉硕生学习反馈

**邬娅雯：** 刚走进"跨文化工作坊"，我就被围成圆形的桌子吸引了，这让我想起了星空下的篝火晚会，大家围坐在一起，一片欢声笑语的场景。通过这次活动，我发现跨文化交际中遇到的种种困难并不可怕，同住一个地球村的我们在情感认知上有很大的互通性，要常怀有一颗开放与包容的心，在交流的过程中给予理解才是收获！

**王雪娇：** 我印象最深刻的是日本同学说的"不喜欢跟中国人讨论政治问题"，在我自己既有的观念里对这件事的解释是：日本人自知不得理又不想有失风度，所以刻意回避这个问题。但是后来老师告诉我们，其实大部分日本人对侵华战争是不完全了解的，他们的教科书里故意抹去了这部分事实，因此他们没有接受过这样的历史教育，大部分人并不知道这部分历史，所以他们不知道怎么回应这样的问题，为了避免矛盾，他们选择避而不谈。"跨文化工作坊"拓宽了我的思路和眼界，引导我们从更加客观与理性的角度看待问题，特别是跨文化问题，使我受益匪浅！

**王贞慧：** 印象最深刻的是马里女孩说她刚来中国时的经历。她说，非洲虽然穷些，但不是什么都没有，它们也有很好的地方。边说她的眼眶微微湿润，我心中也五味杂陈。既能同感被问人的尴尬，又觉得问题实在冒昧、可笑。推己及人，既然我们会因为不了解非洲而提出"惊人"的疑问，那么是否也会有人对我们做出同样的"论断"呢？如何避免彼此的误读呢？我想应该先接触、再交流而后谈合作。文化交流是一件非常有意思的事情，它让我们不再坐井观天，中华文化应该在与世界其他文化融合时认识自我。期待有一天，我们不仅能认清自我，也客观地了解其他，同时也能被他人熟知。那时才能说不同文化是平等、友爱地立足于世界。

**曹璐：**这是一次充满惊喜的讨论课。我们谈了很多与跨文化适应相关的问题，甚至包括一些很尴尬的提问。比如，你来中国觉得很不好、无法习惯的地方是什么？有位蒙古学生说，我无法理解中国人在结账时为什么要扔钱。我们顿时都愣住了，这是被我们忽视的一个细节。只能回答："中国人多，有的人为了节省时间会这样做，但也有人是把钱放在柜台上的。"而老师从中国人的办事风格及国情进行分析，给了同学们一个较为满意的答案。还记得学院里挂着的一幅字，上书"体验汉语，感受中国"。如何将发展变化的中国故事讲好，这应该是我们每一个对外汉语人不可推辞的责任。如何更好地以一个开放、包容的心态与他们讨论中国的现象，也是这个职业一大趣味所在。

【登载于《汉舟》第12期】

# 纸上得来终觉浅,绝知此事要躬行

程娟娟

9月27日,我终于开始了期待已久却满心忐忑的第一次课。刚接到授课安排时,发现是给零基础的留学生们上口语课,心里立马开始敲小鼓,尤其是我这种半瓶子水晃荡的英语口语水平,万一遇到什么状况难道在课堂上和学生们大眼瞪小眼吗?正巧许涓老师在课上提到了直接法理论,建议对外汉语课堂最多使用5%的英语教学,这种教学方式能让学生们更快地适应第二语言的语境,于是我就心安理得地给自己找了个借口,打算来一场轰轰烈烈的直接法实践。结果,课堂上问题就来了。

虽然初级口语的课文例句在练习册中都有对应的英文翻译,学生们只要稍加预习,就能比较顺利地完成课堂的句型练习,可是一旦遇到对应讲解或者和学生们进行互动的时候,如果不用英语进行适当的解释,学生们完全处于迷茫状态。所以,第一次上课我的直观感受是,在完全零基础的情况下,对应讲解如果能借助合适的PPT,可以降低部分难度,但是和学生们的互动如果完全采用直接法,即便有肢体语言辅助,对老师的沟通能力、临场应变能力、语言水平等要求也是非常高的,这就需要今后不断地积累课堂经验才能用好直接法这个工具。

第二个随之而来的问题出现了。我在两个班上完课,都有同学悄悄跟我说,老师,你能不能说得慢一点……当时我很困惑,因为我已经刻意放慢了语速,比我平时说话慢了许多。同学们觉得我说得太快,难道是因为他们没有听懂新单词吗?直到课后我向姚老师请教才发现,我忽略了一个重要因素,那就是语流。

有声语言是一种线状的结构,我们在说话时,并不是孤立地发出一个个音节,而是把音节组成一连串自然的"语流",在语流中,由于受到相邻音节的相邻音素的影响，一些音节中的声母、韵母或声调会发生语音的变化，因此，即使我放慢了语速，但是没有注意调整语流音变，对于零基础的留学生来说，仍旧是较难听懂的。所以，降低语速很重要，但控制语流更重要。

第三个直接感受是，讲课时不能随意进行过度拓展和加深。课上有个新单词"西边"。于是我拓展了四个方位"东西南北"，结果没收住，讲完东西南北讲前后左右，连带着画了个方位图，东北西北东南西南，还示范了下指南针。讲得越多越迷茫，越上越觉得不对劲，自己都觉得跑偏了。课后我反思了这个问题，口语课的目的是让学生们灵活掌握句子并得体运用到交际当中，学习过程本就是由浅入深，不管是出于对掌握度的考虑还是授课课时的限制，都应先就本课需要掌握的词汇句型进行操练，拓展可以随着教材难度的加深循序渐进，不可操之过急。

虽然只是短短四节课，却感触收获良多，许多人觉得，中国人教汉语，不就是手到擒来那么简单嘛。真正站上讲台，才发现要将汉语课上得好，上得精彩，深入浅出、通俗易懂，还能调动课堂气氛激发学生们学习汉语的兴趣，其实并非原先想象的那么简单，我将上课遇到的这些困惑和感想整理记录下来，希望能够抛砖引玉，与各位同学共同来探讨课堂实践，如何才能有效又有趣地上好汉语口语课，同时也希望警醒和勉励自己必须不断学习和磨炼授课技巧，这样才能在以后的授课中真正做到胸有成竹，让留学生们觉得学习汉语是一件快乐简单又有趣的事情。

【登载于《汉舟》第 15 期】

# 2016级中国汉硕班"国别分析主题报告会"

杜嘉彬（组稿）

10月23号，在许涓老师的汉语国际教育导论课堂上，我们进行了一场别开生面的国别分析主题报告会。

报告会由许涓老师组织并担任主持。石玉鸾、钱慈航、韩毅三名同学代表汉硕班学生进行15分钟的汇报。石玉鸾同学从德国汉学发展史、汉语机构、学科阵地、研究成果四个方面对德国的汉语教学进行了介绍；钱慈航同学就马来西亚的汉语教学发展史给我们做了深刻的分析，同学们都大开眼界；韩毅同学主要从俄罗斯人学习汉语的动机出发，分析了汉语教育在俄罗斯的发展前景。

汇报结束后，石玉鸾、钱慈航、韩毅三名同学作为组长带领大家进行分组讨论。各小组气氛热烈，同学们一起探讨了美国、英国、日本、韩国、法国、意大利、印度尼西亚、葡萄牙、瑞典等国家的汉语教学情况。第三小组还带回了两个问题：第一，各个国家孔子学院的章程是统一标准好，还是针对不同国家有不同的章程比较好？第二，孔子学院和孔子课堂的区别是什么？

最后，三名组长对每组的情况做了一个总结性汇报。通过这堂课，同学们对"汉语教学""孔子学院"这些概念有了具体可感的新认识。这节导论课形式新颖，同学们反响热烈。许多同学以各种形式发表对这节课的感受。既有热情地鼓励，也有中肯的建议。下面就听听同学们的感受吧——

**石玉鸾：**我印象最深的就是顾悦同学的报告。他根据自己在旅行中感受到的柬埔寨汉语教学情况来进行讲解。这个视角非常新颖，与专门考察的感受是不同的。另外印象深刻的还有于慧勤同学的发言。曾在印尼做了两年汉语教师的她以切身经历来讲解，显得特别专业。她还讲了印尼的华侨对汉语教学做出的努力，非常感人。

**钱慈航：** 如果准备时间更充足的话大家可以做的更好。另外，每个人的展示时间如果再多一点的话，相信大家应该能做出更精彩的 presentation 吧。我个人对韩毅同学的演讲印象最为深刻。他通过大量的数据进行分析，再结合自己的感受进行讲解。这种方式更能使人信服。

**韩毅：** 我觉得许老师这种让大家自己讲解的做法可以加强自己的理解，同时也可以留下更深刻的印象。我主要是通过市场化的手法，来讲解俄罗斯汉语教育的市场前景发展的。我希望用这样的方法给大家提供一个全新的视角，让大家从不同的角度了解海外汉语教学的面貌。所以我通过一些数据、访谈、事实例证对俄罗斯市场进行了介绍。

**杜嘉彬：** 这堂课我收获非常大。首先，课堂容量很大，一节课下来，大家了解了多个国家的汉语教学情况，效率很高，效果显著；其次，从这堂课上，我更清楚地认识到我上课时 PPT 展示和句子讲解方面的不足；最后，作为一个参与者，在准备 PPT 的过程中，我又学到了材料选取，知识提取以及整合的技巧。在学习中丰富自己，在实践中锻炼自己，知识与技能能够同步提升，这是幸福快乐的。

**顾悦：** 这节课，能够从不同国家的汉语教育教学中了解到汉语及中国文化在不同国家环境里逐渐生根和生长，大大提高了我们的眼界。从中也看到了世界范围内汉语教学效果的差别，看到了中国文化传播的受欢迎程度的差异，便于我们进一步做好相关学习和对外汉语工作。这样的主题报告会对我们帮助很大。

**阮丽颖：** 这堂课最大的收获就是了解到教外国人汉语也不像看上去的那么容易。以后希望可以有更多这样小组讨论的机会。因为每个人的理解都是片面的，大家集思广益，可以更有效地了解更多知识。

**陈龙：** 我觉得这堂课非常不错，令人大开眼界。像日本、韩国等一些国家，之前我自己了解的比较少，通过他们的展示，我学到了很多。然而这节课也存在一些小问题：首先，对于一些工作日需要上班的同学来说，准备的时间可能不够充足；其次，如果还有机会,下一次可以让留学生和中国学生一起做,这样做出来的东西可能更加贴近实际。毕竟我们都只能从互联网等渠道搜索论文或者看一些杂志刊物上的文章来了解这些内容。至于那边的具体情况及他们的教育体系,当地学生可能会有更全面的资料。

【登载于《汉舟》第 16 期】

# 中外学生"同济中华历史长河系列文化活动"拉开序幕

刘丹东

为促进留学生更客观、深入、全面地了解和理解中华文化，10月21—22日，国际文化交流学院近50名留学生走出校园，走进历史文化名城淮安，拉开了"中外学生同济中华历史文化长河"系列文化活动的序幕："淮安谈古论今"。中外学生一对一结对，一同参观了周恩来纪念馆、中国漕运博物馆、西游记博览馆、清江浦记忆馆等，"步步有史，处处有情"，中外学子相互帮助，共同徜徉在中华文化悠久的历史长河里，触摸着城市的文化记忆，在感受着中外文化差异的同时，加深了对中华文化的了解和理解。

在淮阴师范学院师生的协助下，两校学生举行了"汉语课堂教学观摩研讨活动"。我院2016级汉硕专业留学生黄可欣、孔诗琳、林婕珍三名同学出色地完成了课堂演示，得到了与会者一致肯定，并与淮阴师范学院汉语国际教育专业的学生相互切磋，取长补短；在"中外学生文化交流联谊晚会"上，爱戴同学的妙曼舞姿赢得观众的热烈掌声，展示了同济汉硕生的出众才艺。

短短的两天活动，留学生们融入了中华文化，了解了中国光辉的历史，提升了汉语教学技能，也理解了"读万卷书，行万里路"的真实含义。

"同济中华历史长河"作为一个系列文化活动，将继续秉承"中外融合"的原则，陆续举办一系列文化活动，将课堂教学与文化浸濡有机结合，推动留学生感知中国、融入中国。为进一步推动我院汉语国际教育专业人才培养，我院在淮阴师范学院文学院建立首个"同济大学汉语国际教育专业硕士人才孵化基地"，并举行授牌仪式。淮阴师范学院文学院李相银院长等领导与我院师生代表共同庆祝基地的诞生，并希望两校能在人才培养、师资互助、学科研究等方面加强合作，共同发展。

## 2016级国际汉硕淮安小札

**黄可欣(泰国):** 10月22日和23日,我度过了一个很有收获的周末。我有机会和孔子奖学金生去淮安旅游,这两天的时间,我们和淮阴师范学院的"小伙伴们"参观了淮安很多很有意思的地方。我的小伙伴是淮师大二的学生,她不只是我的新朋友,还是我的中国文化课老师和我在淮安的导游。在很短的时间内,我们成了好朋友。10月22日,在我们学院留学生与淮阴师范中外学生汉语教学课堂的交流活动中,我有机会给大家分享语法知识点的教学经验。很高兴能够把自己学过的教学技术在此运用。同时,我也学会了以前不知道的东西,真是教学相长!虽然,从上海到淮安路途遥远,当时细雨绵绵,不太适合旅游。可是,这次有机会能跟同学和老师们一起去淮安,我们都过得很开心。

**林婕珍(吉尔吉斯斯坦):** 我在淮安有一个光荣的任务——第一次走上讲台用汉语讲一个语法知识点。我很紧张,因为教室里的同学大部分是中国人,其余是汉语水平比较高的留学生。那天我上讲台时一看见坐在前面的学生就把前几天的操练都忘了。连我自己都不知道怎么把语法知识点讲完的。这次经历我有两个收获:第一,同济大学的"同舟共济"不只是美丽的格言,而是属于同济大学每个同学、教师的行为——因为我讲课时,得到了他们全力的支持和鼓励,我真的很感动!第二,没有付出就没有收获。要当好老师,就要一直操练,越多越好。把脑子里的知识分享出来并不容易。因此我又意识到老师这个工作很重要、很辛苦。这一次,我走出了第一步。前面的道路还很长,可是现在我知道,我不是独自在走这条路,我身边还有同学们和老师们!

**孔诗琳(泰国):** 俗话说"赠人玫瑰,手有余香"。教师能把自己掌握的知识传授给别人,便是最欣慰的事。我这次便有了一个很好的机会在淮阴师范学院讲课。我讲的内容是"在"这个语法点。开始上课的时候很紧张,甚至不知道把自己的手放在哪里了。可是,通过深呼吸,我又慢慢地放松下来。我第一次有了当老师的感觉,那是一种源于内心深处的真真切切的成就感。短短十分钟时间带给了我无限的快乐。看着学生们认真听课的样子,看着他们积极回答问题的身影,我深切地感受到教师是一个很伟大的职业。

**黑龙(苏丹)**:当收到学校的通知要带我们到外地学习时,我便迫不及待地回到寝室收拾我的行囊。虽然还不知道我们将去什么地方做短期的学习交流,不过我一直被一种叫做兴奋的情绪所控制着。最近学习很紧张,我希望给自己一次放下一切静静欣赏美景、静静思考的机会。当得知这次要去的地方是江苏淮安,我原本就兴奋的内心变得更加激动了。虽然以前我没去过淮安,但是曾在扬州学习过一段时间,因此我对江苏有一种特殊的情感——毕竟那会儿我在扬州度过了生命中最甜蜜的日子,留下了一段美好的回忆。

满怀期待,我们来到了淮安。淮安位于苏北,离上海大约340千米。它是中国一个兼具南北两方特色的城市。正因如此才使淮安这座古老的城市更加独特、美丽、诱人。淮安也是一个人杰地灵的地方。中国历史中有很多伟大的人物诞生于此,像中华人民共和国总理周恩来、著名作家吴承恩等。同时淮安还是鱼米之乡,它特别的地理位置,让它兼具南北方饮食习惯,使这里的饮食有别于其他地方,形成独具特色的淮扬菜。

淮安虽然是一座比较小的城市,但是它有强大的魅力和吸引力,因此每年有不少游客到淮安玩。这次我也作为一名游客来到这儿,在这儿我结识了一些志同道合的朋友,从他们身上更加深刻地了解了淮安悠久的历史,同时也了解到珍贵的人文知识。我衷心感谢这两天陪伴我们的同学,你们辛苦了!更感谢我们同济大学的老师及淮阴师范学院师生的热情招待,希望与你们友谊长存。

**刘智善(泰国)**:下午我认识了一个中国朋友,她叫吴孙悦,是大二的学生,毕业之后想去国外当一名中文教师。我们的目标是一样的呢!到了周恩来纪念馆,她也一直陪着我,耐心地给我解释。周总理是一位好总理,他为中国人的幸福而努力奋斗,中国人都爱戴他。看到周总理就让我想起了我们的国王,他没有要求我们爱他,

而是告诉我们要相亲相爱。参观结束以后,我尝试了淮安的美食,平桥豆腐、钦工肉圆、河下蟹黄汤包等。我最喜欢吃的是平桥豆腐,味道非常好!虽然在淮安的时间不长,但我感受到了淮安这个城市的美好——美丽的洪泽湖,秀丽的景色;感受到了淮安人民的热情和温柔。这次我去了淮安,不但收获了很多知识,而且让我认识了这么可爱的中国朋友。如果有机会,我一定会再去淮安玩儿!

**爱戴(吉尔吉斯斯坦)**:淮安之行的第一天我们参观了周恩来总理的故居,对他的崇拜之情不禁油然而生,通过这次的参观,我明白了为什么中国人都那么的尊敬他,爱戴他,他真是一位百年难得一遇的伟人。第二天,我们去了淮阴师范学院,在那里我们每个人都有了自己的语伴,我跟一个叫明明的同学聊了一整天,她给我讲了很多淮安市的历史和文化,让我对这个城市更加喜爱。晚上我们举办了晚会,外国留学生分别带来极富异域风情的印度舞、西藏舞、吉尔吉斯斯坦舞、泰国舞……我也有幸跳了自己拿手的舞蹈。活泼动感的音乐、欢快轻松的舞姿,引起现场热烈的互动。虽然那两天一直下雨,但我感到了这座城市的温暖。离别当然依依不舍,但我相信离别是为了更好的相逢。

【登载于《汉舟》第 16 期】

# "认知图书馆"系列活动顺利完成

大学图书馆作为主要的信息资源载体,其重要意义不言而喻。为了让学生更好地了解并充分利用学校图书馆资源,本学期同济大学国际文化交流学院与校图书馆合作,为学生安排了"认知图书馆"系列活动。

继 2016 年 10 月 11 日参观图书馆之后,12 月 6 日国际文化交流学院 2016 级 11 名外国留学生和 6 名中国汉硕生在图书馆一楼电子阅览室参加了图书馆负责人许静老师主讲的"图书馆资源与特色服务概览"讲座。

许老师主要从图书馆空间概览、资源利用、各项服务以及新技术应用这四个方面进行讲解。首先让大家了解了图书馆的整体布局以及各分院概况,其次教大家学习利用纸质资源和电子资源。许老师引导大家操作了书目检索系统、学术搜索、超星发现、期刊导航、E 读等搜索引擎,并重点讲解了各种中英文数据库的查找方法。同学们一边听一边操作,及时向老师提出自己在操作过程中遇到的问题。

通过这次讲座和操作,同学们收获颇丰,获得并掌握了大量的信息资源,学会了检索查找文献资源的方法,这对同学们以后的学习与研究简直是如虎添翼。尤其是外国留学生,像发现宝藏一样发现了大量中文文献资源,他们都说以后再也不用担心写中文论文时苦于找不到中文语料了。最后老师还向大家介绍了如何在校外链接图书馆 VPN 的方法,让大家足不出户尽享图书馆资源。

图书馆种种便利以及人性化的服务让同学们感受到了家庭般的温暖,以后学院将进一步加强与图书馆的合作,为师生提供更好的学科服务。

【登载于《汉舟》第 19 期】

# 2016级汉硕留学生代表参与马克思主义学院"国民教育讨论课"

2016年12月2日,我院2016级汉硕留学生代表黑龙同学在班主任王婧老师的带领下参加了我校马克思主义学院的"国民教育讨论课"。

在讨论课上,黑龙与同济的中国学生就各国公民教育开展情况和公民身份构建展开了讨论。作为留学生代表,他特别向中国同学们介绍了祖国苏丹的教育情况,并比较了苏丹与中国公民基础教育的异同。这是一次中外学生融合的积极尝试,希望未来有更多留学生能走进同济各个院系的课堂,学习、分享,感知真正的"同舟共济"。

【登载于《汉舟》第19期】

## 同心"济"语 汉传天下
### ——2016级汉硕留学生举行迎新晚会

姚伟嘉

2016年12月27日,我院2016级汉硕留学生在班主任王婧老师的带领下举行了一场内容精彩丰富、欢声笑语不断的迎新晚会。

晚会由"我的年度汉字"和"同心'济'语"为线索贯连,每位同学包括参加活动的老师都要用一个汉字或汉语词来总结了自己2016年的经历或感受,并向自己抽签选中的同学(老师)说一句心里话。

在思考的时候,大家分享了泰国和吉尔吉斯斯坦同学们精心准备的民族美食。口腹得到满足的同时,眼睛和耳朵也不会被"亏待":吉尔吉斯斯坦的爱戴带来了翩若惊鸿、婉若游龙的妙曼舞姿;伴着动听的吉他,三位泰国姑娘唱起《情非得已》,大家还根据她们制作的道具"猜"懂了一首温暖的泰语情歌;乌克兰的同学们用大量图片介绍了他们国家的"最爱";黑龙则为大家揭秘苏丹让人神往的婚俗。"礼尚往来",王婧老师也向同学们展示了中国古今婚仪。

在晚会的最后,所有人都用毛笔写下了自己的"年度汉字",这些汉字承载着他们这一年的困惑、奋斗、欣喜与感恩。大家彼此道出的话语,真挚而动情,欢笑和拥抱见证了这个集体的团结与活力。新年即将到来,祝我们汉硕的第一批留学生在新的一年里学习进步、天天快乐!

【登载于《汉舟》第20期】

# 2016级国际汉硕"第二语言学习理论与实践"学习心得集锦

**爱戴（吉尔吉斯斯坦）：**第二语言习得不是一个整齐划一可以预测的过程。我们应认识到这一点的重要性，对不同的学习者在不同的学习环境中采用不同的教学方法，要强调语言学习的差异性和独特性。

我们吉尔吉斯斯坦是双语言的国家，使用吉语和俄语。所以吉尔吉斯学习者学习汉语时就把俄语用来做中介语。但是有一些本国学习者有很大的阻碍——他们不会说俄文。怎么办呢？对他们而言学习一门新语言真麻烦，现在还没有编出吉—汉词典。我发现这种情况在很多国家的留学生身上都有。比如在国际文化交流学院，老师们上课都用汉语，这对一些留学生来说，就特别难，所以要让他们的同胞帮忙翻译生词，这样才能学到一些。我认识几个土库曼斯坦的留学生，他们的老师让我帮他们学习，因为我的母语跟土库曼语接近。按他们的话，老师在课堂上的内容完全不明白。我从第一课开始解释了一遍，他们才大概清楚了。这样他们不断地练习，后来我发现他们比其他有没有中介语的同胞进步更多。

我真正学习汉语差不多三年了，我觉得学习这门语言不像其他学科，最重要是跟别人交流！在交流的过程当中能提高自己各方面的能力，在面对自己不会说的内容的时候不要害怕，要勇敢地去面对，勇敢向别人学习。我刚开始学习汉语时真的觉得永远学不会似的，后来不断地努力、认真学习、多听多说、跟别人交流后才发现可以学得会。

**黄可欣（泰国）：**对待学生的偏误，需要注意场合、注意教学方式和方法。不同的学生使用不同的纠正方法；有的学生可以使用显性反馈，可以在公开场合给予提示与纠正；有的学生适合使用隐形反馈，教师用正确的形式重新表达学生的话语，让学生意识到自己的语言偏误。

无论是语音、语法、词汇、汉字知识的讲练,合适听、说、读、写的语言技能和交际技能的操练,都不可能是教师或学生一方的活动,也不可能是教师对学生单向的活动,在课堂上需要有师生之间的互动。

教师应该根据不同年龄学习者的特点,采取不同的教学方法。汉语教师不仅仅要理解汉语基础知识,熟悉教学法,熟练运用课堂教学技巧,还应该懂第二语言教学的理论、语言习得理论等,并能用这些理论知识来指导教学实践。

学生对目的语掌握得不好的原因不只是学生自己的个体因素或者学生的母语对学习第二语言造成的负面影响,教师的讲解,教师采用的教材、学习策略、训练方法,也对学生学习汉语的效果有影响。第二语言教学的主体是学生,在第十一章提出了一个问题:语言教师在教学中发挥什么作用?我认为作为教师,除了要了解学生的学习过程以外,还要了解学生各自不同的个体因素,不同的学生由于学习动机、客观条件的因素不同,教师要掌握学生学习的特殊规律,针对学生的特点,采取有效的教学措施。这样才能更好地发挥教师在教学中的主导作用。

基础教学原则:"教师为主导、学生为主体、练习为主线。"在《第二语言习得》里,对我来说最喜欢、印象最深的一句话是:"没有最好的教学法,只有最好的教师"。

**林婕珍(吉尔吉斯斯坦)**:我的一语是吉语,二语是土耳其语,它们两个属于突厥语族,刚接触到目的语的时候,我发现两种语言的句子结构相同的,所以很快就掌握了句法,这就是正迁移。词汇习得时我发现两个语言的词义有细微的区别,因为有很多是同源词,本来词义相同,但是随着两种语言的发展,词义发生了细微的变化。因此第二语言习得过程中就常常出现负迁移。为避免这个现象,我特别注意词汇习得过程,尽量用两个语言的词造句子、短语,分清它们的不同。一语和二语属于不同的语族的时候,学习者可能很容易能掌握第二语言的句法和词汇,因为出现迁移的几率很小,这就是Kellerman(1997)提出的与"同则易、异则难"的对比分析迁移观相反的观点,认为当二语和一语中的某个现象差异很大时,会产生一种"新奇效应",促进二语习得。但是在语音层面,出现迁移的可能性比较大。

**黑龙(苏丹)**:首先,课堂内容十分丰富,涉及二语习得的各个方面,并十分贴心地为我们答疑。很多专题都与我们将来的职业息息相关。"反转课堂"给了我们展示自我的平台,让我们提前感受作为教师的荣誉感,老师会对我们的表现进行点评分析,结合我们自身性格特点,加上具体、生动的典型任务,帮助我们更好地提高教学水平。这个过程中,老师还十分鼓励我们结合自己的观点进行讨论,不仅能使学生对认识有更加全面的理解,也可以使我们的表达能力得到训练,还在交流中发现不同国家的同学对某个问题的不同理解,实现"生生互动"的良好效果,活跃了课堂气氛。

我学汉语已经四年了,我觉得学习这门语言不像其他学科,不仅要与人交流,而且要学会如何用语言传播文化与教授他人知识,毕竟交流在一定程度上属于机械化的操作,而传授知识才能体现人类的智慧。我在这个过程中,不但学好了汉语,而且交到许多好朋友,发现了前所未见的世界,这是语言学习带给我的财富。

**爱琳(吉尔吉斯斯坦)**:中国学生初学俄语时,往往用汉语近似音位去替代俄语中的个别音位。据观察,中国学生最易用汉语[l]代替俄语颤音[p],混淆辅音[p]与[л]。例如,受汉语[l]的干扰,将[работать]读成[лаботать],相应地导致 работать 拼写成 лаботать;[брат]读成[блат],使 брат 与 блат 分辨不清,造成词义混淆。语音、句法方面的迁移比较容易辨认,但是语义和语用方面的迁移不太容易辨认,因为听话人或读者不知道学习者是因为迁移出现不得体的表达,还是他确实要表达那个意思。

研究语言迁移,要必须考虑以下几个因素:(1)学习者的年龄;(2)学习者的个性;(3)学习者的社会、教育背景;(4)学习者的语言背景,包括一语、二语等;(5)目的语水平;(6)一语和目的语之间的语言距离。

**沈剑赢(乌克兰)**:《第二语言习得》这本书有很多优点,但我想谈谈其中存在的问题:这本书理论性很强,我理解作者,因为这是一个既年轻又艰深的学科。但如果在介绍理论的同时多写一些教学案例,多描述语音、语法、词汇的学习过程和它们的习得方法,可能更容易让人明白。另外希望多加一些汉语习得的例子,而不是英语、日语、韩语的。这样能帮助我深入理解汉语的语言系统,毕竟它是为汉语作为第二语言习得的教学者编写的。还有不妨加入一些图片,如著名语言学家的头像,介绍他们的背景和主要成就,大概能吸引更多读者,让他们对这个学科更有兴趣。

**欧妮(突尼斯)**:我对儿童一语习得这个部分很感兴趣。了解了儿童语言发展能帮助我将来教孩子的时候运用更科学的方法,对二语的教学也有很大启发。课本中介绍了多种语言的例子,对比两种语言异同对语言教学非常有意义。

【登载于《汉舟》第 21 期】

# 2016级中国汉硕外派志愿者考试经验分享及反思(一)

顾 悦

时间飞逝,寒假刚过完,紧接着就是第一批汉办志愿者选拔了。

也曾在刚刚入学的时候希望自己能够争取到机会去海外孔子学院课堂好好实践和体验,而如今选拔考试即在眼前,心里不免忐忑,亦有兴奋。匆匆而过,一个阳光明媚的午后,考试就已经结束了。回忆起来,点滴心得,三两体会,一并写下,供大家参考。

## 报 名 准 备

在3月5日左右就能看到通知,可以报名了。进入vct.hanban.org.之后,得用身份证实名注册填写一张中文信息表、一张英文信息表和一张综合审查表。值得注意的是,里面要求填写"中华才艺",可以在它给出的选项里选择,也可以选择其他,自己另外补充。但只要你写了,就必须在面试时候展示,千万不能作假瞒报。

我在完成报名及审核通过后,大概还有15天的时间来系统准备考试。当然强烈建议,在第一个学期的期中考试之后就可以系统准备了,这样才不致慌乱。这半个月里,因为考虑到实际的问题,如两地之间来回跑,上课和其他工作的干扰,所以只能是列一个计划表,按照进度逐一攻克知识盲区。

我觉得考试时候主观性和经验性并存,例如试讲和问答,主要是测试你是否能够在海外站稳讲台,讲台站不站得稳,是教师工作的一个行业用语了,面试下来我觉得的确如此。因此,在准备时候一定要对每个语法点有所练习,哪怕是对着镜子练也要"实践"几遍。首推复习材料是杨寄洲的《汉语教程》前四册,基本上涵盖了实际上课和面试所需的大部分知识点和语法点,且前后可以贯通,考试时你也能讲得

清楚。

## 候考时间

3月25日下午12点半是报到时间,然后就是侯考。大部分考生都会提前到,接着就是在上外的楼下侯考,我是找了一个地方背英语。这里要说的是,报到之后大概会有40分钟时间是可以看书的,13:10之后书包和资料就都要收掉了,而整个下午考试期间,哪怕你是坐着干等也不能看书。因此,我认为13:10之前的时间还是要好好利用,特别是一些细小知识点,拼音、汉字之类的。看到就是赚到了。

## 英语面试

大概13:20就轮到我进行英语面试。教室里有一架摄像机,进去之后先要对着摄像机报你的考号和名字,然后入座,进行面试环节。

1. 自我介绍

在先前网上查到的自我介绍有若干版本,比如介绍2分钟的、1分钟的,怎样的都有,而我碰到的是大概说了20多秒就打断了。实则我先前准备了足足有3分钟的自我介绍,可惜。可见,英语面试注重的交际,所以对自我介绍之后的英语交流有点心虚。

2. 第一部分问答,分5个问题

(1) 你更喜欢在家里吃饭还是外面吃饭,谈谈你的看法和原因。

(2) 如果你在海外教学有很多的空余时间,会不会感到寂寞,你会怎样对待你的空余时间。

(3) 你看过很多书吗,有没有喜欢的中国作家,请说出一位。

(4) 你觉得花对于中国文化来说有什么意义?这个问题必须着重说一下。如果你关注孔子学院的官方微信公众号,你就会发现在考前的半个月,他们有一篇推文,就是这个主题。里面介绍了月季、牡丹、梅花、水仙等等,都是跟中国文化有关,且有中英两个版本对照。我是考完之后才看到的,捶胸顿足啊。可见,汉办的题目跟他们平时的推文和时事是有联系的,应该多多关注。

(5) 请说一说你最难忘的经历。

3. 第二部分问答,有 2 个话题,每个话题约 2 分钟

第一个是说说你在课堂上如何处理学生之间以及学生与老师之间的争端。说实话我没听得很明白,但是关键词就是争端、课堂、管理之类的。然后我就从课堂管理有效性、师生沟通、老师协调学生间矛盾、课堂稳定和连续以及紧急情况报告上级领导按照指示进行处理几个方面回答了一下。感觉说得太快了,2 分钟没说到。

第二个是让你说说,你觉得报纸或者杂志,对学习英语的关系、好处之类的,很惭愧,同样只抓了关键词。这类问题,就是敞开式地聊天了,根据自身英语实际能力,能说多牛就说多牛吧。

## 心 理 测 试

这是最不用担心的,顺其自然吧。

## 综 合 面 试

我抽到的综合面试是安排在最后一个环节。分以下几个部分:

首先,进去对着摄像机自报家门,然后考官让你做 30 秒的自我介绍。基本说到你是哪里读书的就会打断你了。

其次,问你愿不愿意服从调剂,这是个"陷阱",考察你的志愿者精神。志愿者精神就是服从大局、自我奉献。所以,无论考官怎么"引诱"你,你都要说"坚决服从调剂,服从安排,啥地方我都愿意去。"外派机会难得,能为汉语国际教育事业服务,哪儿需要咱就去哪儿!

然后,是近义词辨析。我的题目是对比"怎么"和"怎样"。我当时能想到的

是:"怎么"侧重问方式、方法、过程,如:"怎么办?""现在该怎么做?"也可以加强反问语气,如:"你怎么能够这样?";"怎样"就是"怎么样",侧重问状态、变化、结果,如:"这篇文章写得怎样?""你考得怎样?"后来,我查了书本,发现还有一些没说到的,遗憾。

接着,是让你写一句话,考查汉字。这里重点说明一下,我查了近3年的考试信息,都是考查词语或成语,然后我就准备了近80个易错成语,也练习了多个易错笔顺的汉字。但是,今年或许受到央视诗词大会影响,居然考诗词!我抽到的是"白发三千丈,缘愁似个长。"那一瞬间我懵了,对后半句没有半点儿印象,最后写错了一个字。今后准备考试的同学,也要注意诗词歌赋方面的知识储备。这句话之后,考官又让我写一句拼音,考察大小写、标调、隔音、儿化、词语连续等。我的句子是"我家的小猫比明明家的更可爱。"这里要注意"我家"的"我"首字母要大写,"明明"的第一个M要大写,"可爱"可以加隔音符号也可以不隔音。最后要写一个点,也就是拼音里的句号。

再次,考官让你就这句话讲讲"更"的教学设计,也就是说课。这里要按照说课的基本流程来。最好提一下之前已经学了比较句的基本格式"A比B+形容词",所以这节课是进一步教"更+形容词"的形式,然后说明教学方法、操练形式。当你说完之后,考官会立马让你把他们当学生用三种方式进行操练。请注意,这里是不让你思考的,考官会马上进入角色,说一句:"老师好!"这就开始课堂试讲了。

我使用了考场里的文件袋、小纸片、桌子、讲台作为道具,又画了西瓜、苹果等简笔画进行比较。第一种操练是"跟读",让学生跟着我读句子;第二种采用了"看图说话",但是这里出了点问题,因为时间匆忙,我没有仔细考虑例句的典型性,未能把"更"在比较句里的特点展示出来,肯定被扣分了!第三种是课堂对话和交际,这部分没有展示完就被考官说"可以了。"

值得一提的是,在这个过程中,会有一位考官扮演调皮学生来干扰课堂。这里,你可以大大方方地进行课堂干预,有效管控课堂。我是从讲台走到学生面前,俯身微笑,然后接着他们聊的话题提醒他们注意课堂秩序。他们说:"老师,你不喜欢猫吗,我们不要上课了,去看看明明家的猫吧。"我说:"我也喜欢猫啊,那我们一起先学好'更'这个句子,然后再去明明家,这样他们才会更开心嘛!"然后考官就不难为我了。

当完成试讲,还没喘上一口气,考官马不停蹄地抛出下一个问题:"请思考这句话对不对,如果不对,请改正——今天很冷,昨天比今天更暖和。"这是一个"更"的偏误句,"更"的比较是同一趋向/性质的,如:热,更热;冷,更冷。所以这句话不对,应改为:今天很冷,昨天比今天更冷。

到此为止,综合面试最主要的部分算完成了。最后,是一系列的跨文化交际和志愿者工作相关的问题。我被问到的是:(1)请你谈谈习近平主席所说的"稳中求进"的治国理念。(2)请你结合"稳中求进"的理念谈谈教育改革。(3)假设小明在国外做志愿者,他碰到陌生人时候,陌生人都会朝他微笑,而小明觉得很奇怪,常常很肃穆地回应,直到过了一段时间他才意识到这个问题。请评价一下这个案例。(4)假设你在海外跟人约了时间,你每次都准时,而对方经常迟到,甚至迟到1~2个小时,这个时候你有什么办法跟对方解决这个问题。(5)请你介绍一下杭州西湖。(6)如果在国外的中学要办一个介绍西湖的活动,请说说你打算如何组织开展。(7)展示你的中华才艺。

这些问题的回答宗旨是:思想端正、言语得体、不慌不忙。组织活动、设计方案应具有可操作性,能为文化传播带来正向推动力,减少和杜绝跨文化交际带来的冲突。

总体说来这20分钟时间是相当紧张的,我也觉得很紧张,表达有些不流利。但始终牢记声音要清晰,普通话要标准,语速要慢一点儿,要让人家觉得你像个老师,能站稳讲台。

## 考 后 感

这次经历特别难得,的确可以通过这个考试促进自己知识的巩固和能力的提

升。特别重要的是,历年的孔子学院选拔基本都是这样的流程,鉴于此,新入学的汉硕生,如果有计划去海外做志愿者,一定要按这个流程早早准备起来,练熟、练精、练稳。

【登载于《汉舟》第 22 期】

# 2016级中国汉硕外派志愿者考试经验分享及反思(二)

佚 名

## 综 合 面 试

**1. 汉语知识及试讲环节**

进教室后,先站在指定位置把写有考生编号和姓名的白纸对准摄像机3秒,报出姓名和编号,然后面试正式开始。

考官是两男一女,中间年龄稍大的男老师是主考官,很有亲和力。主考先给了我30秒时间做自我介绍,然后让我辨析"发现"和"发觉"的区别,我从词性方面说了二者的区别,举了例句。老师让我再说一些,我又从语素义上区分了一下,这个就算过去了,不过我感觉我说的例句太少了。

接下来,主考让我写了一句诗:"报得三春晖。"应该是考查汉字书写,自我感觉良好。

随后又让我写一句话的拼音:"这是我最喜爱的图片儿。"只要注意拼音书写规范即可。

我被指定说课的语法点是"最"。我就按导入、讲解、操练的顺序大概讲了一遍,于是主考官要求用两到三种方法来教。讲课过程中,旁边那位男老师指着那位女老师说:"老师,她最胖!老师,她最胖!"不依不饶地说了好几次。女老师说:"你说我胖,我生气了。"这是考官们要考察我们面对突发情况将如何解决。这个时间就要想办法把学生注意力引到课程上。

最后是针对"最"的偏误分析——"她是我们班最漂亮女孩。"我只能从语法结构入手,板书了"S+是+最+形容词+的+N"这个结构。

反思:由于紧张,我比较急躁,听完老师的话马上就回答,没有给自己足够的思考时间。另外,有些知识点掌握不牢,回头细想发现自己犯了不少错误,应引以为戒,平日注意积累,提高自己的教学能力。

2. 综合问答环节

这部分的问题涉及的知识非常多,我只能记下我听到的问题与自己的回答,仅供参考:

(1)一个学生听老师说话时总是直视老师,老师觉得学生没有礼貌,如果你是这位老师,你怎么办?

我的回答是:先考虑文化差异,有些地方直视老师可能正是因为尊重。如果学生真的是没有礼貌,老师再找原因,想办法解决。

(2)志愿者小李住在一个地方,先住进来的人觉得他占用资源,对他很不满,他很苦恼,惹不起还躲不起吗,所以他每天很晚才回去,避免见到他们。如果你是小李你会怎么办?

我的回答是:如果住在哪里不是我能决定的,那我就要接受并想办法和他们处好关系,逃避也不是办法。做法就是想办法和他们熟悉起来,成为朋友。比如主动承担一些家务等,以诚待人。赢得他们的好感。

老师继续问,他们觉得你占用资源,他们就是不开心。我说,住在一起占用资源是不可避免的,我尽量把自己的东西收拾整洁,尽量少占用资源。老师没有再继续追问。

(3)请说说你对"一带一路"的认识。

我就说了"一带一路的概念、来源、作用什么的。老师继续问,一带一路有很多孔子学院和孔子课堂,你觉得它们对经济发展有什么作用。我的回答是,文化和经济是相互促进的,并举例说明了一下。

(4)介绍一下古代的中医名家,如果你举办一个关于中医的活动,你怎么做?

我把脑袋里能想起来的几位中医名家和他们的成就什么的说了一下。关于举

办活动,我说,通过查资料把相关知识做好整理,通过PPT或视频等方式展示,如果当地有中医专业的老师,我可以邀请他加入活动。

老师问,你觉得在这过程中你会遇到什么敏感问题?我想起了电影《刮痧》,便说可能很多外国人对中医不了解,比如像刮痧、针灸什么的,看起来比较可怕,觉得不能接受。老师问怎么解决,我说通过实例让他们了解中医的治疗方式并不像他们想的那样可怕。老师追问:怎么展开?我说,我不懂中医,可能实际操作会比较困难,可以通过视频等方式来展示。

才艺展示部分,我带了国画和中国结,他们不怎么看带去的东西,倒是会问一些这个才艺相关的问题看你是不是真的学过,可能是避免作弊。然后问还会哪些才艺,这样就结束了。

**反思**:回答问题不够全面、细致、有条理,还是应该积累充电,才能做到胸有成竹。

## 英 语 面 试

题目并不难,根据个人情况和能力回答即可。如果没听清楚,可以礼貌地请老师重复一遍。我的问题是:(1)自我介绍;(2)你愿意住在大城市还是小城市,为什么?(3)你最喜欢的运动是什么?(4)你怎么过你的国庆节?(5)你觉得父母重要还是朋友重要?(6)你觉得电视是获取信息的主要途径吗?(7)你觉得学生应不应该兼职?

## 心 理 测 试

心理测试共175道题,要在45分钟内完成。很多问题会重复问,时间还是挺紧的,按自己的第一反应回答吧。

【登载于《汉舟》第22期】

# 2016级中国汉硕外派志愿者考试经验分享及反思(三)

佚 名

## 综合面试篇

进场后先进行30秒的自我介绍,然后老师会问同意不同意调剂,之后问了近义词辨析,我的题目是"怎么"和"怎样"的区别。回答完毕后就是写汉字的环节,今年应该是受了诗词大会的影响吧,大家反映写的都是诗句的内容,老师让我写了李白的名句"缘愁似个长",来检查汉字功底及笔顺。然后就是给"我家的小猫比明明家的更可爱。"这句话加拼音,这里要注意大小写。之后就要求对"更"这个字的语法点进行教学设计,有1分钟的时间阐述,然后用三种不同的方法练习。

在教学演练的时候,考官还会给你一些偏误的句子,让你改正。教学环节过后,考官会问一些跨文化交际的问题,以及活动策划、中国文化的问题。最后就是才艺展示,考官可能会让考生展示一小段。

体会:整场综合面试下来,觉得比自己想象中的难,很多东西都是靠直觉,这就需要考生深厚的功底了。语法点讲解,之前听师兄师姐讲的都是比较大的语言点,这次变成了"还""更"之类的小语言点。

## 英语面试篇

考试前其实最担心的就是英语面试,因为之前听很多人说英语面试会问很多中国文化方面的问题,例如:请你用英语介绍一下孔子。但是去考试了才知道,首先考官是直接问问题,而不是之前听说的"题目写在纸上,让考生抽取题目"模式。

其次,考官问了我大约7个问题,比之前听说的三个问题多了很多,远远超出了

我的预计。不过那些问题都很常见，比较容易。例如，其中一个问题是，你喜欢在家吃还是出去吃。我实事求是地回答："老实说，我比较喜欢出去吃，因为我很懒。但我知道在家自己做饭才是对身体最好的。"然后考官们都笑了。

最后，英语面试是要1分钟的自我介绍，之前听说的是30秒，所以准备得不太够，又临场发挥了一些。希望大家以后注意，做两手准备，一定不会错的。

## 心 理 测 试 篇

题量很大，基本上就是靠直觉答题，其中有很多题目只有两个选项，可能大家会觉得这两个哪一个都不符合自己的性格，选择更符合自己性格的那一个即可，不用考虑太多。

【登载于《汉舟》第22期】

# 2016级中国汉硕外派志愿者考试经验分享及反思(四)

佚 名

我的面试在3月25号的第一场。面试顺序是:综合面试、外语面试、心理测试。

首先说综合面试吧。简短自我介绍后,主考问:"如果孔院派你去中小学或其他地方上课是否愿意?"这自然是愿意的,我很希望尝试对儿童的汉语教学。

然后是一组词语辨析和写一句诗"会当凌绝顶"。接下来给"春天了,哈尔滨还这么冷"这句话加拼音。写完后,老师要求用一分钟来说一下"还"的教学设计。

我之前听过学长学姐的考试经验,知道要讲一个语法点,在写拼音的时候还"自以为是"地预测:可能要讲"了"。可听到要讲"教学设计",突然有点懵,还傻傻地问什么是"教学设计"。准备不足,加上紧张,这一部分发挥得不好。但是主考和旁边的一位美女老师的态度都非常好,主考会给我提示,还帮我圆场。美女老师也特别配合我,实在让我瞬间冰凉的心有了一丝安慰。

接下来的时政问题是关于"一带一路"的。因为之前我给学生做过专题小讲座,所以表现还不错。接下来是德语面试,也是考试之前最担心的。整个考场只有四个考德语的,我前面的还是上海交通大学德语专八的大牛。但是我进去后发现老师特别慈祥、和蔼可亲。本来一分钟的自我介绍,我说了不到一半的时候,刚说到本科专业,老师就特别感兴趣地问我在哪里学的德语。可惜我花费好长时间准备的关于为什么去德国孔子学院的华丽长句没有用武之地了。接下来的问题老师说得特别慢,所以我都可以听懂,并完成了应对。老师的态度真是特别好,最后还祝我成功。我也希望以后去考的同学们做得比我更好。

【登载于《汉舟》第22期】

# 中外学生融合,共诵中华文化原典

闫志威

如何让中华文化与汉语国际教育师资培养无缝对接,以文化人、以文育人,是汉语国际教育人才培养的核心目标,也是最终目的。作为中国文化的组成部分,孔子及其《论语》是海外认识中国、了解中国和理解中国的途径之一,因此,如何让真实的孔子走向世界,让孔子的思想在走向世界的过程中找到海外知音,进而推动世界的孔子观更接近孔子思想的实质,并借以消除海外对中国的误解,就成为向世界所讲的中国故事中最基础,也是最艰难的工作。

同济大学汉语国际教育专业所培养的中外硕士生将来都是向世界讲中国故事的主力军和生力军,如何让他们掌握中华文化的精髓,并作为中国形象的代表,客观真实地推动世界了解真正的中国,是必须正视且刻不容缓的一项战略工作。为此,从本学期开始,由孙宜学教授主讲,汉语国际教育专业硕士中外学生同堂,共同研读《论语》及中华文化原典,目的是希望中外学生基于自身的文化,共同研究、讨论孔子及《论语》的独特性及世界性,尤其是让留学生通过联系自己国家的经典作品,对比诵读理解《论语》,既加深了对中国传统文化的深厚韵味和哲理的理解,在对比分析中研究向自己国家的汉语学习者传播中国文化的科学方式,通过研读中国文化也加深了对本国文化的理解。

"中华文化原典"采取课堂讨论的方式,以《论语》为主,综合《说文解字》《孟子》《庄子》《周易》等中华文化经典,综合比对分析中外文化如何"异中求和",并结合现实生活中的相关案例,将中华原典的深厚内蕴,深入浅出地展现出来。如结合学生的才艺训练,以烹饪所需烹调食材的顺序与调味的对应与协调,讲解中华文化之"和",不但使文化知识更加通俗易懂,而且使中外学生在不知不觉中掌握了传播中华文化的技巧。

子曰："不患人之不己知,患不知人也。"文化交流的动因和结果,都是人与人之间交流的愿望,而文化交流成功与否的关键,则取决于彼此相知。作为同济大学汉语国际教育专业在职培养模式的探索途径之一,中外学生同堂研读中华文化原典,在推动中外学生融合的同时,探索中外学生同讲中国故事的国际化途径。而中外学生互帮互学、互辩互解、互启同悟的学习方式本身,就是中华文化世界化的具体而生动的体现。

【登载于《汉舟》第 22 期】

# 首届"汉教英雄会"晋级赛亲历记

闫志威 黑 龙

4月15日,由孔子学院总部、国家汉办与全国汉语国际教育专业学位研究生教育指导委员会共同主办,北京语言大学负责承办的首届"汉教英雄会"夏令营活动在北京语言大学举办遴选晋级赛。我院2016级汉语国际教育专业硕士研究生黑龙同学(苏丹,孔子学院奖学金生),顶着巨大压力,通过"模拟课堂教学实战"和"文化传播综合比拼"两个环节的激烈角逐,最终成功获得了"通关牌"。经过来自23所院校31位专家所组成的评审组选拔,包括黑龙在内的50名选手(中外各25人)将于6月参加首届"汉教英雄会"夏令营。此次"汉教英雄会"夏令营活动首次将汉语教学类比赛搬上荧幕,结合真人秀、娱乐益智类节目的展示模式,利用现代科技舞美和外出文化任务,强化选手的个人魅力值和影响力。届时,我们将通过电视、网络看到黑龙的精彩表现。期待他在夏令营中再接再厉,取得更好的成绩!

载誉归来的黑龙讲述了他参赛的经历,让我们跟随他的回忆感受一下"英雄会"的现场。

根据组委会给我的材料,这次有132名选手参加晋级赛,其中中国选手75名,外籍选手57名,比赛为期一天,中外选手同步参加。

4月15日上午进行了"文化传播综合比拼",按流程先进行5分钟的才艺展示,然后是3分钟的当代中国问答和7分钟的中国文化与文化传播能力问答,考场里有两位考官。我表演的才艺是唱歌,准备了《青藏高原》,个人觉得表现不是非常完美。唱完,考官问:"你还会唱其他歌吗?"我说:"当然会。"不过他们也没有再让我唱。接下来就是连珠炮一样的提问,印象特别深的是让我看一组数据分析改革开放后中国的变化,还让我设计一次中秋节的文化活动。有些内容,平时上课的时候,听老师讲

过,答起来也比较自信,但有一道题把我考懵了——考官读了一段《道德经》里的话,让我写下来,再翻译成白话。那段话我从来没听过,真是"书到用时方恨少"啊!

下午是"模拟课堂教学实战",15分钟准备,模拟教学展示8分钟,然后考官提问。我抽到一篇挺长的课文,要求讲的语法点是"越来越……"。这次比赛有个比较特别的地方,就是要求我们用他们准备的教具来教学。我这道题提供的教具是一个布袋和一个乒乓球,幸好我口袋里还有饼干、钥匙什么的,所以后来上课时就把这些东西一个个放进布袋,跟学生讲:"口袋越来越重。"

这个环节有三位考官,还有三个"配合"我上课的学生,据说是北语的本科生,他们真是太"配合"了!教学中要求我组织操练,但当我引导他们说句子时,他们就不停地说:"没学过,听不懂!"我只好硬着头皮对他们说:"我们上节课刚学过,再想想,记得吗?"还有一个学生在跟读"天气越来越热"的时候,总是把"热"发错,我纠正了两次,他也不改。我想:不能困在他们造的麻烦里,所以就拉回语法的讲练了。听其他选手说,有的学生在选手刚开始讲课时就举手说:"老师,我想睡觉!"这样看来,我遇到的"学生"还算客气的。

整个比赛过程,压力山大!我们一早就被要求手机关机,除了上厕所和比赛都不能离开等待室,我上午想站起来开开嗓,也被劝阻了;考官们不苟言笑,各种问题都会问,回答之后却没有任何反馈;"配合"的学生根本不配合,还净给选手添堵……

因为对自己的表现不太满意,比完我就觉得没戏了。按组委会要求去参加"通关牌"颁发典礼的时候,我默默地坐到后面,却被老师拉到前边,说:"你等会儿要领通关牌呢,坐这儿!"这时,我才知道自己晋级了,那一刻的感受真是无法用言语表达!但我想自己会永远记得那一刻——所有努力被肯定的那一刻。

【登载于《汉舟》第23期】

2017年4月22日
星期六（本刊为半月刊）
总第 23 期（江浙沪特辑）
本期 4 版

同济汉硕的"园地"
驶向世界的《汉舟》

主办单位：同济大学国际文化交流学院　　主编：孙宜学　　本期执行主编：姚伟嘉

## 第三届江浙沪汉硕教学技能大赛暨汉硕培养创新模式学术研讨会在同济成功举办

　　2017年4月8日-9日，"江浙沪汉语国际教育硕士教学技能大赛暨汉硕培养创新模式学术研讨会"在同济大学国际交流学院顺利召开。本届大会由江浙沪汉语国际教育硕士专业学位教学联盟主办，同济大学国际文化交流学院承办。一直致力于推动全球语言文化交流和发展的互联网教育革新企业，上海沃动科技有限公司受邀协办此次大会，上海仕程电子科技有限公司为大赛的网络直播提供技术支持。

　　4月8日，来自复旦大学、南京大学、华东师范大学、浙江大学、上海师范大学、东南大学、扬州大学等15所院校的28名汉语国际教育硕士研究生积极参与了此次大赛。参赛选手与会者奉上了一场精彩的视听盛宴，经过激烈的角逐，来自华东师范大学的乐佳颖同学和杨家忆同学从各校选派的优秀选手中脱颖而出，分获中国学生组和留学生组教学技能大赛冠军。同济大学国交院选派的黑龙同学（苏丹）获得留学生组三等奖，程娟娟同学获得中国学生组优胜奖。次日的研讨中，各校汉硕一线教师针对"汉硕培养模式的现状与创新"、"汉硕课程设置与学生未来发展"、"语言教育与文化传播的关系"三大议题，展开热烈讨论。从学生的需要、学校的需要、国家的需要、世界的需要出发，基于秉持中华文化自信的师资培养机制，基于江浙沪高校汉语国际教育师资的培养经验，基于现代网络技术对汉语教学的支持，共同探索具有世界实践可能的人才培养理论和模式。

　　本次大会突出同济特色，引入大量现代技术元素，令与会者耳目一新。大会的成功举办进一步加强了我校与江浙沪高校在汉语国际教育领域的合作与交流，进一步扩大了同济大学在汉语国际传播领域的国内外影响，并推动同济继续研究适合同济的在职汉硕培养模式，形成相关理论，引领本学科的发展。大会结束后，新华网、新浪网、凤凰网、网易网、搜狐网、中华网、中华教育网等重要网站均对本次大会进行了报道。（本期《汉舟》为"江浙沪大会"特辑）

【喜讯】
我院 2016 级汉硕生黑龙同学晋级"汉教英雄会"50强（详见本期第四版）

投稿邮箱：tongjihanshuo@163.com　　　地址：上海市赤峰路67号　　邮编：200092　　联系电话：65980758

图 2-4　《汉舟》第 23 期（1）

2| 图说大会　执行主编：姚伟嘉　　　　　　2017年4月22日 星期六　汉舟

**烟雨江南，樱花树下，**

**一场汉教盛宴**

　　每年三月底，同济大学的樱花开始绽放，爱校路便成一道靓丽的风景线，吸引大批游客和摄影爱好者前来观赏。同济往年的赏樱时间为三月底四月初，今年直到江浙沪大会开始，我济的樱花还在盛放！无怪乎孙院长道："樱花迟不开，只因君未来。"

　　作为本次"江浙沪汉硕教学技能大赛"的承办方，国交院为兄弟院校的师生奉上一届**有赏、有玩、有乐、有干货**的汉硕大赛！有图有真相，让我们一起重温这场联欢！

4月8日8:00，接待工作有序展开，各校师生络绎而至。

8:30，孙宜学副院长主持开幕式，刘淑妍院长致辞，欢迎各校来宾。

9:15，中外两个赛场同时开始比赛。特别感谢我院本科、硕士的同学，担任"学生演员"。

选手上场。请特别注意左侧的"神器"！就是它让无法亲临赛场的朋友们也能看到所有选手的表现。

　　娟娟和黑龙都是下午比赛，强压之下，沉着冷静，表现非常出色！

在比赛的同时，大厅里安排了"世界拍立得"活动，深受选手欢迎。

午餐以后，与会者前往樱花大道留影（合影见头版）。会务组的小伙伴们也赶紧来个全家福，大家辛苦啦！

下午4:00，比赛全部结束，经过紧张的算分、排序，获奖者名单出炉。叶澜老师主持颁奖典礼，我院程娟娟同学获得中国选手组优胜奖，黑龙同学获得外国学生组三等奖。

来自华东师范大学的乐佳颖同学和杨家忆同学拔得头筹。

　　颁奖典礼之后，2016级韩毅同学主持青年论坛，各校同学积极参与讨论，为次日的教师论坛预热。

4月9日的教师论坛，由李海燕老师主持，我院刘运同教授以《从专硕生的课堂观察记录说起》为题进行发表。讨论精彩热烈，为大会画上完满句号。（教师论坛内容详见三版）

本版摄影：王烨俊　文字：田媛

图2-5　《汉舟》第23期(2)

# 第三届"江浙沪汉硕教学技能大赛"参赛心得

程娟娟

去年的4月8日,我才刚结束研究生复试,而今年今日,我站上了比赛的讲台。

对我来说,这次比赛是一次非常宝贵的机会,可以观摩学习其他各校优秀选手的课堂教学,同时也是一次全新的挑战,是对自己半年来学习的一个检验。

我抽到的是12号,被安排在下午比赛。非常巧的是,下午的选手,包括我在内连续三人选择了"不但……,而且……"这个语法点来讲解,这确实给我带来很大的压力。因为几乎每个人都准备了各式道具,真是"八仙过海,各显神通"。而我的教学设计相对简单,没有考虑到用教具或更活泼的教学活动来活跃课堂。

对外汉语教师都知道"精讲多练"的重要性,可是怎么讲、怎么练、用什么方法练?只有亲身体验过教学过程,才能明白个中滋味。每次备课的时候,我都觉得自己才思枯竭,常常抓耳挠腮绞尽脑汁在那琢磨,思考如何才能事半功倍。后来我发现,只有多听课,多观摩,多做教学预案,闭门造车是开拓不了思路的。教学不存在完美的万能模式,学习的过程并不是模仿,而是思维更新的过程。

老师走上讲台前,必须非常了解自己的教学对象,明确教学目标,才能进行整体的课堂设计。之前学习的时候觉得这个特别抽象和空洞,而这次比赛就给我上了一课!就因为没有仔细查阅课文的教材来源,以至于我一开始把教学对象定位成学习了90个课时的学生,设计例句和活动时难度偏低。幸而在赛前辅导中得到了学院老师们的批评指正和精心指点,我重新调整难度,并融入了中国文化部分进行讲解。但最终呈现的课堂活动和操练还是过于简单。真的应该继续观摩、学习,汲取优秀教师们的经验,以提高自己的教学技能。虽然最后的结果让我心有愧疚与遗憾,但我对汉语教学的热情依然,路在脚下,继续前行!

【登载于《汉舟》第23期】

# 同济国际学生在上海市 2017 年留学生中国诗文诵读大会决赛喜获佳绩

刘怡菲

2017 年 11 月 19 日,"隽永诗文,友谊之歌"——上海市 2017 年留学生中国诗文诵读大会决赛暨展演活动在杨浦区少年宫成功举办。本次活动由上海市教卫工作党委、上海市教育委员会、上海市语言文字工作委员会指导,由上海市语言文字测试中心、上海教育报刊总社、杨浦区精神文明办、复旦大学国际文化交流学院共同主办。重在贯彻落实党的十九大关于"坚定文化自信,推动社会主义文化繁荣兴盛"的要求,彰显中华语言文化魅力和时代精神,加深留学生对中华优秀传统文化的了解和热爱,促进中华优秀传统文化的国际交流与传播。

我校来自孟加拉国的王亚美同学斩获了个人组一等奖。来自乌克兰的燕菲菲、乌兹别克斯坦的春雁、韩国的吴颂喜以及孟加拉国的王亚美联袂斩获了团体组的二等奖。这四位学生分别是我校国际文化交流学院的中国政府奖学金预科生、孔子学院奖学金研究生、本科生和进修生,她们是我校国际文化交流学院优秀留学生的代表。此外,我校国际文化交流学院还获得大赛组委会颁发的优秀组织奖的殊荣。

【登载于《汉舟》第 29 期】

# 在经验中学习,在分享中进步

不知不觉间第一学期已经过半。在潘海峰老师的汉语语言要素教学课上,同学们两人一组,都得到了一次模拟对外汉语课堂教学的机会。不少同学是第一次登上讲台,初尝了当一名对外汉语教师的滋味。经过准备、试讲、点评和反思,每位同学都收获颇丰,对接下来的学习和实践更加充满了热情和干劲。2017级汉硕班里,有四名同学正在从事对外汉语教学工作,在此他们将和大家分享他们在教学中积累的经验。

## 一号分享人:刘畅(同济大学汉语进修班听力课教师)

1. 要提高学生自主学习的能力

每堂课布置的听力作业先由学生提供答案,再放听力内容,谁的答案正确就让谁负责讲解那道题。同时,我在课上是随机选定学生讲解题目,所以每个学生在课下都会认真地准备,查找作业中的生词和短语。对答案有疑问的地方我会带领大家再听一遍,实在听不明白,由我讲解。这样就可以最大限度地调动学生学习的主动性和积极性。

2. 精心设计课堂练习,提高学生参与度

课堂上的听力练习,以小短文或中篇对话的形式居多。我会把有趣的短文改成对话,让学生进行交际练习。锻炼他们听力的同时,还增加了他们口语表达的机会,学生们的参与感也增强了。从学生的反馈中,发现他们很喜欢这样的授课方式。

3. 听力课要听说结合,提高学生成就感

语言的基本作用是交际,听是语言输入,说是语言输出,两者是分不开的。在

教学过程中,我会鼓励学生就简单的题目进行表达。学生们会认真听老师的要求和示范,然后自己组织语言进行表达,如果其他学生也听懂了,展示的学生会很有成就感。

上好听力课可不是"听录音对答案"那么简单。俗话说教学相长,我从学生身上也学到了很多,我想这就是当老师的乐趣吧!希望汉硕班同学们能多多走进教室,站上讲台,去感受不同于传统教师的独特体验。

## 二号分享人:王梦玲(同济大学汉语进修班综合课教师)

1. 把握好教学重点

高级班不同于初、中级班,尤其表现在教学内容和教学重点等方面。初、中级班强调的是语音、词汇和语法的学习,而高级班更注重语篇的学习。此外,成语的运用、近义词的辨析、文化知识的讲解等也是我现在的教学重点。我最常用的主要有通过话题带语篇、问题型等教学方法。这两种方法主要是通过对话题的讨论和对文章主题、细节、段落的提问等进行语篇教学,让学生们既见树木又见森林。

2. 善于化难为易

教外国学生不同于教中国学生。他们的语言基础不够好,在解释词语或者句子的时候,如果使用过于复杂的词,只会让学生更加糊涂。要尽量选择他们已经掌握的词汇,并且越简单越好。

3. 扎实工作,树立威信

作为新手老师,取得学生的信任,在学生心目中树立威信特别重要。虽然我们在经验方面难免有所欠缺,但也要让学生知道你是位认真负责的老师。这样才会有助于教学工作的展开。这就要求我们新手老师时时刻刻做好充分的准备,认真地准备每一节课,认真地上好每一节课。

最后,希望大家都能学有所用,将自己的所学付诸实践,为对外汉语事业尽自己的一份力。

## 三号分享人:蔡志杰(同济大学汉语进修班综合课教师)

1. 从心出发:关注每一个学生

进修班学生来自世界各地,背景也各不相同:有硕士研究生,有政府奖学金学生,有在中国工作需要提高语言水平的,有其他专业过来进修语言的,也有对中国文化特别感兴趣自费来学习中国文化的。这就要求我们关注到每一个人,包括他们的性格特点、学习需求、学习进程甚至是生活问题,他们感受到被关注,才会有积极的态度学习。当然这个关注度需要特别把握:你不是他们的家长,也不是他们的朋友,而是一个真心关心他们,并努力提高他们汉语水平、满足他们学习需要的领路人。

2. 培养兴趣:打好学生汉语学习基础

我教的是零基础初级班,虽然语音字词知识可能还不及我们的小学生水平,但初级汉语教学的重点却不只在于纠音和教授简单字词,更多的是让他们了解这些要素之间的联系、增进汉语学习兴趣。用简单易懂的课堂用语讲授,利用多样化的课堂活动操练和巩固,营造轻松、富有乐趣的教学氛围;可以直接告诉他们逻辑规则,也可以让他们在课堂活动中"惊喜"地发现。要知道,知识和技巧学生早晚会学到,而兴趣的建立却往往就在这难能可贵的初级阶段。

3. 有的放矢:针对学生特点备课与讲课

20多岁各具特点的学生们在想什么?他们本国的语言和文化会带来哪些负迁移?一个知识点怎样才能被更好地理解和应用?……都是在备课与讲课时要着重考虑的问题。当你知道了德语中字母 e 的发音,你就知道了该怎样和一个德国学生有效地解释"德国"为什么不读"déi 国"。想他所想、有的放矢地备课与讲课,会收到更多积极的效果。也许揣摩他心很难,但一个月之后,在你们可以做大段的汉语交流时,他心即你心,你会非常有成就感!

最后,建议同学们尽早参与初级班对外汉语的基础教学中来,把所学应用于实践,把方法应用于课堂,不仅是对自身知识的再梳理,更是对各种教学方法有针对性、有效性的真实校验。

## 四号分享人：董方（公办中学国际部对外汉语教师）

1. 课堂用语要精炼简洁

课堂用语不同于生活用语。在课堂上，我们要尽量把握住每句话，注意详略得当，力争用语简要精炼、高度概括，不重复啰嗦。另外，由于教学对象是外国学生，所以我们一定要注意控制语速，力争在最短时间内让绝大部分学生听懂并乐于接受。

2. 提高课堂掌控能力

在课堂教学中，我们会遇到各式各样的难题。比如你讲课时，会有人走神"云游"；你安排讨论时，会有人聊天，脱离课堂。除了教授知识外，我们要时刻关注每一个学生在课堂的表现，该出手时就出手，及时提醒并纠正学生偏离正常教学的行为。

3. 做一个聪明的"懒"人

学生是课堂教学的中心。我们要做课堂上的"懒"人，学生就会成为课堂上的"忙"人。当然，课上懒，课下不能懒。我们要精心备课，设置合理的教学目标，安排合理的教学环节，充分估计学生的学习能力和习惯。在课堂上激发学生学习兴趣，引导学生主动学习。

最后，祝愿大家成为对外汉语课堂教学的名师，为汉语国际教育事业添砖加瓦。

【登载于《汉舟》第 29 期】

# 国别化汉语语音教学对比研究

## ——"课堂教学案例分析与实践"课程分组研究概要

在《课堂教学案例分析与实践》课上,同学们根据自己的专长或兴趣,按德语、英语、法语和日语分成四组,针对"四国语言与汉语语音差异""如何对该国学生进行汉语语音教学"开展合作研究、学习。本文将记录各组在课堂发表时的风采。

### 汉德语音对比组(组长:周雯玉)

汉德语音对比组的莫愁同学汇报了她对同济德国留学生的采访调查结果。通过对两名初级汉语和两名中级汉语学习者的口头采访,直观地了解到德国留学生都有哪些汉语发音比较困难的地方。周雯玉向大家系统介绍了根据学术文献总结归纳得出的德国学生汉语发音常见难点及偏误,分别从声母、韵母和声调三个方面进行了分析。

最精彩的是林莎莎同学的教学展示部分,在模拟课堂教学中,通过放在嘴前纸条飘动状态的变化,说明了送气音p、t、k和不送气音b、d、g的发音区别。模拟课堂非常生动,教学场景活灵活现,引得讲台下时时爆发出欢乐的笑声。林莎莎同学虽然是第一次上台讲课,但她的自信勇敢和熟练幽默给大家留下了非常深刻印象。

### 汉日语音对比组(组长:程丽娜)

该组由程丽娜、李珊和靳开颜三位同学组成。小组针对日语为母语的汉语学习者进行汉日语音对比,分析了对日教学的语音重点和难点,以及如何开展有效教学。程丽娜主要负责汉日语音对比,同时找出了语音教学的主要重、难点。

李珊在讲解中,针对其中一个难点,即日语为母语的学生在学习汉语时的声调问题,进行了如何有效开展语音教学的方法示范,向大家展示了"利用歌曲教声调"这一颇具趣味性的方法。靳开颜同学主要就在海外如何开展语音教学,向大家展示了关于声母教学的系列方法。

### 汉法语音对比组(组长:池佳斌)

池佳斌同学作为法语专业教师,是汉法语音对比组的主讲。他首先对法语和汉语进行了总体对比,指出法语、汉语分别属于印欧语系和汉藏语系,语言亲缘关系上距离很远,差异很大,比如音节的结构不同、很多音在对方的语言中没有对应音、汉语有声调而法语没有,等等。然后他从辅音、元音和声调三个方面具体作了对比,总结了法国学生学习汉语的难点,包括汉语有而法语没有的音、清音和浊音的混淆、送气音和不送气音的混淆、汉语声调中的第三声难以掌握等。汤驿同学对汉语语音的总体情况进行了补充说明,讲解了法语有而汉语没有的音——小舌音。

唐蕾同学讲解了 sh 和 j 在汉语拼音和法语中发音的异同。包丽媛同学进一步解释了清音和浊音的区别,指出字母 h 在法语中不发音。基于以上对比,小组成员运用直接模仿法、图画法、演示法、情景法、夸张法等教学手法,有针对性地对法国学生学汉语过程中的重点难点进行了教学演练。

### 汉英语音对比组(组长:蔡志杰)

蔡志杰等十名同学组成小组汉英语音对比组,针对英语为母语的汉语学习者,系统分析了汉语二语语音教学。在蔡志杰全面细致的统筹下,小组成员分别做了汉英语音对比综述(刘轶新)、英汉元音对比分析与偏误(陈瑶、孙晶)、英汉辅音对比分析与偏误(申琳)和英汉声调语调对比分析与偏误(韩毅)。刘威麟对参考文献做了整理、分类与摘要。刘畅和蔡志杰对学院目前在读的英语为母语的学生进行了采访调查。

基于小组成员的理论阐述和调查研究,王梦玲、刘畅、董方和刘轶新对英语为母语者的汉语二语语音教学的偏误和难点进行了条理分析,确定了亟待解决的教学问题。王梦玲针对韵母ü及其和声母j、q、x的拼读难点,有的放矢地进行语音教学设计并做了生动有趣、精彩纷呈的教学展示,最后由教学经验丰富、汉语知识技能比较全面的董方同学做了简明扼要的总结。

【登载于《汉舟》第34期】

# 2017级同济汉硕班服班徽诞生记

孙 晶 汤 驿

春暖同济,落英缤纷。在明媚的春光里,2017级汉硕班全体学员换上了带有特色班徽的专属班服,在国际文化交流学院楼前留下了永恒的记忆。

随着本学期即将过半,后续将有部分同学作为孔子学院志愿者派出,大家在一起的时光变得弥足珍贵。班长蔡志杰提议成立班级主题活动先头分队,在学院老师的指导下,积极策划近期集体活动方案。

## 设计初衷与酝酿阶段

一个午休期间,汤驿在无意中提出:"我们是否要有自己的特色班服?"得到大家一致认同后,在淘宝上对比了多家文化衫,觉得还是自主设计才能彰显2017级汉硕人的风采。经几番易稿,最终决定在班服正面使用同济大学英文标识和校徽元素。

在班服设计过程中,董方的建议推动了整个进程:"还是选择白色班服吧,并在背面盖上班徽大印如何?"孙晶发挥自身的美术特长,自告奋勇承担起班徽设计任务,并在课堂间隙就拿出了初稿。

## 班徽设计与诞生

图 2-6　2017级汉硕班班徽设计图样

班徽的设计灵感源自代表中华文化的红色方印。"汉硕"两字选取标准小篆字体,自右向左排列。设计者在两字的笔画中,努力寻找可以融入2017字样的部分,以加粗隶书体自上而下、从左到右依次勾勒出汉字大写"二〇""一七"。小篆的纤细平衡与隶书的浓墨飞扬和谐统一,字型整体稳重大方

又不失灵动活泼。方印为手工绘制,边框模拟印章实际效果,经 Photoshop 软件编辑,形成枣红与大红色调的完美融合。

【登载于《汉舟》第 34 期】

# 佛罗伦萨孔子学院普拉托中学秋令营结营

王 婧

11月16日,来自意大利佛罗伦萨普拉托中学的学生们在经历了两个礼拜的秋令营后迎来了结业典礼!

此次结业典礼由国际文化交流学院王婧老师主持,出席的老师有宗骞老师、成沫老师以及各个班级任课老师,汉硕生黄黎楠、严俪两位同学也参与了该项目。

结业典礼开始,首先王婧老师对到场的师生表示欢迎,向各位参加结业典礼的同学表达祝贺。宗骞老师、成沫老师也向学生们表达了自己美好的祝愿,意大利普拉托中学的Robin老师也向同济大学表达了最衷心的感谢。各个班级代表也代表学生讲述了自己在上海学习和体验文化的感受。

各个班级在老师的配合与指导下,在课余时间内进行了节目排练。在结业典礼上,同学们卖力表演,有趣的表演给大家留下了深刻的印象,赢得了阵阵喝彩。最后,意大利普拉托中学的学生们依次从老师手中获取属于自己的结业证书,并且合影留念。愉快的时光总是短暂的,初来时,同学们带着满脸的好奇;而离开时,同学们带着满脸的笑容和满满的收获。让我们期待明年同济大学与普拉托中学的再会吧!

【登载于《汉舟》第38期】

驶向世界的「汉舟」

2017年5月13日
星期六（本刊为半月刊）
第24期（跨文化特辑）
本期4版

同济汉硕的"园地"

驶向世界的《汉舟》

主办单位：同济大学国际文化交流学院　　主编：孙宜学　　本期执行主编：姚伟嘉

## 动静两相宜　养吾浩然气
### 2016级汉硕留学生"中华文化才艺与展示"课堂采风

编者按：本周开始，汉硕中国同学的"中华文化才艺与展示"课就要开始啦！这门课要学些啥？怎么学？先来看看留学生课堂的精彩瞬间吧。

←"同舟共济"书法展示

←来蹭课的预科师弟师妹

传统中华文化中的"静"与"动"恰如两尾相依相偎的太极鱼。因此，讲授"中华文化才艺与展示"的叶澜老师、刘根洪老师为此课设计了"静"、"动"两个单元。在"静"的单元中，学生们通过听讲、体验，品读中国书法、茶艺的至味；"动"的单元，则形随意转、养气健体，让学生在呼吸吐纳间领悟传统中国生活的哲学。4月29日，

叶澜老师特别邀请上海外国语大学杨建文教授来给中外汉硕生讲座。"书画同源"、"字文一体"……丰富多彩的活动与互动（见左图）为留学生的"静"单元画上了圆满句号，也让中国同学益发期待在这门课上收获新知。

### 汉硕留学生走进预科生课堂"实战演练"

2017年5月3日上午十点，2016级11位汉硕留学生在胡方芳老师的带领下走进预科A3班的课堂，感受了一场生动的汉语技能教学体验，每位同学都从中受益匪浅。

汉硕留学生在书本和教师的授课中学习上课的方法、技巧和临场应变技能，但当他们真正站在讲台上进行实践的时候，才切身体验到课堂上的"突发"问题是层出不穷的。比如：叫+N+V=让+N+V，一位小"老师"说："这个时候'叫'和'让'的用法是一样的。"马上有调皮的学生提问："我叫什么名字，可以用'让'吗？"大家大笑。

课堂是教师和学生思想碰撞的地方，具备扎实的学科知识

和冷静应对的能力，方能掌控好课堂局面。两节课的时间转瞬即逝，汉硕留学生通过实战体验，真正感受到想要成为一名好老师，他们还有很多东西要学。（王婧 文并摄）

投稿邮箱：tongjihanshuo@163.com　　地址：上海市赤峰路67号　　邮编：200092　　联系电话：65980758

图2-7　《汉舟》第24期头版

驶向世界的「汉舟」

2018年1月6日
星期六（本刊为半月刊）
2017级第7期（总第32期）
本期4版

同济汉硕的"园地"

驶向世界的《汉舟》

主办单位：同济大学国际文化交流学院　　主编：孙宜学　　本期执行主编：蔡志杰、唐蕾

## 我院2018"New 耶"迎新新年趣味游园会圆满落幕

2017年12月22日下午，国际文化交流学院的"New 耶"迎新新年趣味游园会顺利举办。我校党委副书记马锦明出席了活动，校留学生办公室、校艺术总团、保卫处、后勤集团等多个部门的老师也亲临活动现场。来自100多个国家和地区的五百余名同学积极参与其中。

年年迎新，岁岁不同。在新年团拜环节，马书记对前来参加活动的各部门代表在学校国际化建设中的辛勤付出表示感谢，为顺利完成本学期学业的同学们点赞。马书记还为在场的老师、学生细致入微的阐释了"国际文化交流"的含义，希望我们的老师、同学共同努力建设我们的学校，建设人类美好的未来！刘淑妍院长表达了对留学生同学们和老师们殷切的期望，期望学生们明年都可以顺利完成学业，老师们都可以身体健康、万事如意。

▲校党委副书记马锦明、院长刘淑妍亲临团拜

伴随着来宾们的新年祝福，我们的游园会正式拉开帷幕。

我院为同学们精心准备了新年祝福墙，并准备了京剧脸谱的介绍，让学生们了解中国戏剧的传统文化。

在学生工作办公室的组织下，各位班主任带领全班同学精心布置教室，策划了美食摊位、游戏摊位及文化体验摊位。我院汉硕生也积极参与其中，中国汉硕生作为老师带领留学生从前期的策划、采购，到节目的积极落地执行，每一项都凝结了心血。本次游园会活动中有书法、茶道、灯谜、剪纸、捏面人、画脸谱等我国传统文化项目，也有包饺子、包汤圆等中国美食活动以及各国特色美食展示，更有文化语言相关汉字游戏、中西结合的手作、魔术等趣味游戏。本次活动还特别邀请到了我校学生会国部的同学们，在活动中加强中外人文交流，促进中外文化的融合。

一直以来，我院致力于打造传统文化的传播平台。教学方面，我院面向全体国际学生开设了太极拳、中国书法、中国绘画的兴趣课；为本科生、硕士生开设了以中国传统文化为核心的《中华文化才艺与展示》专业课程。社会实践方面，我院组织带领国际学生参加平望灯谜邀请赛，让国际学生了解中国灯谜文化；同四平社区合作，组织国际学生参加闹元宵行街会等民俗活动；组织国际学生参加诗文诵读大会，感受中国古诗词的魅力；以研学的形式组织学生赴金华上镜古村，了解当地习俗文化，感受中国美丽乡村。

本次"New 耶"迎新新年趣味游园会采用寓教于乐的形式，将传统文化教育同迎新年活动相结合，使得更多的国际学生认识、了解中国传统文化，引导国际学生以汉语为媒介推向世界传播中国故事，传播中国文化与中国价值，为推动构建人类命运共同体、共同创造人类美好的未来做出新的更大的贡献。

最后，在新年即将到来之际，国际文化交流学院全体汉硕生祝各位朋友2018新年快乐！（文/时玥 蔡志杰）

图片新闻

▲2017年12月23日山东师范大学郭文娟老师为我们做国际汉语教育专题讲座

▲2017年12月30日汉硕生自发德语补习，图为周雯玉帮助大家解读发音奥妙

## 本期导读

○第二、三版：雏莺新啼
汉硕生的学习感悟、海外实习以及丰富多彩的文化活动

○第四版：学术前沿
刘淑妍院长《高校在中华文化"走出去"中的使命与任务》

投稿邮箱：**tongjihanshuo@163.com**　　地址：上海市赤峰路67号　　邮编：200092　　联系电话：65980758

图2-8 《汉舟》第32期头版

# 西安文化体验游记

普心雨(泰国)

这是我第二次来到这座城市,本以为行程上的景点我应该都去过了,什么都知道了,但这次文化考察给了我很大的惊喜,加深了我对西安的认知,而那些之前去过的地方也给了我全新的感受。

虽然在西安只有三天时间,我们的行程却安排得很紧凑,活动非常丰富。首站是渭南,在这里我们参加了渭南市人民政府举行的挂牌活动,随后参观了渭南博物馆。吃完午餐后便出发前往韩城古城。行走在古城的大街小巷里,我被这种历史文化的氛围所吸引并深深沉醉其中。夜晚悄无声息地来临,街上的行人渐渐寥寥无几。此时此刻,我一个人静静地仰望苍穹,感受平日在上海难得的宁静。

第二天早上我们先参观了党家村,然后出发到达行程里最经典的地方——秦始皇兵马俑博物馆。据说,历史上有很多有名的事情都发生在西安,如烽火戏诸侯、杨贵妃的故事等,但最重要的是秦始皇统一天下留下的印记——兵马俑。兵马俑是独一无二的,秦始皇真不愧"千古一帝"。虽然是第二次去,但当我踏进博物馆,看到神情冷峻而又稳重的战士和古老兵器的那一刻,仍然是那么震撼,让我心潮澎湃!

在参观过程中,我突然发现以前没有注意过的一点:之前印象中兵马俑的发髻是高高的,但这次发现兵马俑中相当一部分武士的俑头上发髻有点不同,它们的头发都不是在头顶中间,而是偏向一侧,要么左侧,要么右侧。导游讲解说,这是因为要区分战士们的来源,通常发髻在左侧的是来自降国的战士,而发髻在右侧的则是秦国的老战士。是不是真的呢?真想"穿越"到秦朝去看看啊!

兵马俑战士有好几种姿态,其中我最喜欢的就是"跪射俑":他身穿战袍,外披铠甲,双手作持弩状,左腿曲蹲,膝盖着地,其姿态是秦代步兵的战术动作,个性鲜明,看上去像在准备伏击敌人一样。参观完兵马俑，我依依不舍地离开了这里，心里盼望着下次再来。

第三天我们去了陕西历史博物馆，随后去了大雁塔。两年前，我只能在大雁塔广场中仰望大雁塔，这次则是从大雁塔的楼上往下俯瞰，感受是不同的。参观完大雁塔，用完午餐，下一个行程是明城墙。我们在这里骑了自行车！在我登上这座古城墙的时候，感受到了古城昔日的辉煌。在夕阳映衬下的明城墙更显其神韵和丰姿，让我感叹不已。

晚上自由活动，我们去了钟鼓楼和回民街，吃了肉夹馍、烤鱿鱼还有"Biáng biáng 面"。西安的夜景，一串串灯笼光，像远飞的萤火虫一般在迎接来自五洲四海的我们，这种原生态的文化令人陶醉。

三天的时间一眨眼就过去了。昔日古长安，富贵霓裳地，无数人崇拜、仰视。如唐代李世民的《帝京篇十首》所写："秦川雄帝宅，函谷壮皇居。绮殿千寻起，离宫百雉余。连薨遥接汉，飞观迥凌虚。云日隐层阙，风烟出绮疏。"离开西安时，虽有不舍，但感觉我一定会再来看它。千百年来，它一直在此，惊艳世人。

这次活动，虽然身体倍感劳累，但精神始终高昂，收获格外丰富。在参观寺庙时，我看到了"大雄宝殿，鎏金铜瓦，檐枋彩画，殿阁嵯峨"；在参观兵马俑时，我感受到了"栩栩如生，巧夺天工，气势辉煌，叹为观止。"非常感谢同济大学和孔子学院给我的这次机会，希望未来能有更多的机会领略中国灿烂的历史文化！

【登载于《汉舟》第 40 期】

# 走进上海博物馆　感知上下五千年

金洙旻(韩国)

我虽然已经在上海生活了好几年,但是竟然从来没去过上海博物馆。说起来,上海博物馆离我家也没有很远,我其实也对历史很感兴趣。但为什么一直没有去呢?可能就因为总想着"反正离家很近,想去时就能去"吧。

这个学期,郑老师的课要求我们去,正好给了我一个机会。那天我忘了带身份证,但幸好入馆时只检查了我的随身物品,没有要求出示身份证。刚进去,有点不知道该怎么开始,所以随便挑了一个展厅开始看。边走边看,突然发现一群人聚在一起,我有点好奇,就往那边走。原来,那边有一名导游正在讲解。那一群人也不都是他的客人,他们像我一样,是被那名导游的魅力所吸引。导游人非常好,并没有因为多了很多免费观众而生气,反而讲得更起劲。于是,我们一大群人就跟着他边听边走。

说实话,我没有完全听懂他的讲解,一是因为他语速比较快,二是因为有很多我不熟悉的文化方面的词语。不过,自从跟随导游之后,我的心情有了非常大的变化,似乎一下子安定下来,能更专注地看展品。之前被我忽略,觉得没什么意思的青铜器,突然变成了非常有趣的东西。因为每件展品都有自己的故事,并且很多故事已经流传了三千多年,甚至更长。行走在博物馆,听着精彩的讲解,我看得津津有味。

导游讲完最后的故事,博物馆也快关门了。那一刻,我感到遗憾——时间过得真快啊!从一开始觉得无聊,到最终为结束感到遗憾。这样的心理变化,多亏遇到了这位会讲故事的导游!这大概就是缘分吧。

【登载于《汉舟》第40期】

# "跨文化对话:东西方文明的文化基因比较"
# 专题研讨会听会心得

2019年3月9日下午,由同济大学国际文化交流学院、同济大学海外汉学与当代中国研究中心、中国浦东干部学院公共政策规划与评估研究中心、复旦大学高等研究院当代中国研究中心联合主办的"跨文化对话:东西方文明的文化基因比较"专题研讨会在同济大学国际文化交流学院312报告厅成功举行。研讨会由同济大学当代中国研究中心葛天任助理教授主持,梁鹤年先生、于海教授、张伯赓先生、刘淑妍教授、程妤副教授、叶澜副教授等多位专家学者出席了本次会议。

2018级汉语国际教育硕士生积极参会,同与会专家热烈讨论,本文采撷了数位同学的听会心得,下面一一分享。

**刘姗姗**:德高望重的梁鹤年教授深入阐述了文化价值观、伦理观、社会观,形象地和烹饪结合讲解对文化的理解。于海教授眼中的中国文化,是哲学思想的发展,是社会论理的升华。张伯赓教授则是以当代世界的视角,以中美对比的视角,用五个问题,启发我们去思考文化的来源,发展的异同,引发我们进一步加深对文化基因的思考。论坛虽时间不长,但同学们都听得特别认真。发言激起我们的热烈讨论,进一步感悟、体会文明的不断传承。

**赵龙举**:目前,我国正进入改革开放的深水区,改革开放无疑引起了中国社会的巨大变革,但与此同时,很多人开始忧虑中华传统文化的日渐式微,对中华文化未来将走向何处持悲观态度。中国与日本是邻国,历史上,两国的文化发展上也渊源深厚。有评论认为,中华文明的发展很可能与日本的文化发展历程相似。梁教授在讲演中也提到了一种类似文化基因突变的理论,在我看来,这就好像是从自然进化的视角来对民族文化发展历程进行推演。

**郭漪菲：**关于东西方文化交流这个主题的论文、书籍颇多,但如何寻找到解剖双方文化根源性差异的见解却始终困扰着我。梁鹤年教授有关个人、泛人的理论以及文化矩阵的见解给了我们一种新的思路：那就是从人的独体个性和社会交际的方面,综合地去看文化这一宏观命题的基因组成,从而辨析出文化的脉络、文化的区别。这对今天我们这些需要拓宽自身视角、拥抱世界文化的汉硕人来说,不啻于一场思想的飞翔了吧。

**陈玉桃：**梁先生说的每一句话都是精华,引人深思。"城市与规划中,是自我保存跟与人共存的平衡,即个人与泛人的平衡。"这句话运用在城市与规划的领域上,围绕的是开发商的容积率合理性和老百姓接受噪音、环境等污染的平衡；运用在文化交流的领域上,是中方文化与西方文化的博弈问题,思考如何平衡文化霸权和文化共存的问题；运用在政治领域上,如何制定一个合理的政策,怎么取得平衡等等,都可以从这个角度去思考、观察。感谢梁教授,同时也感谢学院给我们研究生这个平台,与智者为伍,与良善者同行,助我们以更活跃的思维看问题,以更宽广的心胸看世界。

【登载于《汉舟》第 41 期】

## 亲 手 制 陶

### ——体验塑造之乐

2019年3月22日至24日,"同济大学国际学生中国陶文化体验活动"顺利举办。此次中国陶文化体验活动为期三天,以国际学生亲身体验制作紫砂壶为主。此外,国际学生还参观了徐秀堂陶艺庄园和宜兴彩陶厂。通过实地考察和文化体验,国际学生增强了对中国传统文化的认知。

**崔允娜(韩国):** 我亲手完成了一件陶艺作品,这样的经历十分有趣难忘。我想我正在目睹并且体验中国文化的一个侧面,我知道自己的中文学习还有很长的路要走,但每一次体验都让我感觉离中国文化更近一步,我很感谢同济大学给我们提供这些很珍贵的机会。

**普心雨(泰国):** 这次文化考察不但让我看到了完整的制陶工艺,还自己亲手制作了一个茶壶。在这个过程中,我多次想放弃,但是老师不停地鼓励我,为了看到自己的成果、不让心血白费,我坚持了下去!这也让我更明白了亲身实践远比旁观难。今后的学习生活里,我会努力做到知行合一。

**王买娣(老挝):** 非常感谢学校给我们此次绝佳的文化体验机会。此次的考察真是不虚此行,不仅让我们深入地了解了中国传统文化——陶瓷,也让我更加敬佩中国古代的圣人了。

**大村朋幹(日本):** 我们深入工匠们的制作现场,在深刻感受匠人精神的同时也让我发现了自己的潜能!通过此次文化体验,我也获得了与中国学生和其他留学生交流的机会。今后我也想进一步接触中国文化,了解中国。希望能参加更多这样愉快的体验。

**爱卡(吉尔吉斯斯坦):** 我亲眼看到了宜兴悠久的制陶历史和灿烂的陶器文化,

各个历史时期的藏品在这里得到了充分的反映。陶艺庄园里面有宜兴陶器发展演进的轨迹、各类具有重要艺术价值的陶瓷制品以及名人佳作,我感到非常有趣。

**姜文净(韩国):** 在宜兴的小巷上,我碰到小孩子和我们打招呼,超市老板也热情地和我们聊天。宜兴人拥有一些住在大城市里的人没有的温暖。住在大城市里的人因为生活节奏非常快,人与人之间交流也自然少了。但我们在宜兴,无论走到哪里,都有热情的人对我们微笑,这一点给我留下了深刻的印象。

**李奈劲(韩国):** 这次活动给我留下三个深刻的印象。第一,陶艺专家(匠人)们的敬业;第二,紫砂壶的魅力;第三,中国的文化博大精深。所以下次再有这样的好机会的话,我一定还会再参加,如果还有机会制作紫砂壶,我一定会做得更漂亮。

【登载于《汉舟》第 41 期】

# 第五届"江浙沪汉语国际教育硕士教学技能大赛"参赛侧记

4月20日,由江浙沪汉语国际教育硕士教学联盟主办的第五届"江浙沪汉语国际教育硕士教学技能暨中华才艺大赛"在江苏大学成功举办。本次大赛吸引了来自南京大学、复旦大学、浙江大学、东南大学、上海交通大学、同济大学等17所一流高校的67名中外选手参与,竞争激烈。

我院2018级汉硕生蔡智媛、陈玉桃、姜文净(韩国)代表同济大学参加了本次大赛。其中,姜文净同学在教学技能比赛中脱颖而出,赢得汉语教学技能比赛外国学生组二等奖的佳绩;在才艺大赛中,她以专业的笔触完成国画作品《春江水暖》,获现场专家高度评价,最终荣膺中华才艺比赛三等奖。蔡智媛、陈玉桃两位同学同样发挥出色,双双获得汉语教学技能比赛中国学生组优胜奖。同济大学凭借出色的表现荣获"优秀组织奖"。本次大赛的卓越成绩是我院积极响应同济大学"双一流"建设的总体目标,不断推进汉硕学科改革、科研创新,努力拓宽人才培养模式的杰出成果。以下是蔡智媛、陈玉桃两位同学的参赛体验与反思。

**蔡智媛:**自从我听说有江浙沪汉语教学大赛开始就一直心心念念想要参加。现在看来,能参加这一次"江浙沪汉语教学比赛",真是一件非常值得庆幸的事情!备赛过程中,班主任姚老师以及我的导师赵莹老师都给予了我极大的支持和帮助,还有4位资深老师在百忙之中抽空对我们的试讲进行了点评,提出了非常多中肯而有意义的建议,实在非常感谢他们。

此次参赛的选手们都对比赛高度重视,精心准备了各种教具、视频及教辅材料,让我也学到了很多。这些选手,有的声音条件好得像播音员,有的善于利用游戏活跃气氛,有的极具个人魅力,举手投足都很有老师范儿。能和那么多优秀的汉硕生一起比赛,与有荣焉。

教学技能大赛之后的才艺表演赛更令人大饱眼福,中外选手汇聚一堂,有的展示古筝与小提琴的混响;有的将优雅的诗词与舞蹈完美结合;有的现场做画,以深厚绘画功底让山水跃然纸上;还有尽显极致美感的中国古典舞蹈——这也是整场我最爱的节目。置身其中,我好像不是来比赛的,而是专为来欣赏这中华才艺饕餮盛宴的"迷妹"。

虽然由于准备仓促,没能在比赛中获得好名次,然而仍然觉得收获满满,不仅看到了兄弟院校同学们的优秀,更收获了友谊。此次有幸跟玉桃一个房间,看到了她小公主的一面,也跟文净这位美丽温柔的韩国姑娘有了更多的接触。还在姚老师的带领下品尝到了镇江著名的小吃,现在想起来还忍不住流口水。尽管那个周末非常辛苦,每天只能睡几个小时,但是能学到知识、得到成长,实在是不虚此行。

**陈玉桃:**这次"江浙沪大赛"最初是我的导师叶澜老师鼓励我参加的。最开始的时候,我真的非常紧张、矛盾,心里打着"退堂鼓",但想到"季无二诺,侯嬴重一言",就决定不辜负导师的期望,挑战一下自己。

因此,在完成本职工作和学业要求之余,我利用一切能够利用的闲余时间,精心备赛。学院进行第一轮选拔的时候,我反复研读语料,最后选择了"快要\就……了"这个语言点。为了提高准确性,我对《汉语教程》第二册的语法架构进行了全面梳理,并查阅了各种能找到的参考书,从而设计该语法点的教学,选择适合的教师语言。叶澜老师也对我的教案、PPT内容进行了悉心的指导。

比赛的赛场是师范生专用的微格教室,对我而言格外新鲜。比赛前,主办方给了大家测试PPT的时间,我们一边检查PPT显示,一边根据教室物理条件调整板书、走位和肢体动作。我从小喜欢写粉笔字,看到主办方准备的是黑板、粉笔,真的特别高兴。

比赛的感想有三:一是收获与付出是成正比的,努力的人总会让别人发现的,比赛中看到很多优秀的选手简直无懈可击,这样的比赛表现显然需要大量时间投入才

能练出来;二是汉语教师是需要综合素养的,双料冠军的朱同学在试讲的十分钟里,展示了他的舞蹈,很好地跟汉语教学结合了起来,课堂气氛一下子活了起来;三是基本功是一切比赛的基础,不可否认,我的基本功很不扎实,虽然讲课表现还可以但在提问环节就暴露了短板。如果今后有师弟师妹参加比赛,一定要准备得更充分,积累得更厚实。

　　这次参赛之旅也让我和智媛、文净结下深厚的"革命"友谊。人生的每一段,都有美好和精彩在等待,勇敢向前,收获更好的未来!

【登载于《汉舟》第 42 期】

## 端午文化初体验

萨沙（乌克兰）

6月1日，我参加了为庆祝端午节而举行的龙舟比赛。虽然我不会划船，但仍然有机会参加这次活动，因为同济大学邀请我以啦啦队队员的身份参加比赛！

这是我第一次参加这样的活动。我真是高兴坏了！首先，我亲身感受到中国古代传统节日的庆祝方式和节日精神。其次，体育比赛帮助我们构建起相互支持、值得信赖的团队。我们的目标是赛出最好成绩，然后代表我们的大学去参加决赛。

来自上海28所大学的团队参加了比赛，其中有中国学生也有留学生。我们有机会在跨文化社区度过有意义的一天——用不同的外语进行交流，寻找新的朋友，享受中国的传统节日。我认为，这样的活动真正激发了外国学生对中国文化传统的热爱和尊重，促进了跨文化交流和经验分享。

最后，我们队的成绩很好，位列第三，为同济大学赢得了荣誉。大家一起欢呼雀跃，那一刻，真的体会到了"同舟共济"。

【登载于《汉舟》第43期】

## 古韵今风　书画同源

陈玉桃

5月24日下午,叶澜老师带领2018级中外汉硕生一同前往上海外国语大学杨建文教授书法工作室观摩学习杨教授的书法教学。

课堂上,杨教授时而赞扬学生某一笔写得好,时而提醒学生没有把握好笔画与笔画之间的距离。最精彩的一幕是杨教授指导非洲学生秦歌用篆书写"中"字。虽然"中"字笔画很少,但是这个字的书写难度非常高,如何写得饱满,如何把握距离、长度都非常讲究。大家目不转睛地看着秦歌同学书写,杨教授在一旁不停地用响亮的声音下着"指令":"好,过去,过去,过去,停下来,轻轻提……看左边,看左边,看左边,好,提,收!"秦歌同学在杨教授的指导下写了几遍,进步非凡!同学们对杨教授的敬佩之意油然而生。

在杨教授的书法课堂里,大家观察到了几个特点:(1)外国留学生们都十分享受书法练习的过程。(2)杨教授擅长因材施教,会根据每个学生的特点教授适合他们的字体,例如课堂上的乌克兰女生认真、细腻,杨教授让她练习行楷;意大利学生热情洋溢,杨教授让其练习草书,如此便减少了生生之间的竞争,让学生们发挥所长,充分享受书法。(3)杨教授通过鼓励与激励、有针对性的批评来掌控课堂,让学生充满自信而不失严谨地学习书法。(4)杨教授能在短时间内让学生的书法水平飞速提升,如果不是亲眼目睹实在难以置信。观摩时间虽然不长,却让大家感受到了书法的魅力,同时让大家认识到有效地传播中华传统文化需要好的方法。

5月25日下午,在中华才艺课上,叶澜老师邀请杨建文教授为我们带来书法专题讲座"书画同源——转左侧右的立体主义美学表达"。杨教授注重"书画同源"的创作实践,给大家讲授他在王羲之书法和伏羲氏的八卦中如何发现内在深邃的绘画元素,并通过与西方现代绘画的研究对比,创造性地提炼出"书法二维平面立体表现论",即在中国传统书法中抽象出如西方画家毕加索、达利作品的元素和平面构成,并将其理性化地融入自己的书法探索与创作。在此过程中,书法还是书法,不能变成绘画,这是艺术创作中的一个创新难点,可杨教授驾轻就熟地解决了这个难点,为"书画同源"这个自唐代张彦远到元代赵孟頫都百思不得其解的中国书法尖端命题,给出了现代的完美答案。

【登载于《汉舟》第43期】

# 美国大学理事会志愿者项目培训心得

蔡智媛

自2018年年底报名参加美国大学理事会志愿者项目以来,我先后于福建和北京通过了初试和复试。一路走来,整个面试过程可谓历尽艰辛。尽管如此,我还是非常荣幸能在北京参加此次项目的密集培训,虽然最后结果尚未可知,然而培训的内容却干货满满,整整两周的培训时间着实感到收获颇丰。

在前面一周扎实的本体基础知识培训后,第二周我们便迎来了美方资深的教学大师Pat Lo以及此次美国大理事会志愿者项目中方的主办人Lisa老师亲自为我们授课。除了每天上、下午各3个半小时的课程之外,晚上还要根据当天所学的内容进行资料的收集整理,教案流程的设计以及海报的制作加工。每天睡前,都是在跟同组的小伙伴们一起磨课、试讲、相互点评和修改PPT的过程中度过。整整一周下来虽然感觉有些疲惫,却真真切切地感受到自己的成长。

通过这些课程,让我第一次深刻体会到美国课堂教学管理的本质,这与国内教学体系有很大的差异。在美国K1-12的课程规划中,课堂教学都是以学生为中心,教学活动一定要动静结合。在整个教学活动流程的设计上,他们采取逆向教学的设计方式,即在确定具体教学目标的基础上,先思索评量考核的方式,再设计与之相适应的教学活动。这种设计课程的方式与我们熟悉的先根据教材设计教学活动,再制定评价考核的流程大相径庭。然而,根据研究,逆向教学的设计方式更能体现以学生为中心的课堂教学理念,以目标为导向的课程设计方式也可以使我们的教学框架更为清晰合理,有助于确保课堂教学流程顺畅、逻辑清楚。这些都非常值得汉语国际教师思考和借鉴。

此外,关于5C和3P等大家比较熟悉的教学理念,老师也带领我们从不同角度,根据不同的教学内容以及所需使用的不同教学法和教学模式等方面进行了深度的探讨。各个案例分析和实操体验,都给我们带来无数启发,开拓了我们眼界。

培训内容中,除了有关汉语教学的专业教学理论课程之外,还为大家安排了不同形式的个人试讲、小组串讲等实践操练课程。这一将理论和实践相结合的培训模式非常适合我们,双管齐下,全面提升学员教学技能。培训过程中,丰富多彩的中华才艺展示也着实让人眼前一亮,生动活泼的海绵宝宝、色彩鲜明的冰激凌和甜甜圈,虽然是泥塑,但十分逼真!制作又非常简单,很适合应用在儿童课堂中。

如果要用一句话总结这两周培训生活的话,那一定是"累并快乐着"!培训结束了,但是学习还要继续,我追着梦走上下一程。

【登载于《汉舟》第 43 期】

## 2018级汉硕生"语言、文化、教育"专题系列讲座心得

**高丽：**听了吴贇教授"浅谈英汉汉英翻译的一点感想"，我认识到一个优秀的翻译者必然是一个杰出的双语能力者。不仅得有丰富的词汇、句法、语法等语言本体知识储备，也必须十分熟悉目的语的思维表达方式，并且要在长期的翻译积累中领会近义表述的微妙差异，才能够得心应手地精准选用。优秀的译作，要朗朗上口，不复杂、不生涩，看起来简单易懂，读起来又回味无穷。我们这么执着于对翻译事业精益求精，实在是因为我们有太多优秀的作品想要呈现在世人面前。这些经过漫长岁月洗涤却依旧闪耀着光辉的文学著作是全人类的财富。无论是快意恩仇的武侠小说，还是意境悠远的唐诗宋词；无论是文辞规整的古代文言，还是活泼奔放的现代白话：这么多带给我们温暖与感动的作品，值得我们为之呕心沥血，把它们最淳朴本真的一面用不同的语言带到世界的每一个角落。我们需要翻译，来诠释我们引以为傲的历史积淀，来解读每一种文化的闪光点，来体会这个世界的多姿多彩，来构建未来地球村的交相辉映。

**龙天华：**吴英成教授的"对于线上语言教学的一点思考——线上语言学习中教师能力对学习效果的影响"讲座给我留下深刻印象。在线上预约英语学习课程，遇见一个好老师、好语伴极其重要。由于学习时间的随机性，每次预约的老师都不一样，正因为每次接触到不同的老师，也看到了老师之间的差异。优秀的教师身上自带光环，吸引你，带领你和他一起学习。而有些则逊色不少。所谓优秀的老师，指的是综合素养都很高的老师，如：能有效地调动学习者学习积极性，能运用各种方法指导学生学习。吴教授曾说，对于零起点的学生，沉浸式学习不是好的学习方式。这一点，我女儿的英语学习可以验证。她的老师会下达一些英语指令，可是她听不懂，

我每次在旁边总给她简单翻译一下,基本充当了助教的角色。如果没有我,她恐怕很难坚持。因此,二语教师应掌握学生的母语,这对初学者格外重要。

**蔡智媛:**在"如何将中文作为第二语言进行更好地教授"这场讲座中,我了解到了如何对学生进行差异化教学的内容。之前一直认为一定要给学生布置不同的任务才叫差异化教学,听了讲座后,我发现原来是可以通过布置相同的任务,针对不同水平能力学生提出不同要求来进行差异化教学——按照中等水平学生的程度为基点,对能力较强或者较弱的学生给予相对难度大、数量多,或难度小、数量少的任务,从而使得差异化教学得以实现。同时在布置任务的过程中,要注意保护学生的自尊心,采用"门对门"的方式,让他(她)拥有"独一份"的任务,就能避免各种负面情绪的产生和影响。

**郭漪菲:**通过"有关语言教学与信息技术的结合"这场讲座,我意识到语言教学和信息技术的结合是不可逆转的大趋势。就现有的语言学习 App 平台而言,我认为还有很大的进步空间,例如应该发挥教师的主观能动性和创造性,特别是要改良原先的教学法,优化课件,增加体验感,更好地发挥 App 平台交互性特长,打造更能够吸引学生注意力的精品 App 课程。目前,基于网络自发拍摄的语言教学视频其实并不少见,线上教学的实例在国内外均有体现,比如沪江网校等等,甚至许多大学的外语课程已经通过慕课、"知道"等 App 上传,学习者可以通过观看教学视频自行学习。但这些课程的编排依然是根据旧式的"教—学—练"模式制作的,尤其是视频教学,学生仅仅是被动接受信息,和教学者的互动要通过留言等方式进行,而网校的 App 提供课后练习,在一定程度上增加了互动体验,但师生互动、生生互动依然有限。这个问题该如何解决呢?或许能成为毕业论文的选题。

**叶智媛:**吴英成教授是我最喜欢的讲座教授之一,他风趣幽默,有独特的思维角度,虽然他是新加坡人,但是他对汉语的热爱和认可甚至超过了我们这些地地道道的中国人。在讲座中,他从国际视野分析了汉语的历史角色和前景,"潜龙勿用,飞龙在天"把现状分析得非常透彻。吴教授的"一带一路"汉语国际教育蓝图让我们兴奋不已,汉语国际教育的前途不可估量。他还从经济学角度,提出自己独特的汉语发展解读思路,把汉语国际教育3.0诠释得非常到位,同时提倡借助科技手段,在信息时代,拓宽汉语国际教育的传播途径和改进汉语教学方法,令人佩服。虽然目前汉语国际教育在部分国家还没有得到充分认可,但是我相信,随着中国经济实力的提升,汉语和中国文化将被越来越多的人理解、热爱。

**韩晗:**本学期的系列讲座涵盖了学科性质、研究对象、中国文化、学科辅助性技术运用、汉语本体、教学方法、本学科的发展进程及未来的发展趋势等诸多方面。大咖云集,为我们提供了丰富的精神食粮,让我开拓了眼界,对汉语国际教育专业有了更加全面、更加深刻的理解,也对本专业有了更加清晰的定位。"学术资源的正确打开方式",给我们提供了便捷的学习工具;"翻译是艺术创作还是语言技巧",使我们领略了翻译的魅力所在;"从中德/中西人文交往的中国赤字看汉语国际教育"让我们了解了德国人眼中的中国;吴英成教授的系列讲座更是让我大开眼界,同时他还在论文撰写上,给予我们极大的帮助和指导。感谢诸位老师的倾囊相授,让我越来越爱这个专业

**祁笑:**在6月14号的特别课程上,吴教授向我们介绍了外国人如何教汉语,将他好友顾百里的教学方法、教材介绍给我们,为我们打开了汉语教学的另一扇门——汉语教学其实可以把汉字和拼音分开教学。吴教授从三本教材的比较入手,引出顾百里的 *Basic spoken Chinese*,这是一本只有拼音没有汉字的教材,这本教材的目标就是锁定初级水平汉语学习者的听说技能,让他们在最短的时间内达到交际的目的。学习者的汉语达到一定水平后开始学习另一本 *Basic written Chinese*,在这一本教材中才会出现汉字。在我的观念里,老师教汉语、学生学习汉语,汉字是必不可少的一个要素,吴教授的观点无疑是给我们打开了一条新思路,教汉语、学汉语是可以把汉字、拼音分开的,这种方法的效果不一定就比传统的方法差,甚至在特定情况下,效果会更好。我们作为汉语老师,我们的所有努力的目标就是让学生能够用汉语进行交际,喜欢汉语、喜欢中国,而吴教授的讲座告诉我们,实现目标的方法不止

一种，跳出圈外看一看，眼界和心境会更加开阔。

**刘姗姗：**听了一学期的讲座，我认识到，作为国际汉语教师，首先要有扎实的专业基础，汉语国际教学的基础学科是语言学、文字学，因此一个合格的国际汉语教师必须要有扎实的语言学、文字学基础，对汉语的语音、词汇、语法和文字有系统和全面的认识。其次，国际汉语教师应掌握一定的中华文化和跨文化知识，尤其是中国的民情风俗、历史发展、地理概况、各类艺术及中国人的价值观念、思维模式、行为规范、审美情趣、宗教信仰等。另外，在传授文化的同时，也要具备文化对比意识、平等对话意识、多元共存意识等跨文化意识，具备跨文化教学观。再次，是外语水平，我们的教学对象可能从来没接触过汉语，为了提高教学效率，外语是国际汉语教师的一种必备技能。吴英成教授强调，不但要会讲外语，还要"讲得好"，才能教得更好。最后，我们还要具备一定的心理学、教育学知识和一定的创新意识，我们在汉语国际教学中会经常遇到一些难题，需要具备一定的心理学、教育学知识，分析学生心理；有创新意识，能博采众长，充分发挥各种教学技能，及时调整并采取合适的教学方式，更好地开展汉语教学、弘扬中华文化。

【登载于《汉舟》第 43 期】

# 搭建信息共享交流平台,助推长三角区域汉语国际教育一体化发展

——国际文化交流学院积极参加首届长三角汉语国际教育卓越人才创新论坛

谢洋洋

11月29日—12月1日,我院副教授、汉语国际教育系主任潘海峰带队参加了由浙江师范大学主办的首届长三角汉语国际教育卓越人才创新论坛。

论坛聚焦长三角一体化进程中汉语国际教育专业学生创新能力培养,分为开幕式、主旨论坛、分论坛及闭幕式四个环节。开幕式成立了长三角汉语国际教育卓越人才联盟,签署了关于推动长三角汉语国际教育一体化进程的合作协议。中山大学周小兵教授、华东师范大学刘承峰副教授等来自长三角区域20余所高校的近百名汉语国际教育专家、教师及优秀学生代表共同探讨如何通过长三角汉语国际教育的协同发展培养适应汉语国际教育新形势的创新型卓越人才。

11月29日晚,我院潘海峰老师参加了培养院校联席会议,会上,潘海峰老师与诸位专家、教师就如何培养卓越汉语国际教育师资及长三角卓越人才联盟的运作机制进行了热烈的研讨。

30日,学生代表谢洋洋、张玲分别作了分论坛发言及闭幕式总结。谢洋洋同学主持并参加了分论坛一——"互联网+"汉语国际教育,围绕长三角区域一体化发展战略下的汉语国际教育新趋势作了主题汇报,提出了"一盘棋"构建学术话语权、打造亮丽的中国名片、汉语国际教育产业化发展等新形势下行业发展动态,从宏观层面对专业发展趋向进行了解读;张玲同学参加了分论坛三——汉语国际教育学生职业规划与未来职业发展,围绕"TCSOL教师预备役职业展望"的话题,结合自身职业及专业学习的经验,提出了扎实的语言学及教育学基础、丰厚的教材与教学资源储备、优秀的跨文化交际能力等成为一名优秀的国际汉语教师的必备素养,从微观层面对专业要求发表了观点。

【登载于《汉舟》第 49 期】

# 第三章　海外佳音

汉语与中国文化走向世界,便有了"汉语国际教育"。

在越来越多国际学生"走进来"的同时,有更多优秀的中国老师"走出去"。

在他们的海外实践中,有惊讶、有惊喜,有体悟、有顿悟。

一点一滴,耐人寻味。

驶向世界的《汉舟》

2017年10月14日
星期六（本刊为半月刊）
2017级第1期（总第26期）
本期4版

同济汉硕的"园地"
驶向世界的《汉舟》

主办单位：同济大学国际文化交流学院　　主编：孙宜学　　本期执行主编：蔡志杰、靳开颜

## 你好，2017级汉硕生

9月9日，我院2017级汉语国际教育专业的21位中国硕士生顺利报到入学。

9月10日，汉硕新生在一·二九运动场参加了同济大学2017级新生开学典礼。典礼在雄壮的国歌声中开幕，校党委书记方守恩，校长钟志华，常务副校长伍江，党委副书记姜富明，副校长江波，党委副书记徐建平，副校长顾祥林，副校级干部吴广明出席，伍江校长主持典礼。

典礼上，钟志华校长向大家表示了热烈欢迎，并向同学们提出"立德、求康、强能、博知、尚美"五个要求，希望新生将个人前途命运与国家民族的命运紧密相连，树立与"中国梦"同心同向的远大理想，奋发作为。

9月16日，我院举行2017级汉硕生开学典礼。今年共有21名中国学生和4名外国学生进入我院汉硕专业学习，刘淑妍院长、孙宜学副院长、我院全体汉硕导师，以及部分2015、2016级中外汉硕生出席了开学典礼。

开学典礼上，刘淑妍院长、孙宜学副院长分别致辞汉硕新生，刘运同教授解读了课程设置和职业规划，2015、2016级的师兄师姐们则从学习、实践、海外教学甚至论文写作等各个方面给出了颇具实际意义的经验谈和建议。

来自五湖四海的汉硕生们认真听取了各方建议和指导，兴奋而又踌躇满志，纷纷表示将在今后的学习工作中发奋图强，脚踏实地从小事做起，做好汉语国际教育的学习者、中国文化的传播者、文化交流的使者和行动者。而我院2017级乌克兰汉硕生燕菲菲在9月22日留学生开学典礼上，代表来自全球100多个国家和地区的留学新生发言，表示要努力学好汉语，读懂中国，在未来为中国文化走向世界、走入世界文化的大家庭中贡献力量。

9月23日，2017级汉硕生正式开始新学期紧张的专业课学习。

汉硕之途前路漫漫，2017级汉硕新生，欢迎你！

9月9日，我院2017级汉语国际教育专业的21位中国研究生来校报到，顺利入学。

9月10日，我院汉硕新生在姚伟嘉、时玥两位老师的带领下参加同济大学2017级新生开学典礼。

9月16日，我院刘运同教授为2017级汉硕新生解读课程设置及职业规划指导。

9月16日，2017级21名汉硕生与我院17位导师见面会在我院228教室热烈召开。

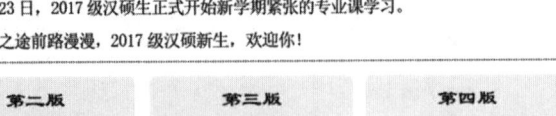

| 第二版 | 第三版 | 第四版 |
|---|---|---|
| ▶刘淑妍院长致辞2017汉硕新生："为建设一流的汉语国际教育专业而努力"。 | ▶孙宜学副院长对2017汉硕新生的四个期望：有志向、有肚量、不娇气、不骄横。 | ▶2017级汉硕新生每人用一句话或抒怀备考辛苦，或寄语未来三年汉硕生活。 |

投稿邮箱：tongjihanshuo@163.com　　地址：上海市赤峰路67号　　邮编：200092　　联系电话：65980758

图3-1　《汉舟》第26期：2017级汉硕生入学

# 我的孔子学院志愿者工作

赵 莹

2009年10月23日至2010年7月21日,我于英国爱丁堡大学苏格兰孔子学院担任国际汉语教师中国志愿者。在这短短九个月的志愿者工作中,我做了很多以前没有做过的工作,学到了很多在学校里没有学到的知识,也接触、了解了很多以前没有接触过的人和事。这段宝贵经历,是我一生中难得且宝贵的财富。

## 教 学 工 作

1. 苏格兰孔子学院

我们在孔子学院的教学主要面向报名参加孔子学院业余时间汉语学习班的成人学生。我们开设的班级从零起点到中级,每班限制在12人之内,并根据学生需要开设一对一辅导课程。我们的注册学生数最多时在一百人以上,我们所用的教材以中方院长陶炼教授的自编教材为主,并配备由我们协助录制的光盘。

我在孔子学院时教授过两期零起点班级,即1.1课程。同时接替过2个一对一辅导课程,以及初级班1.3课程。与国内对外汉语教学的最大不同是,在英国授课教师课堂用语以英语为主;而在国内,由于学生来自世界各地并以日韩学生居多,所以教师的课堂用语主要为汉语。应该说这两种做法各有利弊,不过在初级阶段适当以学生的母语为教师的课堂用语还是有利于学生对语言点的理解和把握的。

2. 爱丁堡大学亚洲系中文专业

除了孔子学院的教学工作之外,我们还在爱丁堡大学亚洲系讲授部分中文专业本科生及研究生课程。我教过的课程主要有本科生一年级语音课程以及四年级口语课程。作为中文专业配套课程的组成部分,语音课和口语课由我们来教授主要是因为我们可以教授标准的普通话,这对于海外汉语学习者的正音工作来说还是大有裨益的。以上课程,我们每周的教学工作大概为12课时,每课时50~60分钟。

## 文 化 活 动

### 1. "中国日"

除了教学工作之外,我们还组织、参与了大量的文化活动,最具影响的当属"中国日"(China Day)。"中国日"是指由孔子学院组织教师到当地中小学进行的不定期的文化推广活动,活动包含的主要课程有国情概况、语言、武术、书法、剪纸、古典音乐、传统舞蹈等。活动以志愿者和外聘文化项目教师组织负责,我负责的项目为书法。"中国日"活动一般为期一天,共五场,每场50分钟,劳动强度很大。"中国日"平均每学期举办五次以上,最密集的时候一周便举办了三次。这样的活动虽然很累,但对于推广中国文化意义重大,并且极大地激发了我们的潜能,使我们向合格的汉语教师道路又迈进了一大步。

### 2. 汉语角

除"中国日"之外,我们孔子学院还在每周五举办"汉语角"活动,由志愿者组织,每次两个小时,主要目的是为学生营造一个良好的练习说汉语的环境,同时协助学生的课外学习。

值得一提的是,在2010年春节期间,"汉语角"还举办了春节主题和元宵节主题的特别活动。春节主题活动由春节传统习俗介绍、书法、剪窗花和包饺子四部分组成,孔子学院的教师及志愿者们带领近四十名学生一起互动,现场气氛热烈,反响良好。元宵节主题活动由元宵节介绍、猜灯谜、学唱中国歌(《卖汤圆》)和包元宵等部分组成,组织人员为包括我在内的三名志愿者。通过以上活动,学生深切的体验了中国文化,对汉语、汉文化产生了更加浓厚的兴趣。

### 3. 其他文化活动

此外,孔子学院还致力于组织多种文化活动,如上海世博展以及春节晚会等。

举办于苏格兰政府的上海世博展作为展现新时代中国面貌的窗口,吸引了当地中学生的参加。展览同时,我们志愿者又带领孩子们体验了中华武术和书法的奥妙。

苏格兰孔子学院春节晚会历来是爱丁堡地区的华人盛会,2010年春节晚会更是吸引了来自中外不同国家的三百多名客人。本场晚会以游戏环节为主,并设了宴会厅、棋牌室、卡拉OK室等。我作为晚会的主持人,从游戏策划、PPT制作到现场组织互动、后期新闻报道,一系列工作下来,个人能力得到了极大的锻炼和提高。

## 其 他 活 动

除教学工作和文化活动之外,我们还在孔子学院组织的各项相关活动中贡献着我们的智慧和力量。如在为留英中国学生组织的招聘会上,从会场布置、现场组织到拍照报道等,到处都有我们志愿者的身影;而当中国大学校长学习考察团、CCTV记者采访团以及北京电影学院学习考察团到访爱丁堡时,又是我们同孔子学院的其他工作人员一起活跃在接待和服务的第一线。我曾经跟同来的志愿者们开玩笑地说过:"来了孔院才知道,原来自己是万能的"。是呀,孔子学院就是这样一个能充分锻炼人,激发人潜能的地方,来到了孔子学院,我才知道原来自己可以做那么多以前没做过、甚至没接触过的事情,而且可以把它做好。在孔子学院,我除了讲授汉语之外,还摇身一变,成了一名书法老师,在"中国日"时带着孩子们体验中国书法的奥秘;在孔子学院,身为第一批志愿者的我们整理了库存的全部图书,从分类编目到陈列摆放,看着一个小小的图书馆在我们的手里一点点成型,我们内心的喜悦无以言表;我们还协助孔子学院的秘书完成了财务报表统计工作以及各项会议的资料翻译、会前准备工作。此外,我们还有幸参加了苏格兰学历委员会(SQA)等当地教育机构召开的各项会议,了解了苏格兰地区的汉语教师及教学情况;同时,我们还参加了由汉办组织的首届英国本土汉语教师教材培训,并在为期三天的培训活动中受益匪浅。以上会议及培训开拓了我们的视野,对我们将来的职业发展来说无疑是大有裨益的。如今,随着中国发展脚步的加快,国家对我们的工作也表现出了无比的重

视和支持。春节期间,驻英使馆教育处还特地为我们这些海外教师志愿者们召开了春节招待会,并由田公参致辞。我们深知,汉语国际推广是一项国家和民族的事业,当我们身在海外推广汉语汉文化时,我们的内心时刻萦绕着自豪感和使命感。我们相信,一己之力虽然微薄,但是有我们千千万万的志愿者在,我们定能让世界人民更加了解中国、喜爱中国,汉语和汉文化定能走向世界,成为世界多元文化体系中不可或缺的一部分。

【登载于《汉舟》第 6 期】

# 身在异乡非异客

张 鹏

一个月转瞬即逝,作为国家汉办项目的成员之一,我的海外汉语教师工作也随着时间的推移慢慢地开展起来。回首往昔,父母帮我拖着三大箱重重的行李将我送到海浪机场,再从北京转飞西班牙马德里巴拉哈斯机场,继而乘坐四个小时的大巴车抵达卡斯蒂利亚省莱昂市,这一切仿佛都是昨日刚发生的,令我记忆犹新……

## 孔院关怀

在安全抵达赴任城市后,中外方院长、负责文化活动和教学工作的老师以及志愿者教师一行为我们接风,洗去了我们连日旅途奔波的劳碌,这让身在异乡的我们真切地感受到了来自家人般的温暖。餐后,志愿者老师带领我们各自安顿下来,逐一介绍了与我们工作相关的生活环境、交通状况以及身在他国需要注意的问题等。

## 美丽古城

莱昂市虽不及首都马德里繁华,却是一座美丽安静、不乏悠闲而又充满活力的城市,有其独特的魅力。蔚蓝的天空,幽静的公园,穿梭的行人,城市的大街小巷俨然一幅幅画卷。在这里,到处都能感受到当地人的热情淳朴。若是你站在斑马线旁准备过马路,就算开得再快的车也会一脚刹车停下来,让行人先行,表现出了高素质的市民风貌。

## 汉语桥梁

在莱昂,只有极少一部分年轻人或有工作需要的人才说英语,这与我的预期截然不同。本以为边陲城市说汉语的人一定更是寥寥无几,谁知当我站在斑马线旁边等红灯时,一个帅气的西班牙小伙儿坐在车上用娴熟流利的汉语"你好"跟我打招呼,这让我确信汉语也可以在我们的努力下,在这座城市作为交流工具,发挥它的作用,让天堑变通途。

## 中 秋 活 动

两天的全球孔子学院日活动暨中秋节音乐会不仅是中西交流的平台,更是锻炼自我的契机。从舞台搭建到安排太极拳和太极扇表演,安排竹笛、葫芦丝、尤克里里、古筝等乐器表演,再到帮助当地人燃放孔明灯等,整个过程都考验了我们的思维缜密度和细致程度。与西班牙的音乐交流更是让他们了解了当代中国文化特点,同时也让我开阔了眼界,成为自己日后前行中的宝贵财富和不竭动力。

【登载于《汉舟》第 15 期】

# 佛罗伦萨大学孔子学院初体验

王雪娇

我于9月8号抵达意大利,到现在已经快一个月的时间了。可能是因为性格和个人经历的原因,到目前为止我还没有感受到身在异乡的孤独感,反而有一股每天都想冲出去探索新世界的求知欲。希望同济的兄弟姐妹们都能有机会过来瞧瞧,感受下在佛罗伦萨生活、工作的乐趣。

## 关于佛罗伦萨

这是一座举世闻名的艺术之城,城小、城美、城古。佛城整个老城(及市中心)都是世界物质文化遗产地,空气中充溢着历史文化和艺术的味道,你脚下踏的是阿基米德、米开朗基罗、达芬奇、拉斐尔、乔托、伽利略、但丁等大师们当年的足迹,而我们志愿者和老师们呢,就是被安排居住在这样的历史遗迹中。

## 关于意大利佛罗伦萨大学孔子学院

这所与同济大学合作的孔子学院诞生于2014年,目前拥有3个教学点,中外方各一位院长,中方教师一名,志愿者两名,外方教师5名以及行政教师一名。孔子学院以建筑和创新为特色发展方向,已主持开展过国际建筑高峰论坛、创新知识产权论坛等大型活动,中小型活动也丰富多彩。

## 关于志愿者工作

目前我们主要是协助孔子学院开展各种活动和任教中文课。如果你有一技之长,可以在活动中大放异彩哦。比如我就准备了民族舞蹈、二胡和太极剑。

## 关于汉语课

现在孔子学院主要有以下几种汉语课程：佛罗伦萨大学汉语专业课或选修课（大学本科生或研究生），周末社会课，HSK辅导课以及位于普拉托和阿雷佐的初高中汉语课。一般来说，意大利的汉语课程都是由中外教师合作完成，即一方教师上完一节课后，另一方教师再上后一节课。

志愿者之路充满诱惑而又任重道远，在此希望大家都能不忘初衷，持续努力，勇于追求自己的梦想，获得另一段精彩的人生！

【登载于《汉舟》第 15 期】

# "京大十一月祭"杂感

## 曹 璐

京都大学(简称京大),本部坐落于千年古都京都,是日本排名第二的大学,作为国立大学的翘楚,却有着独具一格的自由学风。每年,红叶浸染的11月,京大都会举行为期4天的校园活动,称为"京大十一月祭"。

日本的路不似国内明亮,漆黑的夜色愈发衬出了京大钟楼的庄严,让我不禁想起白天三五成群在京大门前拍照的市民。门并不大,很多人选择了半蹲的姿势,脸上的笑容却被匆匆一瞥的行人看透了心思……

十一月祭前,满心期待的我一听到留学生办的小吃摊竟然选择了最便宜的速冻水饺做原料,而且这种做法早已在学生间达成共识,便顿时对十一月祭失了兴趣。印象中的学园祭应该是伙伴们一起为了共同目标辛苦工作、流汗淌泪的日子,而现在似乎成了学生们吃喝玩乐、拼命赚钱的契机?

带着心中的疑问,我不情愿地来到了会场,傍晚夹着小雨,操场上飘散着各色烧烤的烟气、肉味和半红微醺的女孩儿银铃的笑声……果不其然,制作并不精良的食物却价格不菲,我草草地逛了一圈,兴味索然地想早点离开,心想京大也不过如此嘛!

一旁的伙伴似乎读懂了我的心思,拽着我来到教学楼:"若只是操场的小吃摊,那任何地方都有,特别的展出都在室内。"我将信将疑地走进一楼大厅,映入眼前的是贴满了传单、海报的墙面:折纸天地、手语部落、哲学咖啡、机械专攻、蝴蝶研究、宪法教室、针织课堂、CS真人模拟、京大生摄影展、朝鲜问题研究、自制音乐电影、水浒传同好会、宅男俱乐部、陶艺部、能乐部、儿童绘本阅读角、旧书市场……上天入地、高科技与通俗娱乐、传统与现代似乎应有尽有,每一个展厅都不是花架子,麻雀虽小而五脏俱全。家长们带着孩子折纸、读书、欣赏数百种美丽的蝴蝶标本、玩真人CS

射击,操纵着自制的巨型夹娃娃机器人、年轻人跟着舞台的音乐,在楼道里哼唱人气动漫曲……这一瞬间,所有人都远离了工作、学业,只剩下兴趣爱好、校园和大自然给予的快乐。

这样无拘无束的活跃场面,在安静沉闷的日本很是难得;而京大却一直是一个特别的存在,明明是国公立大学拿着国民的税金,却从不在开学典礼上升日本国旗、奏日本国歌;也不重视学生的出勤率,而更看重最后高标准的论文及考核,学生们可以自由安排自己的时间,但必须得自己对自己负责,因为老师不会轻易让你通过,延毕一两年也是常有的事儿。正是这样的自由氛围培养了天才、狂人和一般人。他们不自然地印着京大的标记,不仅对学术知识、对自然科学、国家政治、世界形势、人文历史等等都怀有极高的责任感,甚至出现了进行反战、反修宪游行被勒令退学后仍坚持自由权利的学生。"自由的学风是京大的宪法",这让我想到起了五四时期的北大,想起了那个时代的中国新闻人。

现在,担任我留学指导老师的同志社大学井上智义教授便是纯正的京都人、京大生。日本人的平均英语水平并不高,而老师却偏偏选了英文原著让我们在课前分章阅读,课上一起讨论。原本单纯的文本翻译略显枯燥,可与老师的课堂讨论却总能让我竖起耳朵细听。老师曾在加拿大留学,有二语学习经验,对中国文化很有兴趣。因此,我们研究室除了日本人外,也有中国大陆及宝岛台湾的学生,这样的组合总是能碰撞出奇特的火花。

2月,初来日本旅游,感受到了日本的舒适与文明。9月底到现在,开始真实地从更多的角度接触日本:清晨、年事已高的老人们会依靠着支撑物一个人艰难挪动着去超市;大街上,偶尔会遇见穿着并不破烂却带着臭味的流浪者;凌晨,便利店里,总是能看到打零工的大爷大妈们忙碌的身影……

这些真实的日常缩影是不可能通过一、两次旅行便看到的。一个国家也不可能由个人简单的"好"或"坏"来概括。这个规矩方圆的国家里,糅合了古老的中华文明、"半洋不洋"的西方文明、传统执拗的大和文明和超前的忧患意识、文明观,一切

都自然、别扭地共存着……我幸运地在日本买到了古筝,看了中国古筝乐团的演出,甚至中国民乐等级考试也即将在日本举行,我的心里充满了喜悦与自豪。大街小巷,总是能听到乡音、看到中华餐馆,我知道自己并不孤单。但是,千千万万在日本、在海外漂泊打拼的华人如何找到属于自己的生存之所、心之所寄;日本和其他国家如何更全面地认识、了解中国,这条相互沟通之路仍旧是道阻且长!

谨以此文,草草记录来日两月所感,感谢引导我、帮助我、给予我留学机会的老师们!

【登载于《汉舟》第 18 期】

# 瀚宇之花开在庆熙

王贞慧

不知不觉,来韩国庆熙孔子学院已经两个月了,也是直到现在才没那么惊慌,可以提笔写写这近俩月的所见、所闻、所感。

## 生 活 篇

我们孔子学院坐落庆熙大学国际校区里面,交通和生活都很方便。学校附近就有地铁站,学校里也有通往江南、明洞和首尔校区的公交车。孔子学院志愿者老师们都环绕学校对面的半月公园居住,虽然不在一起但距离都很近。孔子学院给我们提供的是韩国的一室户,单门独户,有卫浴和厨房,适合单人居住。我的房东就住在我楼上,我的邻居们都是庆熙大学的大学生。

我们的家附近有 home plus、乐天等大型超市和商场,也有个小的农贸市场。都说韩国的果蔬贵,到底多贵呢,举两个例子:苹果超市卖 1 500 韩元一个,折合人民币大概将近 10 块钱;青菜三棵一包 2 500 韩元。不过也不用担心,汉办的津贴只要不挥霍还是完全能保障生活过得很好的。

## 修 身 篇

犹记得,第一天傍晚老师把我接到韩国的家后离开,我独自坐在昏暗又陌生的房间里无限感伤的情景;犹记得,来后的第一个周日卫生间水管就断裂,一时还找不到人修理时的无助;犹记得,韩语不好所以将厨房用纸当成卫生用纸,将 5 升的衣服清香剂当成洗衣液买来……初来乍到的每一天都过得磕磕绊绊,但是真的没关系,磕绊中才能成长。如今,我每天都努力地学韩语,虽然说不利索,但是可以说不少生

词和句子,出去也不至于两眼一抹黑。学语言很大的好处是让你和所在国家的心理距离更近,不会顾影自怜总觉得自己是个身在异乡的异客。

除了学语言,也可以多走进韩国人的生活。来了这两个月,我听了现场的韩国音乐会;见识了韩国的诗人和诗会;还结识了网球教练每周教我网球,这些都是免费的。我想生活的状态全然取决于自己,接下去没有了焦虑和紧张的生活里,我会更合理地规划时间,更多地阅读和学习,专注于专业,更加充实地走下去,也祝愿每一位远离家人的志愿者在异国都能遇见更好的自己。

## 工 作 篇

教学上,我们孔子学院现在还只有孔子学院课程,不承担大学生的选修课程,所以我们每个班都是90后和60后的学生一起上课,学生人数最多的班级有10个人。两个月的课上下来发现其实不同年龄和身份的混合编班并没有想象的那么难,大叔和大妈们大多数比大学生学习更认真、出勤率也更高。韩国学生自尊心很强,特别是上了年纪的大叔和大妈们,所以要时常帮他们找台阶下。来之前听说韩国学生内向、很难调动,教下来发现其实并不是这样,至少我现在的初中高级三个班都是可以调动的,尤其是初级和中级的学生,课堂上的问答练习,或者情景对话都进行得很好。上课把主动权和发言权交给学生,比老师不停地进行无效输入要好多了。最令人愉快的事情莫过于一堂课结束,学生可以意犹未尽笑容灿烂地离去,而老师也没有疲惫和懊恼。

除了教学外,我们的日常工作还包括孔子学院的各项活动。每次活动都会安排两到三位老师配合行政老师共同完成,活动的策划、采购、活动现场拍照写新闻一般由志愿者老师完成,而宣传与报名等工作会有懂韩语的行政老师负责。总体来说,我们孔子学院的活动不多也不少,且活动一般在周中,周末偶尔会有HSK的监考工作。

【登载于《汉舟》第18期】

# 爱在庆熙

邬娅雯

时间转瞬即逝,我来韩国已经三个月了,志愿者一年的任期也只剩下四分之三。父母帮我拖着重重的行李箱送我到浦东机场,离别时父母泛红的眼睛,喃喃的叮咛,仿佛依稀就在昨日……

## 温暖的大家庭

下机后,在机场见到了中方院长,回程的路上中方院长亲切地与我聊天并向我简单介绍即将接触的工作生活环境以及在韩国需要注意的问题等,这让身在异乡的我真切地感到了家人般的温暖。

熟悉了几日之后,我对庆熙大学孔子学院有了进一步的了解。庆熙大学孔子学院位于京畿道的水原市,中外方院长各一名,公派教师两名,志愿者五名以及行政人员两名。除了日常教学活动和汉语考试以外,庆熙大学孔子学院积极举办各类文化活动。我工作的三个月以来,孔子学院举办了孔院日系列活动、演讲比赛、写作大赛等。当然最瞩目的当属庆祝庆熙大学孔子学院成立五周年的院庆活动。院庆开始之前,院长多次组织各位老师开会筹划院庆,各位老师也是积极投身其中。院庆开始时,孔子学院所有成员在院长的带领下各司其职,心往一处想,力往一处使,最终院庆取得了圆满的成功。

此次院庆活动最让我兴奋的是咱们同济来"娘家人"啦——孙院长和程老师,孙院长和程老师对我们的工作给予了表扬,这让我高兴的同时又感觉责任的重大。和"娘家人"一起来的还有同济大学舞蹈团的两个小师妹,她们将在庆熙大学表演。很幸运,我负责接待两位小师妹。我陪着她们彩排,为她们介绍我所知道的韩国,短短

的时间结下了深深的情谊。

## 可爱的学生

庆熙大学孔子学院的学生是面向社会的,所以班级里学生的差异很大。一个班级里既有大学生,也有已经工作的人,甚至还有很多家庭主妇。所以如何管理课堂,有针对性地教学尤为重要。起初我也有些担心自己不能胜任,怀着一颗认真的心对待教学对待学生。现在对于我来说,每天最开心的事情就是给学生上课。没有课,见不到学生的时候心里反而会空落落的……

这里和大家一起分享一个小故事吧。有个男学生第一次上课我就发现他的发音相对标准得多,但是又隐隐觉得他的发音像南方人,他连连称"是",说自己在台湾学过汉语。我这才恍然大悟,原来是因为他有"台湾腔"啊。

能够到海外工作,传播中国文化,我深感幸运,感恩每一位给予我关怀和帮助的老师!路漫漫其修远兮,吾将上下而求索!

【登载于《汉舟》第 19 期】

## 行走在翡冷翠的春天里

### 杨晶晶

丁酉年三月初,同济美丽的樱花还未绽开,我便拖着行李,悄然坐上飞机,来到了这个美丽的地方——佛罗伦萨。仍清楚地记得第一次知道这个城市的时候,是初中时读徐志摩的诗作《翡冷翠的一夜》,多美的名字啊,从那时起仿佛就在心口纹好了一处刺青,只等着某年某月某日,与她相逢、融汇、贴合。

来到这边遇见的第一个问题便是时差。刚到的时候是三月初,根据这边的时间调好手表,比北京时间整整晚了七个小时呢。可是不出一个月的功夫,清楚地记得我在3月26日清晨醒来的时候,不太敢相信自己的眼睛,因为手机时间默默变成了八点,而手表还停留在七点。对,就是这样。和中国不同的是,大部分欧洲国家都采用夏令时和冬令时,3月26日起,正式进入2017年的夏令时,意大利跟中国时间便只相差6个小时了。有了这个真实的经历之后,我想冬令时到来的时候,我就会早早做好准备了。

刚来到的第一周,我便开始了本学期的汉语教学工作。学生的汉语学习程度不等,被分进了不同的班级,有的班可能有20个人,有的班可能只有7~8个。教学任务基本是与意大利老师合作完成的。上课的教室不定,老师和学生都是分别根据课表到不同校区的不同教室上课,有时候可能要坐火车或者巴士去上课。非常值得一提的是,意大利的教室楼层和意大利人的时间观念。中国人意识里的一楼,在意大利其实是零层。所以当教室是204的时候,我们会跑到二楼找教室,其实不然,我们应该到三楼去找教室。刚开始不知道的时候,很可能会找教室找得一脸茫然,等到知道并习惯这一点,一切就没什么问题了。但是要记得在和中国的其他汉语老师沟通交流的时候,就一定得提前说明白到底是中国的一楼还是意大利的一楼啦。

相信很多人对意大利人的时间观念问题都早有耳闻,不管老师还是学生,上课迟到十几分钟都是可以被接受的。刚开始会不习惯,比如有一次我提前十五分钟到了教室,有个学生跟我说:"老师,您来得太早了。"我略尴尬地笑笑,说:"我想你们啦,所以等不及要见到你们了!"后来我基本是提前五到十分钟到教室,安装好电脑投影仪等设备,给学生分享适合他们程度的中国歌曲,或者陪他们聊聊天,解答解答问题,以方便更好地调节课堂氛围。

除了这些,一些文化差异现象还会不定时地出现在生活、学习及工作中,这就需要我们相互尊重和多多理解了。比如在这里生活,网络可能需要装大半个月才能装好,要随时关注交通信息,防止因为公交系统罢工而不能及时去教室或者回家,生活中的一点一滴,都需要我们留心注意。意大利的学生相对也比较直爽,喜欢和不喜欢都表现得比较明显,这就需要作为汉语教师的我们多多用心了。印象最深的是,和另一位汉语老师搭班的意大利老师对我们说,她上课时,让学生用"不如"造个句子,学生说:"A 老师不如 B 老师。"这里的 A 老师指的就是这位意大利老师,而 B 老师是与她搭班的一位汉语老师。这个意大利老师非常随和,诙谐地回答这个学生:"当然了!"我听到这个小故事的时候,就觉得首先中国的学生应该是绝对不会直接说出这样的句子的。就算真的有学生说了,场面也会变得相当尴尬吧。

每个人天生并不都是完美的,需要我们后天的不断努力。来到这个新的地方,在国外的汉语教学与之前在中国国内的汉语教学并不一样,让我们在教学中实践,在实践中学习,在学习中成长,我们必定能做得越来越好!

行走在翡冷翠的春天里,明媚的阳光像极了学生们的笑脸,我们在他们身上播下希望、倾注能量,已是人间四月天,如此该很好。

【登载于《汉舟》第 24 期】

# 意外？意外！

王雪娇

我在佛罗伦萨大学孔子学院任教已经半年多了，对意国学生不算了如指掌但也了解得八九不离十，与亚洲学生相比，意大利学生的课堂有一些特别之处。

## 意大利学生非常直接

有个学生私下找我帮他做毕业论文的问卷调查，在经过一番辛苦调查后我们完成了所有问卷。这位学生非常感激我，于是在接下来的一节汉语课上把一份又大又扎眼的礼物当着所有同学的面送给了我，并附上了一句："老师我爱你！"

## 意大利学生不喜欢比赛

拿今年的大学生"汉语桥"来说，经过老师们的一再鼓励和"施压"，终于勉强有三个学生准备报名，其中一名是华裔学生，一名是蒙古留学生，只有一名是地地道道的意大利人。最后，由于华裔学生母语为汉语不能参赛，意大利学生也中途退赛，只有一名蒙古学生坚持下来完成了比赛。今年全意大利参加大学生汉语桥的人数也只有20人。我在课下与学生们的聊天中得知，他们从小到大的学校教育生活中都很少有竞争性很强的比赛，对他们来说学习应该是轻松愉快的，学习的动力应该来自兴趣、好奇、求知欲和热爱，而不是为了拿到比赛中的所谓"名次"或"成绩"。

## "活到老学到老"与"老少同学"

在我所带的班级中，也不乏一些满头白发的"大龄学生"，与大多数年轻人"为了找到好工作""为了跟女朋友沟通""为了修到学分"等目的性很强的学习理由不同，

这些"大龄学生"们的学习动机往往极其单纯,大部分的人都是为了兴趣,不想在退休之后闲在家里,于是纷纷继续来学校"深造"或者完成年轻时遗憾错过的"东方梦"。这样的现象在意大利相当常见,完美展现了中国那句"活到老,学到老"。

在年龄层次差距极大的班上,完全看不到学生们的"分级"现象,年轻人和老年人很快就能打成一片,大家一起谈论问题、聊天、开玩笑,课间一起去喝咖啡,课下还会相约聚餐、看中文电影。这样的"老少同学"的情景在中国很罕见,中国年轻人往往对老年人敬而远之,老年人也常常选择独处一隅默默学习,导致班级里出现不同年龄的"小分组"。

### 意大利学生上课也没那么"活泼"

在赴意任教之前,我一直认为意大利人是大大咧咧、热情浪漫的,课堂气氛一定会很"火爆"。没想到第一个月的汉语课沉闷到让我怀疑起了自己的教学能力,因为真实的课堂情况是:大部分人真的不会很积极地回答问题,大部分人对语法比较较真,大部分人对小组表演反应冷淡,唱汉语歌时会害羞,他们看起来更习惯于中国式的"师讲生听"模式。这个发现着实让我花了一段时间来适应和调整。然后慢慢地,他们接受了我这个年轻新老师的教学方法,大家逐渐放松开来,最后终于开始努力张嘴说话了。值得一提的是,很多老年人上课时非常积极、活泼、放松,这跟很多年轻人的谨慎小心形成了鲜明对比。

最后我想说,其实无论国家、民族、文化,无论年龄与性别,无论所有的所有,只要真心付出,真心爱自己的学生,他们就一定会感受到,然后用他们的爱回馈你、拥抱你。只有爱和真心会消除一切隔阂,让我们变成"一家人"。

【登载于《汉舟》第 24 期】

## 备课之前先"备学生"

曹 璐

至今还清晰地记得2016年第一学期的中级综合汉语课上,我给学生解释"实在"时造的句子:"我要买1斤苹果,老板称了3个,一共1斤2两,可他还是收了我1斤的钱,这个老板真实在!"为避免文化理解的差异,我特意跟学生说,这是中国人认为的"诚实、不说谎"。原以为这样的说明学生可以理解,没想到接下来的多次测验中很多学生照样用错。后来得到老师的指点:解释词语时得看学生的汉语水平,设计多个简单、直接、用于典型语境的例句,才能易于学生理解。词语文化含义的解释得注意尊重文化差异,备课的时候就要特别注意站在学生的角度进行设计。

当我来到樱美林大学孔子学院,不同于之前同济的多国学生混编班,所有的学生都是日本人。本以为日语科班出身,且有多年与日本人交往经验的我能很轻松地和学生交流互动,但当我真实地面对不同性格的学生、教授不同课型时,还是面临巨大压力。

我的第一个大班是选修中文作为第二外语的25名其他专业的大学本科生,其中有一名已学过中文两年,希望我能帮忙纠音,另一名之前曾多次参加汉语角等活动,学习积极主动。其他学生却基本为零基础。

本着以激发兴趣为先的理念,在每节课的教学里我都引入了游戏。"找朋友"的声韵母拼合游戏、锻炼学生高度注意力的拼音小球消失的游戏、团队合作的接龙读拼音的Bingo游戏等。尽管这些游戏都非常经典,但在实际进行时仍出现或大或小的问题。比如:游戏规则的解释,即使用日语说明游戏规则,还是一半学生理解了,另一半学生云里雾里,导致一半学生玩得很嗨,另一半学生死气沉沉。

我将课后的读拼音练习改编成5×5的Bingo游戏格子,让5人一组,每人读一

行或一列拼音，5个人全读对5行才算胜利。原以为课后习题学生会提前预习，试着自己读一读，没想到学生完全懵了，觉得这个游戏太难。虽然最后我改成了每人读两个，5个人读对10个就能算胜利，但完全对的小组依旧非常少。由此可看出，教师在设计游戏时不仅需要考虑这个游戏有没有趣，更应关注学生的现有水平及完成度。

另外，为了增加同学们对汉语及中国的兴趣，我特意选了TFboys的《青春修炼手册》，制作了精致可爱的乐谱，本以为学生会很感兴趣，没想到放过后却反响平平。事后请教日本同事，才发现日本根本不用简谱。

在备课中很多的预想与现实总是有落差，精心设计的游戏及教学环节往往呈现效果不佳。汉办培训试讲时获得赞赏的教学设计搬到课堂上却又是另一番景象。

一个月在日教学经验仅仅是起步，在接下来的日子里我会继续好好地去了解我的学生，并多从学生的角度设计课堂教学，琢磨最简单恰当的说明方法，让我和学生一同享受汉语的乐趣。

【登载于《汉舟》第24期】

## 西班牙汉语课堂跨文化冲突案例一则

张 鹏

在莱昂大学孔子学院进行志愿者工作的同时,我也常去听别的老师的课。一次,我遇到这样一个案例。

一位中国老师教"毕竟"这个词,举例子引出了这样一个情景:"我(老师)和他(一位爷爷)一起去爬山,你们觉得我快还是他快?"学生们互相之间看了看,笑而不语。老师继续说:"没关系,你们可以随便说,他不会生气,我们是在开玩笑。"可是,学生们看了看老爷爷,还是没有回答老师的问题。

这时,老师觉得课堂气氛有些尴尬,就补充道:"一定是我更快,对吧?因为我是年轻人!所以我们可以说:年轻人毕竟是年轻人,爬山爬得很快。"老爷爷的表情变得有点不自然。我明白这个老师是要引导学生用"毕竟"说出这个句子,但是,这个例子让课堂瞬间冷场,相信这个老师也感觉到了自己所提的问题不太妥当。

事后,我了解到,虽然这位老人平时也爱开玩笑,但老师当着众多同学的面,说他的身体没有年轻人好,让他觉得很没面子,伤害了他的自尊心。

在不少中国人的"成见"里,外国人喜欢开玩笑。但这并不意味着汉语老师可以在课堂里用学生随便举例,特别是涉及能力比较。"己所不欲勿施于人",无论东方人还是西方人,都是如此。在设计引导语境时要格外注意。

案例中第一次出现冷场的时候,老师就应该及时发现问题,进行调整,如:"抱歉,这个例子不恰当。那你们想象一下,30年后,我和我的孩子比赛爬山,谁比较快?"这样引出"年轻人毕竟是年轻人",相信就不会让课堂气氛尴尬了。

【登载于《汉舟》第24期】

# 江波副校长一行出席德国汉诺威莱布尼茨孔子学院揭幕仪式并访问莱布尼茨大学

刘怡菲

11月7日傍晚,由同济大学与汉诺威莱布尼茨大学共同合办的莱布尼茨孔子学院在德国举行了隆重的揭幕仪式,莱布尼茨大学校长弗尔克尔·埃平和我校江波副校长共同发表演讲。受邀出席并发言的嘉宾还包括下萨克森州国务秘书 Birgit J. Honé,中国驻德国大使馆公使衔参赞刘立新博士,汉诺威大区主席 Hauke Jagau,汉诺威市第一副市长 Thomas Herrmann。中国驻汉堡总领事馆副领事王玮,同济大学国际文化交流学院院长刘淑妍教授也列席仪式。莱布尼茨大学校长弗尔克尔·埃平在致辞中谈到,汉诺威莱布尼茨大学和同济大学都是以工科见长的高校,孔子学院的成立势必将深化两校的合作及联系,同时也为汉诺威这座"会展之城"带来与中国合作的巨大机会。同济大学副校长江波谈到了同济大学与德国的历史渊源,莱布尼茨孔子学院从筹备到成立得到了两所大学的支持,这将成为深化两校合作,促进两地各界相互了解的重要平台。随着中国不断发展和不断融入世界,这所致力于中国能力建设的孔子学院一定能够落地生根、开花结果。坚信在两校的相互信任、相互支持的工作氛围下,莱布尼茨孔子学院必将迈向美好的未来。

莱布尼茨孔子学院中方院长蔡琳说,孔院将围绕中国能力建设开设课程,探索跨文化、跨专业的中外交流比较内涵。莱布尼茨孔子学院德方院长施特菲·罗巴克进一步描述道,孔院将针对该校各专业学生对中国感兴趣的内容进行调研,希望未来能在该校建成一所中国能力中心,其目的是把同济大学的科技人文等最新研究推广到德国的大学课程中。当日,来自两校的学者继续围绕着"何谓中国能力"进行了交流,德国著名汉学家 Helwig Schmidt-Glintzer 教授亲自主持这场由同济大学德国研究中心副主任胡春春教授与莱布尼茨大学职业教育与成人继续教育学院院长Steffi Robak教授间的对话,活动吸引了众多慕名而来的听众参与。揭幕仪式最后以一曲昆剧唱段作为结尾,来自苏州昆剧院的演员凭着优雅婉转、柔漫悠远的行腔引来了阵阵掌声。

11月8日,江波副校长、国际文化交流学院刘淑妍院长、中德人文交流中心负责人胡春春教授和莱布尼兹孔子学院中方院长蔡琳一同来到莱布尼茨大学人文学院,分别参加了"同济与莱布尼茨大学合作的前景"与"中德教育比较研究与未来"两场会谈。

汉诺威莱布尼茨大学始建于1831年,目前是德国大学中最具现代化和前瞻性的大学之一。莱布尼茨孔子学院将提供汉语教学,促进中德文化交流,支持莱布尼茨大学与中国高校,特别是同济大学各层面的合作,成为培养莱布尼茨大学学生对中国语言、文化、教育、科研等领域理解能力的中心机构。提升对中国的理解能力因此成为这所孔子学院进一步建设的核心任务和重点方向。

【登载于《汉舟》第29期】

# 我院孙宜学副院长带队赴意大利参加实用汉语教学特点与技能培养规律国际研讨会

刘丹东

11月14日,我院孙宜学副院长带领我院骨干教师代表赴意大利参加实用汉语教学特点与技能培养规律国际研讨会,参加此次研讨会有来自意大利多所大学、多家孔子学院的汉语教师和学者。大家结合自身教学与研究成果,充分讨论汉语教学中的方法、规律和技能等问题。

我院助理教授姚伟嘉老师结合自身汉语教学工作经验和经历,考察了二十多本近现代汉语口语教材,提出了近代汉语口语教材中的几种交际策略,并提出了几点对现代口语教材编写的建议,让参会者备受启发。

李萍老师以宾夕法尼亚大学沃顿-珞德 MBA 暑期高级商务汉语教学实践为例,对比分析了中国现有的传统商务汉语教材和美国大学自编商务汉语教材,向参会者充分展示了案例式商务汉语教学与多效教学方法的联动。

孙宜学副院长则从文化差异、文化交流、文化内涵等角度指出了中意两国民间交流的重要性和必要性,浅谈了中意文化差异对汉语教学的一些启发,充分肯定了孔子学院作为汉语教学发挥的重要平台作用。

我院赵莹老师目前作为外派教师在佛罗伦萨孔子学院工作,她结合 HSK 考务经验、意大利孔子学院教学经验,利用图表等分析方式对孔子学院现行教材和 HSK 考试大纲的词汇和语法进行了差异对比、归纳总结。与会老师受益匪浅,纷纷表示会运用到今后的 HSK 辅导实践教学中。

本次研讨会由佛罗伦萨大学孔子学院主办,该孔子学院于 2014 年 3 月 31 日揭牌成立,为我校与意大利佛罗伦萨大学合办。孔子学院以"设计创意文化"为特色,推广汉语语言教学,传播中国文化和艺术,以满足佛罗伦萨当地及托斯卡纳大区人民对汉语和中国文化的兴趣和需求。同济大学作为中方合作院校,不但负责向孔子学院派出志愿者和公派教师,与佛罗伦萨大学的学术文化等合作交流也日益频繁和紧密。孙宜学副院长与孔院办刘丹东老师一起看望了孔子学院工作人员,并与中方院长、外派教师、外派教师志愿者座谈,了解他们在意生活工作情况,鼓励他们克服困难,精诚协作,努力工作的同时也要照顾好自己。

【登载于《汉舟》第 30 期】

# 在微笑国度的成长

刘 畅

2015年5月25日,我刚踏出飞机舱门的一刹那就感受到了泰国的"热情"。对泰国的最初印象,是这里的人们一见面就会微笑,然后对你行合十礼。我们一起来感受下微笑国的魅力。

## 从教学"菜鸟"起步

当时,我只是一名刚刚毕业的"菜鸟"。孔子学院王教授给我分析了泰国学生的性格特点,教学注意事项,改进了我的教学方法。在王老师的循循善诱下,我开始慢慢"上道"了。学生们从一开始带着迷茫的眼神跟我一起上课,渐渐变成了可以跟我互动,还会时不时地根据我讲的内容提一些问题。在教学方面,我在"蜗牛爬"式前进的同时,还策划了端午节包纸粽等各种文化活动。经过两个学期的磨合,班里的学生汉语慢慢进步了,我和他们的感情也日益深厚。新年来临之际,我们举办了图说"中国神话"挂历制作大赛。看着学生们拿着画笔,认真地画着挂历,我心中充满感动和骄傲。

## 教师培训练"功夫"

教师培训一直是孔子学院的特色,孔子学院的志愿者教师会担任助教陪着参加培训的老师们练习,这是我们"取经"的好机会。泰国人参与性强,要求我们精讲,鼓励老师们多练,增加课堂的互动环节,让老师们积极参与进去,带活课堂。在给老师们上书法课时,第一节课教老师们怎么拿笔,在教点和横,然后教汉字的"一、二、三、六"。我的书法水平也在培训过程中和老师们一起进步。一次次的教师培训,也让

我反思,怎么改进才能让一节课上得更加充实,不会让老师们觉得白跑一趟?在教师培训中运用的方法是否适合附中的学生?一学期下来,从老师口中听到"我很喜欢你上课""你讲的我们都明白"时,那种被认可的感觉,真好!

## 友爱的曼松德之家

我们院长王教授严厉而慈祥,她希望我们今后都能独当一面,出类拔萃。每次遇到教学上的困难,她都会耐心地给我解答,做活动时总会想出很多"新点子"为活动添彩。两位公派老师就像是我们的大哥哥,有困难时就会伸出援手,帮忙解决。在孔子学院,有七个来自天南海北的姐妹陪着,并不觉得孤单。

工作之初,大家互相磨合,互相体谅。你拿的东西重了,我帮你一把;遇到困难了,你陪着我一起解决。大家就在这种团结互助的环境中,手拉着手,一起向前走。如果时光倒流,我想我还是会坚持最初的决定,在填报的志愿一栏中写上曼松德孔子学院。这一年带给我的是综合能力的全面提升,实现了我对外汉语教师的梦想。我在泰国拥有了自己的第一批学生和"粉丝",也与泰国朋友结下了深厚的友谊。院长说过,你往往会成为工作时第一个领导的那个样子。不知将来如何,但是现在我会学着像她一样,做一个对工作认真,严谨的人。

【登载于《汉舟》第 31 期】

# 我在美国孔子课堂

于慧勤

2017年11月我来到美国波特兰州立大学孔子学院的孔子课堂,成为一名汉语志愿者老师。北部的俄勒冈州波特兰市是美国西北部仅次于西雅图的第二大城市。因气候特别适宜种植玫瑰,市内有许多玫瑰园而被称为"玫瑰之城"。来到这里才知道,它和我国苏州还是姊妹城市,顿觉异常亲切。

## 生 活 篇

在这里,我被安排住在当地美国人家里。我的住家夫妇非常善良友好,他们在生活上给我无微不至的关怀,让初来乍到各方面不太适应的我感到了家的温暖。

到来不久,我就赶上了这里的感恩节。漂亮的桌布、精致的餐具、诱人的烤火鸡……幸福的一家人围坐成一桌享受感恩节晚宴,好不惬意。席间住家女主人问了大家一个问题:你感恩什么?每个人都表达了自己的感恩对象:感恩晚宴,感恩父母,感恩孩子,感恩朋友,感恩工作和生活,感恩生命等。

一向对西方节日并没有太多兴趣的我一下子爱上了这个节日,因为它感恩的主题。中国人的含蓄让我们不善于表达感谢,特别是对最亲的家人,反而说不出一个谢字。而这个节日提醒我们常怀一颗感恩的心感谢身边的人。感谢,就是我来这里这段时间最想表达的内容。感谢路上每一个陌生人友好的问候,感谢每次都会停车让行人先过的车主,感谢友好的同事们,感谢每一个帮助过我的人。

## 工 作 篇

我所在的孔子课堂是当地的一所初级中学。由于签证原因我来得特别迟,这边已经快放寒假了。因此这段时间校长安排我每天听课,并协助老师们做好相关工作。通过这段时间的学习我逐渐熟悉了这里的教育模式,也为下学期的工作做准备。下学期七年级的社会学科有大量关于古代中国的介绍,我的工作是做社会学科的助教,以及做一些汉语教学及文化体验方面的工作。

在学校这段时间里感受最大的就是中美教育模式的巨大差异。虽然之前了解了很多中美教育模式的不同,亲身体验时还是觉得很震撼。

说美国学生是在"做中学"一点都不夸张,拿社会学科的教学来说,老师们真的什么都不讲,但是会为学生提供相关书籍、视频、要用到的软件、网站等各种资料,并通过设计引发学生思考的问题和各种任务来让学生自己学习。

虽然课上不讲知识,但老师的任务并不轻松。老师就是学生学习的设计师,要上好一堂课,老师要做很多的准备工作引导学生一步步由浅入深地自主学习,而不是老师把知识直接告诉学生。学生通过完成各种海报制作、漫画制作或是思考、总结和回答问题等任务来锻炼动手能力、创造力和探究能力等。这种启发和引导式的教育模式让学生保持好奇心和求知欲,并锻炼了学生的自学能力。

此外,完全平等的师生关系,完善的特殊教育体系,现代教育技术的大量应用,对学生评估标准的多元化等都是很值得学习的。

汉语教学有其自身的特点,成为一个优秀的汉语老师是我不断努力的目标。为了不断提高老师们的教学能力,波特兰州立大学孔子学院也积极为老师们提供教师培训的机会。这几天正在参加一个为期9天的汉语教师培训项目,虽然每天奔波于家和培训点之间很辛苦,但还是觉得很充实和开心。很感谢能有这样的机会,能够让我不断学习、不断进步。

2017年即将过去,回想这一年所有的挫折喜乐,心中充满感激。感激家人的关心和支持,感激同济国际文化交流学院老师们的悉心教导,感激2016级同窗的关爱和陪伴,感激美国住家带给我的别样温暖,更感激国家汉办给我提供走出国门锻炼自己的机会。

2018年,新的自己已整装待发,愿你我都心存感恩,如愿向梦启程。

【登载于《汉舟》第32期】

## 在新的环境中寻找自我

黄黎楠

转眼间,来到意大利已经三个多月了,从开始被翡冷翠的无敌美景所震撼激动,到后来自己面对各种生存问题不知所措,再到开始上从来没有上过的四小时华裔儿童班的挑战,我想走出舒适圈的阵痛一直在催促着自己去适应,去学习,去改变,去找到新的自己。

最深的感触还是当一切熟悉的环境不在,一切可以依靠的物质和精神的联系远离,同时在置身于一个与现代化的上海完全不同的文艺复兴古都时,如何去调整好自己的心态,克服身体和心理的不适感,以最好的状态迎接那些迫切想要学习汉语的学生。

身为一个母亲,在知道自己将要带一个平均年纪在7~10岁的华裔儿童班的时候,心里其实没有很多的担忧。直到真的开始上课,14个孩子在市中心Via Laura的偌大的大学教室里玩闹得撒开了花的时候,才知道自己还得更多地学习、不断地进步,需要更多的耐心,用更正确有效的方法去引导孩子,即使是休息时间,也不能只是打打闹闹。

于是第二次课,我便事先用电脑下载好了新版的动画片《西游记》,用动画片导入教学,果然得到了不错的效果。虽然有些四五岁的孩子仍然不是很感兴趣,但是大部分的孩子都被有趣的唐僧师徒四人的故事所吸引。《西游记》极大地激发了孩子们对于中国的兴趣。毕竟,虽然孩子们生于长于异国他乡,但身体里流着的还是中华民族的血液。我想这也是为什么有那么多在国外打拼的华人努力希望让自己的孩子接触中国文化,学习中文的原因。无论在世界的任何一个角落,我们永远不能忘记自己的祖国母亲,不能忘记我们的根。

意大利是一个美丽的国度,佛罗伦萨又是文艺复兴运动的发祥地,可以称得上是人文艺术的宝库。可悠闲的生活节奏也导致很多公共机构低效工作,反馈速度极慢以及人人随性而为的现实情况,与上海紧张高效的生活工作节奏的巨大反差曾经让我真正地理解了什么叫做"文化休克"。不过经过不断的自我调整和适应后,我想现在的自己已经进入了最后的第四阶段——适应阶段,可以舒适地工作和生活了。

未来的9个月会发生什么?微笑迎接吧,勇敢向前,拥抱更好的自己。

【登载于《汉舟》第31期】

## 赴任中的见证

张立辉

转眼间,来到樱美林孔子学院赴任已6月有余。在这短短的6个月里,我在适应和学习中不断刷新对跨文化交流的理解。

赴任以来,我在负责孔子学院的汉语讲座的同时,也有幸参加了一场又一场高水准的汉语交流讲座及文化交流讲座。我参与过樱花祭,中国节,日本高中生夏令营,中戏的歌舞伎学演,上戏、国戏的京剧巡演等好多好多活动,不仅结识了像陆俭明教授、马真先生那样的语言学泰斗,日本的汉学专家古川裕教授等许多位汉语界顶尖学者,还认识了一群活波可爱的樱美林大学汉语专修生和体贴温暖的公开讲座学员们,其中印象最深刻的,是一个叫屋宜花恋的小姑娘,作为汉语专业二年级的学生,她学习汉语虽然只有短短的一年零两个月,但她凭借自己的努力,克服了自己的畏惧和重重困难,拿下了东日本地区汉语桥大赛的冠军。这个不到二十岁的小女孩,夺冠后那双泛着泪水的双眼里,有她一路的心酸历程。作为她的指导老师,我很骄傲,也很欣慰,她给我带来了很多能量。

讲到这里我好像有一种炫耀的感觉,但这是我在樱美林孔子学院历练成长中真真切切的感想与体会。

我是何等有幸,能渡过这样丰富精彩的汉教生活,感谢同济的培养,同时更感谢樱美林孔子学院能为我们创造这么好的工作氛围。在此期间我不仅见证了陆俭明教授的博学与求真,马真先生的热诚与儒雅、古川裕教授的专研与求精,伟嘉老师的明快与执着,璐璐师姐的努力与进取……我更见证了在这一切的幕后运筹帷幄、默默付出的那位老师。他虽然不是站在讲台和舞台的最中间的那个闪光者,但却是最应该接受荣誉勋章的那个人。他就是我们孔子学院的院长——杨光俊教授。

### 见证之一：孔院家长担当

记得初来樱美林,因宿舍没有空调,在办公室管理人员拒绝帮忙解决的情况下,我怯生生地向杨院长汇报住宿情况。平时事务繁忙,一贯雷厉风行的杨院长立即向办公室人员确认情况,并急切地对管理人员说:"房间没有空调怎么行?你马上去联系后勤部部长,如果他说不能安装的话,我再和他联系。"回过头又关切地对我说:"生活上有什么困难一定要和我说,好好工作。"短短的一句话,暖彻心底。

### 见证之二：孔院学术担当

2018年7月13日上午,杨光俊教授把汉语界权威人士召集在樱美林大学伊豆高原俱乐部,召开了"汉语与汉语教学"学术座谈会。与会专家和学者围绕着杨教授提出的"字本位"问题,展开了客观而精彩的探讨。"字本位"问题不仅涉及汉语教学问题,还有一种民族自豪情绪的主张在里面,是一个学界中相对比较复杂的问题。杨光俊教授在阐明这个问题时,从语言自身的角度和语言教学的角度展开了话题,向我们展示了他深厚的学术功底。研讨会上大家各抒己见,气氛热烈,妙语连珠。研讨者意犹未尽,把会议延伸到回乘的车上,听者受益匪浅,激动不已。之后是接连两天的汉语教学学术演讲会,专家们各显身手,奉献了一场又一场精彩而深刻的学术演讲,为各位慕名远道而来的在日汉语教师及学者们带来了宝贵的理论和经验教学。

最后的"汉语与汉语教学"主题发表会,也给了我们这些青年教师展示的机会,并从专家那儿得到许多重要建议与指导。我参与了"如何教好这个班"的主题发言,陆俭明教授给了我许多细致的指导,并鼓励我继续自己的研究。这一切收获都要归功于杨院长对汉语语言学的热爱和对学术探讨的热情。

【登载于《汉舟》第37期】

## 在美国当志愿者：独立面对的异国他乡

蔡志杰

2018年8月我落地美国，成为爱达荷大学孔子学院科达伦中心的汉语教师志愿者。在美国，每个州都有一个州口号，爱达荷州是"疯狂的土豆"，还没来之前我成立了一个微信群，把爱达荷州驻守的志愿者小伙伴集结在网上，称为"疯狂的小土豆"。也许从那一刻开始我就预知自己将要面对的一切。

### 关 于 工 作

1. 上课

本来我的工作内容在爱达荷大学科达伦中心教授社区课，一共设立了1~5五种级别的汉语普通话班，8~12岁青少年汉语体验班，4~7岁的幼儿汉语和成人、幼儿两种不同的文化课，普通话班一周两节课，其他一周一节，一节1~1.25小时，你只负责教学就可以了。但来了以后完全不能这样理解，如果不宣传就招不来学生，不知道你的生源情况你就无法备课，曾经出现的情况是，我不知道我的学生有多少，年龄段如何，汉语级别是怎样的，教材用什么……于是我必须做的就是同一个课同时准备幼儿、青少年、成人不同年龄段不同水平的不同教材教案，什么人来我就上什么课，在9月开学这两周可真是一场鏖战。

2. 课程设计与推广

这本不是志愿者的工作，但却是关系到志愿者实际工作的重要一环。因为前述上课问题让自己一直处于被动状态，我从各方面以事实、数据为依据提出异议，在无数次交涉后给自己争取了自主权：独立设计课程，制定课程标准，结合当地情况独立推广宣传以及招生，制定系列推广合作计划，等等。这些看起来麻烦而费力，但却能够让你的课程有很大的提升,而且可以自己把控节奏,看起来多做了,事实上却是给了自己更多的便利,省了很多不必要的麻烦。敢于提出异议并且执行,其实也是经历了租房、买车这等琐事后的优势:你了解当地地况,知道每一家机构的地址,了解如何用当地的方式做更好的沟通。

3. 社会合作

这通常是由孔子学院中外方院长出面要做的事。但因为我的岗位独居一隅,而我又愿意跟机构打交道,有过几次成功谈判经验之后,院长也授权我去做这些事了。这个合作基本就是你找到相关机构,跟他们谈判合作的可能,通常是提供语言、文化课程或者相关中国内容活动,合作方提供支持,出资、推广或者也纳入自己提供服务的内容范围。这里涉及公司经营运作的内容较多就不展开了,供同学们参考打开思路。9月17日正式在科达伦开展工作,10月收到了孔子学院第一笔奖励支票,11月被授权独立管理并开拓科达伦市场,直接向外方院长汇报;12月新增6家合作机构,把下学期学生人数扩大了10倍,并收到了外方院长希望我能续任的函。期间还两次代表孔子学院在华盛顿州、爱达荷州外语教学大会上做文化课堂主题演讲。

## 一 些 分 享

会有朋友说我自己找累,做了相当多志愿者不该做的事。但不想当"将军"的汉语志愿者不是好同济人,你在多做的同时也是在给自己争取了更多空间和可能,想想你放弃了什么得到了什么以及为什么出来,就会释然。文化风光什么就不说了,待你自己出来体会,斗胆分享几点相关经验给大家。

1. 调整心态,不憧憬不期待

不出来不会体会想教课却没课教的滋味,这是我在志愿者岗中培训中最深刻的体会。因为年长受到很多志愿者的信赖,她们的哭诉总是围绕两个主题:没课教和被役使。其实我理解这都属于心理落差。

**2. 努力做事，不要怕累，也别怕花钱**

所有的累都是有回报的，努力工作必赢得尊重，这会让你以后的工作更顺畅。而花钱的问题，首先生活上要安顿好，住好吃好才有力气工作，其次要给自己提供一定的便利，比如买车，你想活动多少范围就给自己提供多少范围的便利；还有课堂需要，比如特殊的教学用具。

**3. 做好课堂管理**

要来美国当志愿者这一点尤其要注意，我了解下来每个孔子学院都有老师因为管不住学生被投诉。管有时候比教更重要。

**4. 做好学期计划，不让自己瞎忙**

科达伦这边的学期设置，跟国内上下两个学期不同，9月—12月是秋季学期，然后放寒假4个周，1月—4月是春季学期，短暂两个礼拜后开夏季学期直到7月中旬结束，通常是3个12周的教学。一年的时间真的转眼就过去了，计划一定要有才不至于迷茫。

**5. 美国生存技能**

会做饭、会开车、有自信、会争取。特别是最后两点，不要想这是在美国，美国人都这样来糊弄自己，要有自信、有底气得去争取，然后你会发现原来地球人都一样。

最后要特别感谢我的导师以及同济国际文化交流学院所有老师的关心、支持与教导，那些所学以及来美以后的有求必应，不仅是感激，更是我敢于争取的坚强后盾！也要感谢我2017级汉硕同窗的关爱和陪伴，各种分享让我从未感到孤单寂寞。更希望把这些带给学弟学妹们，珍惜每一天相处与所学，心怀梦想，向未知挑战。

【登载于《汉舟》第39期】

# 若叶祭中绽放中国文化之花

程丽娜

来到樱美林的第三周,我迎来了第一个文化活动——在相模原市若叶祭上介绍中国文化。孔子学院的前辈们告诉我,他们将会向日本相模原市的市民们展示剪纸与二胡,并询问了我有哪些中华才艺可以展示,于是我带来的中国结派上了用场。

活动当天,天气非常好,现场热闹非凡,各个展区都在展示他们的特色活动,到处充满着欢声笑语。我带着提前准备好的几种简单又好看的三种中国结——吉祥结,酢浆草结与金刚结,来到孔子学院展区。樱美林大学孔子学院的横幅张贴在最显眼的位置,旁边摆了一对可爱的熊猫玩偶,我和同事挂起春字剪纸、中国结,展区一下子便充满了中国元素。

下午一点,剪纸活动与二胡体验同时进行,我们提前把熊猫、猴子图案的剪纸作品贴在展区,吸引了很多小朋友,他们都很感兴趣,跟父母一起剪出熊猫图案,还迫不及待的要签上自己的名字,得意地把作品带回家。

活动快结束的时候,一个老奶奶来到展区,想要学习立体春字的剪法。老奶奶学得很认真,每一步都按我的说明操作,但因为我的失误,中间不小心剪错了,老奶奶也不生气,反而担心耽误我们的时间。结束时,老奶奶很高兴地表示,她明天一定再来,这也让我备受鼓舞。

第二天一早,我们又赶往展区,布置好崭新的中国结体验区。当我们将中国结的丝绳、样品一一摆开,便吸引了大量市民的视线。活动一开始,就有市民过来询问中国结的制作方法。因为事先准备的操作说明比较难理解,基本都得手把手教他们。由于中国结体验只有我一个人负责,想学的市民却络绎不绝,我真有点应接不暇。幸好有日中友好协会的工作人员在学习之后成了"助教",有了她的帮忙,总算能松口气了。前一天的老奶奶果然也来了,这次她学了吉祥结的编法,拿着完成的吉祥结,老奶奶向我们频频道谢,开心又满足地离开了。

不少前来体验的市民向我们询问了绳子的种类,表示学会之后可以自己在家制作中国结。中国结的受欢迎程度远远超过了我们的预期,从上午到下午我基本没有空闲的时间。这一天虽然很累,但是非常值得!我不仅传授了中国结的制作方法,更将中国结所包含的中国文化传达给了日本市民。

这次相模原市若叶祭共有10多万市民参加,樱美林孔子学院与日中友好协会共同设置的中国文化介绍展区吸引了很多日本市民参与。能看到无论男女老少,都热衷于体验中国文化。我能在其中尽绵薄之力,感到十分荣幸。同时,我也意识到,想要传播中国文化,自身首先必须要掌握一些中国文化知识,多学习一些中华才艺才行呢。

【登载于《汉舟》第42期】

# 我在意大利教汉语

王梦玲

从 2019 年 4 月 16 日赴任至今,已经有两个多月了,我在意大利佛罗伦萨大学下设阿雷佐高中孔子课堂教学。这所高中是阿雷佐最大的公立贵族高中,以艺术生为主,有舞蹈专业、绘画专业、设计专业、理科专业等。意大利高中的学制为五年,所以我的学生来自五个年级,高一到高五,有六个完全不同的班,他们都选择中文作为必修专业,汉语水平参差不齐,从零基础到中高级水平都有。让我意外的是,他们的口语水平没有读写能力强。

每周我的汉语教学课时量为 12 小时,文化教学和行政工作量为 8 小时。由于学生的汉语水平不同,所以备课量很大,教学方法也有很大区别。对于高一、高二年级的学生,我的汉语课堂增加了更多的趣味性,主要通过一些歌曲、视频、图片来提高学生的学习热情。对于高三、高四、高五年级的学生,我会采用一些讨论活动、辩论赛的方式来提高他们的汉语综合运用能力。

为了让学生更轻松地学习汉字,我带着学生开展了汉字体验活动。课上,我先简要地向学生介绍汉字的四种造字法,并以象形字为基础,播放了一段象形字的趣味视频,让学生进行象形字寻找游戏。然后通过图片的方式分别对指事字、会意字、形声字进行了教学,并教给学生偏旁部首"氵""口""讠""亻""扌"等的意义。一节课上完,同学们记住了很多汉字,还知道了一些偏旁部首的意义。课后,我又让学生将学到的知识以海报的形式呈现出来展示在教室里。

在进行"环境保护"相关教学时,我指导学生开展了"保护地球母亲"的讨论活动。通过分享全球环境现状,讨论产生污染的原因,以及如何保护环境。学生们认识到空气污染、水污染的危害,纷纷呼吁:大家应该从身边的小事做起,通过垃圾分类、节约用水、减少使用塑料、乘坐环保交通工具等方式来保护我们的地球母亲。在这个过程中,学生不仅提高了汉语水平,也增强了环境保护意识。

除了在孔子课堂的工作,孔子学院的一些重要活动我也积极参加,比如 HSK 的监考工作、暑假班的教学、孔院日的准备活动等。在意大利的每一天,都充实又忙碌啊!

【登载于《汉舟》第 44 期】

# 外派志愿者随感三则

**王梦玲(2017级汉硕生)**:10月16日上午,我所在的意大利佛罗伦萨大学下设阿雷佐孔子课堂正式揭牌了。自从9月新学期开学,我们的汉语班就已经增加到了7个班,分别是高一到高五年级,学生学习汉语的热情也日渐高涨。揭牌活动当天,学生们精心准备了文艺表演。有小提琴伴奏的诗歌朗诵,有帅气的中国功夫表演,还有学生合唱中国歌曲《我和我的祖国》。阿雷佐的多家电视台对揭牌仪式进行了报道。孔子课堂的开设,对阿雷佐来说,是一个更近距离了解中国文化的机会,看到学生们为了自己的汉语梦不断地努力,我的汉语教学就显得更有意义,希望我的努力,能帮助他们圆梦。

**程丽娜(2017级汉硕生)**:来到樱美林孔子学院让我感受最深的便是这儿的氛围特别的温馨。孔子学院的每个人的都很温柔,善解人意。初来乍到的我慢慢地消除了紧张感,能够很快地投入到孔子学院的工作中去。每一次的文化活动都能遇到热爱汉语的日本朋友们,他们大多长期坚持学习汉语,总是积极参加孔子学院的各类文化活动,这些都让我感动不已。也让我体会到自己必须扎扎实实地磨炼教学技能,才能不辜负他们对汉语的这般热爱。作为汉教界的"小萌新",路漫漫其修远兮,加油吧!

**林冬(2018级汉硕生)**:转眼间任期过半,在这里我想说说对汉语教学的体会:在国际文化交流学院听课以及在厦门大学培训期间我遇到了一些好老师、好同学,接触到了不同的教学法。此前对于该用哪些并且如何有效地运用这些教学法,我曾深感迷茫。不过自从赴任以来,我渐渐找到了相对适合我的教学对象的方法和模式,对"因材施教"这几个字有了更深刻的领悟,此外对"三一语法"的运用也有一定的体

会。不过困惑还有很多,如:怎样设计出效率高的任务或者活动,以尽可能模拟真实的交际环境,从而促使学生高效地输出语言?我还得不断尝试和探索。

【登载于《汉舟》第47期】

# 坦桑尼亚的社交零体距与自来熟

王雪娇

## 零 体 距

跟欧美文化相比,中国的交际体距可以说是很小了,但在坦桑尼亚,你会发现这里的交际距离几乎可以说是没有的,我把它称为"零体距"。这种零体距,表现在人与人在交往过程中频繁的肢体互动和碰触,且互动的人不仅限于熟人,同性别的陌生人之间也可以毫无顾忌地"勾肩搭背"。

有一次我去一个当地饭店吃饭,但不知道应该坐哪一路公交车,于是我决定先到车站,然后找人问路。没想到刚进车站大门,热情的当地人和售票员们立马就冲了上来围住我,几乎脸贴着脸地问:"朋友,你去哪?朋友,来坐我的车吧!"我下意识地先后退了一步,再把目的地告诉了其中一个看起来像售票员的人。下一秒,他就抓起了我的胳膊:"朋友,跟我来!"完全不顾我的挣扎,几乎是拖着我到了一辆公交车前,一把把我推了上去!惊魂未定的我马上向司机确认这是不是去饭店的车。在得到肯定回答之后,才完全相信刚刚那个小伙子的"暴力拖拽"是真的在帮助我,完全是坦桑版的"霸道总裁"啊!

还有一次,学校司机带我们去他家所在的村庄参观,村里遇见一个二十几岁的女孩子,非常热情地跟我们打招呼,我们开心地回应了她,并且简单交谈了几句。不料,接下来她开始要东西了:"你的鞋好漂亮,可以给我吗?""你的帽子可以给我吗?""你的头发让我摸摸可以吗?"在不堪其扰后,我把国内带过来的头绳送给了她。拿到头绳的她一边欢呼炫耀,一边用胳膊勾住了我的肩膀。我尴尬地笑着,也不好意思马上甩掉她,只能任由这个"疯"女孩揽着我走完了接下来的路。

221

除了肢体上的零距离外,坦桑人的私人空间意识也非常淡,比如推销产品的陌生人会在你开门之后的下一秒"不请自进",直接迈进家门。甚至有的人连门都不敲,外头喊一声就拧把手推门而入。有的学生也会在不提前告知的情况下,直接带着朋友到我家咨询课程信息。这些都让自以为做足了文化功课的我措手不及,哭笑不得。开始的时候,遇到这样的情况,我往往以尴尬又不失礼貌的微笑和一连串的"谢谢"加"对不起"婉转拒绝。但后来发现,其实最有效的应对是:先真诚地表示歉意,然后直截了当地告诉对方这样的方式让我不舒服,希望下次不要再这样,最后感谢对方的理解。通常情况下,对方都会停下来,并不会再来打扰我这个外国人了。

## 自　来　熟

如果说坦桑尼亚社交文化中的"零体距"是物理距离的话,那坦桑尼亚人社交的心理距离就可以用"自来熟"来形容了。这从他们的称谓系统上就可以窥见一隅:他们用跟传统中国文化几乎相同的"兄弟""姐妹""爸爸""妈妈"等家庭称谓来称呼不同年龄和性别的人,因此大家在心理上就成为了一家人,正所谓"同是一家人,不说两家话",做起事情来就当然没有了你我之分。

不过,现在的中国称谓只是称谓,不会真的靠陌生的"家人"助力生活,但坦桑尼亚是真的能把陌生人当"家人"。作为生活在坦桑尼亚的外国人,我常常会收到学生和当地人的"短信轰炸",短信内容包括各种问好,询问生活情况,或表达关切(最典型的如"我想你""我很想见你")等。无论你到哪里,当地人都会凑上来和你攀谈,从"你叫什么名字""你是哪国人"到"你在哪工作""有没有男朋友"等,问题五花八门。如果碰到他们正在吃饭,那你一定会得到一句热情的"Karibu(欢迎)",来邀请你品尝他的食物。这个邀请,绝对不是客气和套路。所以,作为礼貌的回应,你应该取一点尝一尝,或者微笑着说:"谢谢,但是我刚吃过,真的吃不下了,谢谢!"

对于请求他人帮助,他们也是"毫不吝啬"的。我遇到过无数学生请求帮忙从中国代购手机、电脑,甚至在国内休假时也收到一个学生的信息,希望我帮忙照顾他刚

到中国的某个表妹。说到请求帮助,我遇到的另一大主题就是"借钱":去吃过一次饭的披萨店老板会因为饭店快倒闭了跟你借钱,外卖送餐员帮他没钱交房租的妹妹跟你借钱,公交车上坐在旁边的陌生人会低声央求你帮付车费……

对坦桑尼亚人而言,作为"一家人",互相帮助是应该的。就像在那里遇到困难的我,数不清有多少次被善良热情的坦桑尼亚人施以援手,最后顺利解决了问题。有一次,一名志愿者王国森告诉我,他在公交车上遇到了一个非常喜欢中国人的老人,在临下车时居然主动帮他付了车费,让他对"非洲人经常问我们要钱"的印象大为改观。

坦桑文化,抑或非洲文化,就像他们的服饰与音乐一样明亮又奔放、热情又朴素。不管走到哪里,当我们遇到这些可爱又古朴粗犷的风俗民情时,我相信,包容与理解一定是最好的心态,微笑与感谢应该是化解尴尬、矛盾与冲突的魔力钥匙!

【登载于《汉舟》第 47 期】

# 第四章　杏坛论道

学科的健康成长,

离不开传道授业者的自我精进与对育人的反思。

小小的《汉舟》,

构筑师生分享成果、思考的"双行道"。

驶向世界的「汉舟」

2018 年 9 月 29 日
星期六（本刊为半月刊）
2018 级第 1 期（总第 35 期）
本期 4 版

同济汉硕的"园地"
驶向世界的《汉舟》

主办单位：同济大学国际文化交流学院　　主编：孙宜学　　本期执行主编：郭漪菲、陈玉桃

## 接过旗帜，传承意志
### ——2018级汉硕班新生入学

2018级汉语国际教育硕士新生及教师在院开学典礼上的合影

2018级汉语国际教育硕士新生在四平路校区图书馆前的合影

9月9日上午，2018级同济大学汉语国际教育新生开学典礼在国际交流学院隆重召开。刘淑妍院长、孙宜学副院长等致辞讲话，李萍老师、2015级的毕业生代表王贞慧同学、2018级新生布茹来、刘珊珊等同学等分别进行交流发言。

刘淑妍院长首先祝贺全体同学考研成功，并对本届新生今后的成长表示由衷的期待。她说，我知道今天坐在这里的同学，很多本科专业并不是汉语国际教育，其实我也不是，我是学政治出身的，现在也依然在不断学习，反而因为有其他专业的基础，我可以用不同的视角、不同的观念来学习，所以在座的同学们切忌妄自菲薄，只有抓住这三年的学习机会，磨炼自身的教学本领，巩固自身的专业基础，才能真正琢玉成器。

孙宜学副院长通过网络连线祝贺新生入学，鼓励同学们拓宽视野、多读好书，利用好同济的学术资源。李萍副教授作为导师代表发言，从自己三年来汉硕指导的经验出发，向新生特别强调了汉硕培养的关键点，希望新生早动手、勤思考、打牢基础、迎难而上。

新生开学典礼上，共有15位汉硕导师参加了开学典礼，新生和导师们做了一次面对面的自我介绍，为今后相互交流的良好开展打下基础。

同心一梦，继往开来，坐在典礼上的我们可能来自不同的地区，曾经就读于不同专业，但是今天我们相聚在这里，共同举起"汉传天下"的旗帜，这意味着我们已经肩负起一个同济汉硕人的使命，那就是让汉语成为文化交流的桥梁，成为互相理解的基石！

（姚伟嘉、郭漪菲）

岁月流金　　我院波林娜同学主持校迎新晚会（左二）

学海拾贝　　同学们认真听潘老师讲语法知识点并做记录

投稿邮箱：tongjihanshuo@163.com　　地址：上海市赤峰路67号　　邮编：200092　　联系电话：65980758

图 4-1　《汉舟》第 35 期：2018 级汉硕生入学

# "汉语国际教育导论"授课进行时

许 涓

"汉语国际教育导论"是汉语国际教育硕士课程体系中具有概论性质的核心课程。本课程主要介绍汉语国际教育的历史轨迹与现状;论述汉语国际教育的学科性质以及多元化观念和多样性做法;分别论述语言学、教育学、心理学、文化学等基础理论对汉语国际教育学科的支撑作用;对汉语要素的构成,汉语作为第二语言教学的特点、理念与原则进行理论阐述;本课程在梳理语言与文化的关系、语言学习与跨文化交际的关系的基础上,强调汉语国际教育的汉语传播与中国文化传播使命;最后展望汉语国际教育的发展趋势。

在教学目标与要求上,本课程试图通过对相关问题的讨论,让同学们从宏观角度较为全面地了解国家汉语与中华文化走出去的战略,了解当前汉语国际教育的形势和任务,明确作为汉语国际教育专业人才应负的使命与职责,并拓展学生的国际视野;本课程从汉语国际教育理论研究和教学实践的实际需要出发,借鉴国内外第二语言教育研究的相关成果,让学生了解汉语国际教育的性质、特点,明确作为国际汉语教师必需具备的基本素质,强化学生的学科意识,为把学生培养成合格的国际汉语教师奠定基础。

根据课程教学大纲的计划,汉语国际教育导论课程现已完成了学科简史、学科定位、国别化概览部分的讲授与课堂研讨。在学科简史部分,主要介绍了汉语国际教育的酝酿期、开创期、确立与深化期和转型期。就这四个时期的时代背景、教育特点、教育成果进行了较为全面、深入的分析与归纳;在学科定位部分,在讲授学科的名称、体系、特点的基础上,就学科的内涵与外延进行了必要的定位;针对汉语国际教育既面向国内、又面向海外的特点,在学科定位的基础上,强调了汉语国际教育实践中的多元化意识与多样性做法，关注国别化汉语教育概况。这一部分，课程要求每个同学自选一个国家，课下搜集相关资料进行梳理、归纳，课上进行交流，教师分别点评后，再要求同学们就部分内容进一步修改、完善，最后提交书面作业。

2015级汉硕班的同学们在课上和课后作业中都表现出对课程内容浓厚的兴趣和强烈的求知欲。在课堂上，同学们认真听讲、认真做笔记、积极配合教学安排互动交流；在课后，同学们索要教学课件、认真完成国别化概览的资料搜集、梳理、归纳与发言准备。在国别化概览的课堂交流中，有的同学表现出独到敏锐的眼光；有的同学显示了较好的学术功底；有的同学在阐述自己的观点时老练从容；有的同学善于用问题来启发听众；还有的同学对所选国家的语言文化已经有了较深的了解，因此已经突破手头资料的局限，登载了自己提炼的观点。当然，在交流中，同学们的发言也反映出一些问题。比如有的同学对国别化概览的介绍仅限于该国的孔子学院；有的同学发言提纲将包含关系的两者作为并列关系处理；有的同学对于汉学与汉语国际教育的概念需要重新定义，以便在国别概览介绍时对主要内容加以侧重，分配合理的容量比例；有的同学对教学模式、言语技能教学等基本概念还需要更加准确的理解；有的同学资料来源较为单一，只取某一学者或者某篇文章的意见为依据。目前，国别化概览这一环节的教学已经进入教师课堂点评后、同学们继续修改与完善的阶段，期待同学们继续发挥优长，弥补不足，以各自的最高水平，提交一份优等的书面作业。

所谓教学相长。在汉语国际教育导论的备课、讲授、课上课下与同学们的互动交流中，作为教师，本人在学科理论知识、教学方法等方面也得到了提高。在此，对汉语国际教育专家指导委员会的指导与信任、对汉硕课程组同事们的热心帮助以及2015级汉硕班同学们的积极配合表示衷心的感谢！

【登载于《汉舟》第2期】

# 江南之珠：秀美园林

夏雪飞

"江南好,风景旧曾谙。日出江花红胜火,春来江水绿如蓝。能不忆江南?"白居易的这首诗在中国可谓家喻户晓。对中国人来说,这首耳熟能详的诗歌会使人的眼前立即出现江南的美景,诗人一个简单朴实的"好"字唱遍了江南无法用言辞表达的美好,如诗如画,如天堂落入凡尘。江南成为了"美"的代言词,行走在江南的山水之中,美景使人目不暇接,流连忘返。江南之美,美在丝绸;江南之美,美在诗画;江南之美,更美在园林。江南人杰地灵,独特便利的自然环境,富庶的城市,道家及玄学思想的盛行,以及仕途给世家大族们带来的社会地位和经济收入,催生出了江南独有的建筑文化,也即江南的园林。

江南园林之美,美在"天人合一",人与自然万物一样,在天地间经历着四季变迁,莺飞草长。"天人合一"是中国传统思想中一个重要方面,如何处理"天"和"人"的关系,中国人很早就做出了思考。江南文化的"天人合一"在江南园林中得到完美体现,江南园林既可见自然之美,也可见人力之美,二者合二为一,是天人合一的杰出代表。江南园林是一个个自然山水的缩略图,更是设计者们智慧的象征,巧妙的构思将人为的因素都掩盖起来,苏州园林中的路径和池水,全都是曲折的,不规则的,没有两处相同的景物,也不讲求对称,一切都是自然而然,率性而为。

江南园林之美,美在其土木之功,木头是主要的建筑材料,这种软性的富于变化的材料表现了江南文化中的柔美性质。中国传统文字中,用"土木之功"来指代建筑,可见土和木在中国传统结构中的重要性,直到现在,"土木工程"一词还用来指称对建筑结构的研究。江南园林中的建筑,多以大块的木料为构架,这个构架是整个建筑最重要的部分,其余的一切都是从这个构架上延伸开来的。屋顶的重量由椽传到梁,由梁传到柱,再由柱传到地基之上,土和砖筑成的墙也只是柱和柱之间的填充,没有承重的功能,这一特征给予建筑更多的灵活性,可以根据具体情况决定窗和门的数量和分布。所以,在江南园林中,建筑物的墙上常常有很多扇窗子,设计者们也可以尽可能多地通过窗子的镶嵌组合使建筑本身更好地融入到风景中。尤其是江南园林中随处可见的亭子,只有构架,没有墙的填充,如一把把撑开的伞,自然地融入自然,微风细雨中,与两三个挚友坐在亭中,或品茗论道,或鼓琴唱和,人如在画中,画又在微风中流动,别有一番情趣。

江南园林之美,美在其高超的营造技巧上。苏州园林可谓是壶中天地,苏州"网师园"小巧而且层次丰富,可谓"壶中天地"的代表,网师园设计精巧,曲径通幽,在静寂的小路上徜徉,有种置身世外之感,静心感悟,仿佛能够听到小轩窗下少女的嬉笑和饱学之士的读书之声,景在境外,境在景中。如果遵循的是不同路径程序,也即逆时针参观或者顺时针参观,参观者会看到不同的景观,一遮一露,一掩一显,让整个园林显得更加多姿摇曳。

江南园林之美,美在其一草一木之间。竹子历来为文人所爱,其绿叶苍翠,枝干笔直,生长快速,易于成林,它既是花之四君子之一,又是岁寒三友之一,君子一词,是文人立身处世的根本,孔子曾说:"君子坦荡荡,小人长戚戚",用君子来代表完美的人格。荷花与竹子一样,也象征了一种高尚的人格,荷花所代表的高尚的道德和人格也是其被广泛种植的重要原因,园林主人需要以此来彰显自己超越世俗、孤高淡泊的人生理想。

在中国建筑史上,园林的功能主要是休闲娱乐,即使是身在朝廷的官宦,公务之余也常常喜欢到园林中享受短暂的隐逸。明清时期,江南经济发达而且有很好的人居环境,所以很多曾经的官宦都聚集于此,脱去朝服的他们当然不会虚度这样美好的时光,精巧美丽的园林不仅仅可用来居住,而且是文人雅士们聚集的重要场所。明清园林在给文人雅士、富宦巨贾们提供集合之所外,也为女性提供了一个公共的空间,女性在这一的空间中,能够感受到自然之美并参与到文人雅集的活动中,形成

了明清独特的才女文化。

中国文化源远流长,博大精深,而且极富创造力,从原初中原文化的中和之美发展到不同的地域、不同的阶段,都表现出了各自独特的地域色彩,既有北京颐和园式的大气磅礴、雍容庄严,也有山西园林那样的富贵和厚重,岭南园林的知性文雅,同时也有江南园林之秀美。江南物产丰茂,风景宜人,经济繁荣,历史上的江南曾经文人雅士、官宦巨贾云集,这些都造就了江南文化的独特性,江南的园林文化在中国园林文化中举足轻重、影响深远。正是这些不同的地域文化,才铸就了中国文化的宏伟大厦,使得中国这片辽阔的土地,在世界的东方与日月同辉。

【登载于《汉舟》第 2 期】

## 2015级汉硕"语言、文化、教育专题讲座"课程小结

赵 莹

2015年9月到11月，本学期汉语国际教育硕士课程——"语言文化教育专题讲座"围绕着孔子学院及海外教学、中国文化和世界文化、第二语言课堂教学技能、汉语研究方法、学校及学科发展等几大类共开设了七场讲座，这些讲座内容丰富、扎实、兼具理论高度和实用性，获得了学生的一致欢迎，同时也吸引了院内外教师前来共同学习、研讨。

在孔子学院及海外教学类讲座中，我校孔子学院办公室程妤副主任的"开通文化交流的高铁——孔子学院十一年"从国家宏观战略的高度，提纲挈领地讲述了孔子学院的概述、历史、组织、项目和研究情况，并以我校承办的4所孔子学院和2个孔子课堂为例，介绍了它们的汉语教学情况及所开展的文化活动的特点。在"日本汉语教学现状及对汉语教师的期望"这一讲中，樱美林大学孔子学院院长杨光俊教授介绍了全日本，尤其是日本孔子学院的现状以及中日关系等问题，并鼓励学生要具有专业意识，在前辈先贤研究的基础上，总结具有普遍性的经验，学好汉语国际教育这门学科。"在西方讲东方——谈在德国的汉语教学经历"是我院资深海外汉语教师叶澜副教授回顾自己多年在德汉语教学经历，与学生们分享的经验与思索。讲座分为在西方的视角、在西方的处境、在西方的教学、在西方的文化交流和传递几大部分，通过大量图片介绍了德国的情况，并介绍了20世纪初在德国讲学，曾任同济大学校长的郑寿麟前辈的事迹和渊博才学，提出了汉语教师应该具有学贯中西的学识和海纳百川的胸襟，鼓励同学们"走遍天涯海角，你将永远以你的母语为骄傲"。

在中国文化和世界文化类讲座中，原德国汉诺威孔子学院中方理事长、我校德国研究中心胡春春副主任带来了"海派文化，中国文化和中国梦"。讲座从王安忆看

海派文化、从西方看中国文化、从中国梦看中国几个方面探讨了什么是中国文化以及在对外汉语教学过程中如何传达中国文化,如何把中国的故事说好,让西方主流话语听懂等话题。

第二语言课堂教学技能类讲座解决了汉硕学生在教学实践中的切实所需。我院青年教师凌璧君博士的"如何给外国留学生讲汉语语法"以"戏法人人会变,各有奥妙不同"开篇,围绕"展示、讲解、练习、归纳"这四个语法教学环节,结合大量常见疑难语法点,通过实例的讲练,使学生清晰地了解了对外汉语语法教学的全过程以及具体操作技巧。

本学期的汉语研究方法类讲座,上海师范大学对外汉语学院任海波副院长从语料库的发展历程、语料库分类的多样性、汉语研究目标与语料、语料应用的原则方法、词语辨析研究的原则以及虚词辨析的研究案例等方面为研究生们介绍了"语料库语言学在汉语研究和教学中的应用",同时也与学生们分享了自己应用语料库的研究成果以及处理语料的方法和技巧。

学校及学科发展也是我院师生关注的重点内容之一,我校发展规划研究中心主任蔡三发研究员的"大学评估与世界一流大学建设"主要探讨了高等教育排名原则、世界大学排行榜、国内大学排行榜、各类学科专业评估和有关世界一流大学建设的话题。讲座同时介绍了同济大学在国内和世界大学排行榜中的表现,以及同济大学建设世界一流大学与一流学科的发展规划。

在为期九周的讲座课程中,我们也欣喜地看到了学生的成长。从开始时的课堂注意力集中度不高,与讲座教师缺乏充分有效的互动,到后几次讲座时的积极参与,讲座间歇时间甚至结束后还争分夺秒地向老师请教,这些都反映了学生对本专业知识的认识和理解正在逐渐加深,并在实践中检验所学,有了自己深入的思索。如在最后一讲"大学评估与世界一流大学建设"的提问环节,曹璐同学提出了"专业学位的发展对同济大学建设世界一流大学可以起到哪些作用"这一既切合讲座主题又结合了自身专业特点的问题,得到了讲座教师的肯定。

本学期语言、文化、教育专题讲座课程圆满结束，学生普遍反映这种集中讲座的方式对于全面了解专业所需、提升自身综合素质大有帮助，并希望今后可以聆听到更多关于第二语言课堂教学技能、中国传统文化（才艺）及当代中国热点问题、世界文化及文化对比、实习就业指导、汉语语法研究、孔子学院发展研究及各国孔子学院工作、第二语言教学研究、对外汉语及汉语国际教育学科发展等多方面的讲座。今后我们课程组将继续邀请院内外名师，为汉硕学生奉上更多既具有较高专业水平，又能满足学生切实所需的高质量的讲座。

【登载于《汉舟》第 5 期】

# 谈谈中华文化才艺展示这门课

叶 澜

中华文化才艺展示,已成为汉语国际教育中必不可少的一项内容,无论对外交流、语言教学,才艺的展示都成为一种非常积极有效的手段,既符合汉语学习者对中国文化的预设与期待,也合乎汉语本身的起源特质,中华文化的推广者们已在实践中身体力行。远的不说,从海外孔子学院或中国中心设的最初教学内容来说,有中华厨艺、中国茶、中国功夫、书法、太极养生、中医养生、《三字经》《弟子规》诵读,阐释了在世人眼里的东方意义和我们自己认为的文明古国的要素,这些无疑都起到了很好的作用,勾勒了独特的中国图像。教学者使出十八般武艺,竭尽全能,解读自己眼中的祖国文化,用最好的一面去影响中国或汉语的爱好者们。

## 中华文化才艺究竟是什么?

查询了辞典与资料,我们看到了一些解释;也在资料与报道中,看到了一些别的专业机构的理论与实践。可以发现,中华才艺的展示很重要,这一点是有共识的,但什么是中华才艺?究竟是目的还是手段?还是都有?此外,如何将中华才艺融入教学?这些问题都是各有各的理解,而如何展示,也各有各的做法。我本人也在国外的教学中,除了在语言课上讲解中华文化的意义,还为我的学生也讲过书法,讲过茶道,演示过太极,展示过中国饮食。至此,我依然小心翼翼,没有把它称之为课程,因为一门课程的设置,我的理解是:要有相对完整的知识结构,要有一定的课程标准、较成熟的教学体系及有经验的教师。都说中华文化博大精深,可当我接到开课通知的时候,大有守着金山银山,却要做无米之炊的巧妇之感,茫茫然不知所措,于是我们面临一个问题:究竟如何展示中华才艺?

## 中华文化才艺如何展示？

传统文化才艺的丰富多样，使它传递的种类和方式有各种可能性，可以做很多选择；从实践看，较多可能是教师具有什么才能，就会选择这一项才能进行教授；同理，由于个人所具备的才能有限，在传递什么才艺的问题上，也是很有局限性的，加上教学环境的制约等几个方面因素的影响，使得中华才艺的展示变得"五花八门"。虽说可以八仙过海，各显神通，但也难免舍本求末，挂一漏万，捡了芝麻丢了西瓜。而引起的结果，必然使接受者处在一个茫然之中，会形成接受者瞎子摸象的理解。而目前问题是：没有统一的说法，没有成熟的教材，没有固定的教员，没有可依的标准……

## 我们的责任

对于中华才艺的理解，我们既把它看作中华文化的独特性体现，将它作为文化主体一部分，也看重它作为语言教学之辅助功能。显然，这是与它的自身地位相符的。而中华才艺展示作为一门独立的课程，蕴藏着设置者对文化才艺的意义与功能的深刻认同与巨大热情，在这一点上，作为开课者的我们，认识同样是坚定的。但同时，我们还想厘清它与传统课程中华文化经典之类相关课程的关系，界定自己的有效存储：(1)内容上的取舍，(2)精神上的阐释，(3)形式上的体现。于是，便有了课程的宗旨："本着身体力行弘扬中华文化的宗旨，在中华文化经典和跨文化交际等课程的理论准备基础上，视中华才艺为中华文化的具体展现，以一些普遍为国际社会所喜闻乐见的、显示中华民族特色的才艺为例，做知识的归纳和特质的阐释，并以一定的形式展示出来，将中华文化化为一些可感觉、可触摸的方式，得以学习和传递。"

综合考虑后，我们将课程按文化内容分为四大单元：语言文字类（书法书画艺术、古诗词吟唱、传统戏剧等），生活民俗类（茶艺、饮食文化、传统节日等），手工艺制作类（中国结、剪纸、刺绣等），中国功夫类（太极拳、气功、武术、中医要义等）。同时

设定了教学目标与要求：熟悉知识，掌握技能，善于阐释，工于展示。教学通过讲解、观摩、讨论、小组练习实践等方式，使学员熟练掌握有关知识要领、精通一两样可以独立展示的才艺。

内容有了，目标定了，但教员呢？个人的才能毕竟是有限的，集大家所长，才有可能更全面展示，所以教员由我们的教师、专家、能人共同担任。我们凭着这样的认知和信念，将这门课"无中生有"了。

## 我们的理念

这是一门并不成熟的课程，但我们以成熟的心态去对待它。承认它的不完善，努力去使它圆满。学习才艺，体会精神，内容上积极探讨，课堂模式共同合作。我们将最初的问题依然全盘托出，给了每个参与者：中华才艺究竟是哪些？什么最能体现中华文化、中国精神？传达的方式是什么？适合怎样的对象？与别国的文化才艺有何异同？结论在比较中，成果在过程中。我们将在与其他文化才艺的比较中，找到中国文化的精髓。"不以己之长而骄人"（郑寿麟语），以踏实谦逊的态度，成就我们引以自豪的中华文化才艺的传承与展示。我们的课也在与其他课程的协调中，确立这门课程的意义。米已下锅，期待众人拾柴！

中华才艺展示这门课，由我与丹东老师合作。前半部分，由丹东老师讲述书法绘画，后半部分由我和一些邀请来的专业人士承担。在此也感谢院里雪飞、郑婕、刘根洪等老师的奉献与鼎力支持。

【登载于《汉舟》第 6 期】

# 我们将如何教与学？
## ——《无限制的学习——下一代远程教育》读书札记

姚伟嘉

在准备"现代教育技术应用"这门课的过程中，我旁逸斜出地读了不少有趣的"杂书"。《无限制的学习——下一代远程教育》(莱斯利·莫勒、杰森·B. 休特编，王为杰译，华东师范出版社，2015)就是其中之一。在课堂上，我们学习过美国教育传播与技术协会(Association for Educational Communications and Technology, AECT)先后于1994年和2005年对"教育技术"的两次定义，此书是根据AECT2010年夏季学术研讨会上发布的研究成果编撰而成的。它向读者传递了这样的信息：无限制学习的新范式开始形成，我们所熟悉的校园将面临颠覆性的变革。作为数码原生代的新一代学习者已经做好了准备，教师们是否能调整好自己以应对巨变呢？这本书带给我很大的震撼和启发，将数条札记与大家分享。

### 该修造诺亚方舟了

杰森·B. 休特(Jason B. Huett)在引言一开始说了这么一段话："你听到的是堤坝正在崩裂的声音……学习王国正在经历着根本性的改变。几十年来，有一道堤坝保护着我们，使我们免受教育和技术变化造成的巨大波浪的冲击，现在，这道堤坝就要垮塌了。这道屏障最初源于根深蒂固的教育、政治和经济体系，你若仔细倾听，就会听到它正在压力下痛苦地呻吟。"(1页)Huett认为基于网络的技术给学习带来了革命性的变化，重塑了教育的过程，与此同时，一种将"学习过程的控制权交到学习者个人手中"的朴素意识也得到了越来越多人的支持。

让我们反思一下自己的学生生涯，是否有过这种荣幸——由自己决定某门课或仅仅是某节课学什么？中国的学子对这样的课堂可说是极其陌生的，但我猜任何人都不会拒绝这样的课堂——从网易公开课的点击率可见一斑，而越来越完善的学习网站(如沪江)也是通过"私人订制型"的学习服务吸引更多用户。

在一个允许任何人在任何时间、任何地点学习任何东西的知识环境下，学校和老师将何去何从？"洪水说"并非危言耸听。

## 成功在线课程的研究

"在线学习"是否能达到和现实课堂学习相同的效果？大部分教师都是持否定态度的。但书中《关于远程教育中设计和学习过程的再思考》一文，通过对杨百翰大学(Brigham Young University)一门教育课程进行的研究表明：在线学习能达到与面对面学习相同的教学效果，而学生的体验评价甚至高于面对面课堂。

该研究项目所关注在线课堂主要通过异步视频(参与者不必同时在线，可在不同时间查看对方留下的视频)进行学习沟通。但从第一轮研究开始，学生就表示，得到了比传统课堂更多的个别化反馈(教师—学习者互动增加)，课堂参与度也更高(学习者—学习者互动增加)。

通过三轮研究，实现了一个较为完善的异步视频学习模式建构。同时证明：教师人格(个人品质)对教学成功的重要性。后者似乎并不是什么新鲜的发现，但也许它正是"诺亚方舟"的龙骨。作者坦言目前尚不确定哪些品质会对学习者产生最持久的影响，不过也指出："最相关的品质最终可能不是那些与魅力有关的人格特征，而是如下各种能力的综合：表示赞赏和认可的能力、对进步表示适度认可的能力、支持设置高期望的能力、尊重学习者个人选择的能力等。这些能力或将成为以后远程教育设计中教师角色的标准。"(69页)

"教"与"育"在中国被分解成"教书育人"。知识的传递可以借助电子媒介完成，而真正的"传道、授业、解惑"，短时间内还是得由品格优秀的教师来完成。

## 学习可以"一心两用"

《满足在线和开放学习环境中学习目的和目标的教学材料传递方法的效果》介绍了一项"无心插柳"的研究。该研究考察一门在线课程中基于音频或基于文本的内容材料的有效性,结果发现单纯使用音频的学生期末评估的成绩要比单纯使用文本资源或同时使用音频和文本资源的学生高。

研究中,佛罗里达67名参加在线选修课的高中生被分成三组,第一组只接受音频传递的教学材料,第二组只接受文本传递,第三组可同时接受音频和文本传递。提供给三组学生学习时间是一样多的,但测试证明,只用音频的第一组在"陈述性知识"和"概念应用"的测试得分都远远高于后两组。而这组的学习过程往往是"一心两用"的,只有5名同学说自己在收听过程中会记笔记以强化记忆。其他同学都在"做别的事"——5名在线收听材料的学生表示自己同时浏览着社交网络或其他网页,18名将音频下载下来的学生在收听过程中修剪草坪、做家务、开车、做其他功课……然而他们却真的"学到了"。

这一研究结果与设计者预先的猜想差别甚大,他们本以为"多通道教学组"(音频+文本)在评估中的表现会最好。而事实上,第三组同学绝大多数还是选择在线看文本,并没有发挥多通道的优势。这或许和学习时限有关,导致学生无法对大量的教学材料作深层次的互动。而"音频传递组"因音频显而易见的便携性,让学习者在聆听过程中还能执行如打扫卫生、开车等只需最低限度认知负荷的自动化任务,降低了学习压力,提高了生活效率。

研究者并不提倡废弃文本材料,但指出手机、IPad、MP3、可穿戴设备给了学习者更大的控制权去决定如何利用和消费时间(从上面的研究可见,学生对此适应得很好)。教师准备教学材料时应更多关注那些对特定学习环境最为有效的高质量教学的传递方法。

## 为"远程教育"正名

什么样的教学方式可称为"远程教育"？AECT 的学者给出这样的定义：学生与教师在时间和地理空间上永久性(根本地)分离，利用电子化工具进行沟通，并被一个正式机构提供的课程所录取。(277 页)

"远程教育"的发展可以分为四个时代："函授课程""广播电视课程""网络课程"以及利用双向音频和视频技术创设的模拟传统面对面课堂环境的虚拟课堂。无论哪个时代的"远程教育"，学生都有较高的步调自由度，而师生互动、生生互动的程度随着技术的发展而越来越高。

但目前来说，远程教育有两大障碍：其一，开发个别化课程的成本高。仅仅发布 PPT 与讲义是无法达到良好教学效果的，需要一个教学设计团队从学生的角度出发去设计恰当的教学策略，在知识更新速度如此之快的当下，这样的开发成本相当大；其二，教职员工工作负担增加。根据 Dibiase 和 Rademacher(2005)的调查，承担远程教育课程的教员工作负担增加了 30%～85%。(281 页)如何更好地提高远程教学效率，将是未来技术发展的方向。

【登载于《汉舟》第 8 期】

## 沪语的丰富性值得保护[①]

伍 江

解放前,上海就是"五味杂陈",各个区域特点不同,说的主体方言也不一样。你到杨浦区工厂里一听,可能都是讲苏北话的。上海从来就没有过一个统一的声音,她的声音特点就是多且杂。

丰富性和混杂性之外,上海这个城市内的各种方言还有一种强烈的对比性,这是它的第二个特点。就好像是绘画里的点彩派,不管颜色怎么混,原来的颜色还在。如果是一幅完整的画,还是能找到原来的点。在上海,你依旧能找到很纯的沪语、苏州话、苏北话等,原点与原点之间既相混组成了画面,又在互相之间形成张力和反差。有对比性的"搭配"非常适合上海,比如传统与现代、优雅与世俗、地方与国际。

上海声音与空间存在对应性。好多人说,上海的声音发生在里弄、石库门里,来自市井文化,其实它不仅仅是弄堂的声音。比如说到了徐汇区,到了从前的法租界,弄堂的声音就消失了。即便是弄堂的声音,从黄浦区到杨浦区也各不相同,这边是苏州话,那边是苏北话,空间的对应性非常强烈。过去的舞厅里,上海话还是主要沟通语言,到了官场上可能就变成普通话了,而到了音乐厅就要说洋文了。

有趣的现象是,现在办公室白领都是普通话夹杂着英语的。大学校园里,还流行着一种"校园普通话"——上海话不像上海话,普通话又不全是普通话。你一进这个环境自然会说这种话,因为这是一种小环境的认可。

【登载于《汉舟》第 9 期】

---

[①] 选自 2015 年 11 月 24 日《文汇报》。

# 谈毕业论文的准备

刘运同

## 为什么谈这个话题？

这要从两个学生的故事说起。

我的一名硕士生在第一学期的时候就找到我，对我说，她已经准备好了三个毕业论文的题目，请我看看行不行。

第二个学生是我的女儿，她今年是大四的学生。因为大四的课很少，她经常呆在家里。我问她为什么不开始准备毕业论文。她回答说，他们的老师说，现在还不用开始，要等到下学期才开题。这也就是说，从论文开题到写作完成、答辩都要在繁忙的第四学年的最后一个学期完成。这样的大四是不是太匆忙了呢？

## 什么时候开始准备、如何准备？

正如我的那个硕士生一样，有些研究生一进入校门就开始着手毕业论文的事情。这样做是好是坏呢？我对我那个硕士生说，不需要这么早就开始考虑论文的事。对她来说，当前最重要的事是学习，是读书。

对我们的专业硕士生来说，更需要抓紧利用第一、二年的时间来提高自己的教学技能，同时提升自己的分析和研究能力，为毕业论文的写作奠定基础。具体而言，我们希望专硕学生在学习和教学活动中，不断提高自己的分析和观察能力，能够找出学习中遇到的一些问题，进行系统的积累和记录。作为一名未来从事汉语教学的教师，我们在学习和实践中会遇到大量问题。这要求我们要具有敏感性，对遇到的问题多问为什么。首先我们可以通过查询资料或向有经验的教师请教，看这些问题是否已得到解答。对已有答案的问题,我们当然仍旧可以追问,是否真的有效。对一些没有解答或解决得不好的问题,就要进行记录,进行思考,看看是否可以找出答案。

例如:"人家"一词,有的工具书(如《现代汉语八百词》认为,可以称自己,等于"我",稍有不满的情绪。但《现代汉语词典》(第5版)认为,"人家"指"我"有亲热和调皮的意味。那么,"人家"指"我"时到底包含什么意味?是否如有些教师宣称的"多用于女性",等等?这些问题都需要进一步思考和研究。

除了课堂的学习、实习等环节,多参加一些讲座和交流对学生发现问题也是十分重要的。这里还包括多阅读跟自己专业相关或不那么相关的文章或书籍(鲁迅先生主张多读闲书),从中得到一些启发。北京大学著名的比较文学专家乐黛云在《中国文化报》上发表了一篇文章《从中国文化走出去想到林语堂》,分析了林语堂为何能够成为向西方介绍中国文化的成功作家,对我们从事汉语国际推广的人很有启发。从微信朋友圈的转载上看到这篇文章,我当时想,如果能够把从古到今从事文化交流的知名人士的故事进行梳理,也许可以发现一些对今日很有帮助的想法和做法(如果将来有学生以此为题写作毕业论文,别忘了谢谢我)。

这个过程我们可以称之为找题目。找题目其实就是进入了论文的准备阶段。能够在学习或者教学实践中找出将来可以研究的题目,对完成毕业论文来说其实已经成功了一半。有的研究生"快乐"地度过了前面的学习阶段,等到要写论文时才发现自己处于"茫茫然"的状态,不知道应该从哪里开始,也不知道应该选择什么题目来做论文。

与找题目并行并且更加重要的一项工作是读书和研究。有很多知名的语言研究大家都对汉语作为第二语言教学或外语教学很感兴趣,例如吕叔湘先生、陆俭明先生等。因为在汉语或外语教学当中才可以发现平时无法发现的一些问题,帮助对一些理论进行检验。但是发现问题并不是目的,解决问题才是目的。为了解决问题就要掌握解决问题的工具,这就需要学习。除了学院教学计划安排的各门课程,学生自己还要通过自己努力掌握一门比较精通的学科或学问,做到门门通、一门精。在教学时我们都知道"你把饭吃"这样的把字句是不合语法的,但是如何解释这种现象呢?冯胜利先生从韵律语法的角度来解释这个问题,不仅解决了把字句"动词不能挂单"问题,也解释了其他动词加重的现象。这说明,只有拥有丰富的工具箱,在真正遇到问题时才可能找出解决问题的方法。否则发现问题再多,也无济于事。要拥有丰富的工具箱,只有靠平时的学习。因此,我不赞成学习早早地开始收集资料、动手写毕业论文;而应该花更多的时间在学习上,为论文写作做准备。当然为了练习,动手写作一些小论文是应该鼓励的。

## 一些建议

如果你的问题是什么时候开始准备毕业论文,那答案很清楚。从你开始硕士阶段的学习那一天就已经开始了。如果你的问题是什么时候开始写毕业论文,那真的不用那么着急,一般是最后一年甚至最后一个学期才真正开始写作毕业论文。但是我们的观点十分清楚,你应该早早地开始准备毕业论文,准备包括两个方面:找问题、找方法。

【登载于《汉舟》第9期】

# 跨文化比较漫谈

陆 辛

比较是人类的一种基本思维方式。在人类历史的发展长河中,因为不同民族和不同文化形态的存在,存在着不同文化之间相互交流的可能,伴随着人类物质文明生产生活的发展,异质文化之间发生接触,文化之间的比较不可避免。正是由于各种文化彼此之间不断地交流、碰撞、吸收、融会和改造,人类文化的宝库才得以不断丰富。

今天的世界比以往人类历史上任何时期都更紧密地连接为一体,对外汉语教学活动或者说汉语的国际传播工作,都需要面对的一个无法回避的命题,就是中外文化的比较问题。"中外文化比较",作为一门跨文化与跨学科、理论与实践相统一的课程,正是立足于第二语言教学所必然涉及的中外文化的比较与跨文化交际问题,系统介绍中外文化的历史发展进程及其多元性内涵,通过比较分析中外哲学精神、宗教观念、政治体制、法律体系、文学艺术、社会价值观、伦理观的异同与典型特征,帮助学生系统掌握中外文化的本质和精髓,提高学生对中外文化的理性认识,加深学生对世界文化的多元性思考,从而使之具备世界性眼光和开阔的多元文化视野。语言和文化的关系不可分割,中国文化和中国的语言一样,不是某种一成不变的抽象事物。我们永远是在用当代意识来观照过去的"文化既成之物",不断进行新的解释,赋予新的含义。与外国文化尤其是西方文化的比较,可以让我们找到更多的参照点去思考如何理解中国传统文化,用什么样的传统文化去和世界交流,以及如何交流,通过什么方式去交流等一系列重要问题。一般而言,汉语国际教育在文化比较与跨文化理解这一领域,我们需要引导学生警惕一种主义、尊重一种主义、践行一种理念。

## 警惕文化中心主义

从理论上讲,无论是不同文化体系之间还是同一文化体系的内部的各集团之间,差异性总是普遍存在的。一种文化笼罩下的群体成员,在自己熟悉的文化氛围下生活会在心理上感到舒适和习惯,当进入"他文化"时,会在心理上产生陌生和异样感。尤其在面对异质文化的时候,文化中心主义几乎成为每种文化与他文化接触时一种源自对自己文化自豪或维护的本能反应。这一主义对文化发展所产生的直接消极影响是造成文化短视,而文化短视则会导致狭隘的自负,最终成为文化帝国主义的温床。

## 尊重文化相对主义

近代以来,现代西方文明兴起以后,在实践上把文化中心主义发展到极致,以自己的文化为标准来改造和教化其他国家或民族,文化征服随着帝国主义在政治、军事上的扩张对非西方文化大举伐挞,"西方文化中心论"甚嚣尘上。文化究竟有无优劣之分,西方文化是否注定要取代非西方文化,人类学研究中的"文化相对主义"从理论上对文化中心主义进行了有力的反拨。其基本观点是,任何现存的文化都是有价值的,这些文化所包括的价值观念、思维方式以及行为模式一般都经历了漫长的历史进程而形成,不仅被享有它们的群体所认同,而且一代又一代地延续下来。文化相对主义为跨文化研究奠定了基础。我们在倡导文化相对主义的同时,也要看到其自身存在的矛盾和弱点,只强调本土文化的优越而忽略本文化可能存在的缺失,只强调本文化的纯洁性而反对与其他文化交往,只强调本文化的统一而压制内部的求新求变的积极因素,最终陷入文化保守主义的泥淖。

## 践行"和而不同"的文化对话理念

"和而不同"语出《左传·昭公二十年》,里面载有齐侯和晏婴的一段对话,齐侯

对晏婴说:"唯据与我和夫"。晏子对曰:"据亦同也,焉得为和?"公曰:"和与同异乎?"由此引出晏子关于"和"与"同"的一大篇议论。他认为"不同"是事物组成和发展的最根本条件,君臣之间也是这样。国君所认为行而其中有不行的,臣下指出它的不行的而使行的部分更加完备。国君所认为不行而其中有行的,臣下指出它的行的部分而去掉它的不行,因此政事平和而不肯违背礼仪,百姓没有争夺之心。但是现在据这个人不是这样。国君认为行的,据也认为行。国君认为不行的,据也认为不行。由此引申出"和"与"同"的意思是完全不相同的,"和"是有差别的,"同"则是无原则的盲从。只有在有差别的"不同"基础上形成了"和",事物才能得到发展,如果一味追求无差别的"同",不仅事物得不到发展,反而会使其衰败。故"夫和实生物,同则不继"。将这个原则运用在当下不同文化的对话中,"和"的本义就是要探讨诸多不同因素在不同的关系网络中如何共处,"和"的主要精神就是协调"不同",在不同的文化资源之间寻找融合的交汇点,从"不同"趋向"和",并以此推动不同文化间的和谐发展。

纵览人类历史,文化的短视与偏见,常常充当了文明走向衰落的先导,当今世界不同民族、不同文化之间,由于文化的原因引起的冲突一直存在,只有不断深刻认知人类生活中确实存在的具有共同价值的文化,不断深刻体会本民族社会中具有特殊意义的文化,从而为新的文化精神确切定位,以便找到一个与其他文化交流融合的融汇点,而这一点在汉语国际文化传播过程中尤为关键,这也是一个具有双向流动开放意识的文化体走向成熟的表征之一。

【登载于《汉舟》第 10 期】

# 绝对的现在:诗意化的"西方"
## ——论80年代初文学西方想象的主要方式

王 琼

20世纪80年代中国的时代特点正如邓小平所言:"我们在科技和教育方面损失了20年或者30年的时间,但我们相信中国人是聪明的,再加上不搞关门主义,不搞闭关自守,把世界上最先进的科研成果作为我们的起点,洋为中用,吸收外国好的东西,先学会它们,再在这个基础上创新,那么我们就是有希望的。如果不拿现在世界最新的科研成果作为我们的起点,创造条件,努力奋斗,恐怕就没有希望。"所以,学习西方先进科技,融入改革与开放的大潮,是知识分子与主流意识形态达成的高度一致的集体意识。

在这样的时代背景下,冲动与期待,焦虑与渴求,所有关于现代化的情绪与想象汇聚在一起,横扫和搅动了整个20世纪80年代的中国。要找回被耽误的青春,要抓住曾错过的机遇,要通过"言说"和"想象",把一个异己的"西方"变成中国的内部风景,这是大众意识形态的一种共同的意向。就像韩波所宣称的那样,"要绝对的现代"。现代化从20世纪80年代开始,大张旗鼓地铺开了它在中国的史无前例的工业化运动。一些知识分子怀着理想主义激情,展开了面向未来的关于现代化的宏大叙事。在知识分子最初的现代化想象中,现代化与西化界限是十分模糊的,或者可以谨慎地说是以西方为参照系的现代化。

在中华人民共和国成立之初因写《组织部新来的年轻人》而受压制的王蒙,此时迫不及待地运用很"现代"的意识流手法,写了一部召唤和欢呼现代化的抒情小说《春之声》。《春之声》的基本故事情节是担任科研工作的工程师,刚刚从国外考察归来,他一开始在闷罐子车厢感觉到不舒服、不愉快,但是他在车厢里听到有人放录音机听施特劳斯的《春之声》圆舞曲,看到一个妇女学德语,这使他快活起来,仿佛看到了中国知识分子的希望和力量。王蒙自己也承认:"请主人公担任科研工作,又刚刚从国外考察归来,这样,才能加强闷罐子车给人的落后感,差距感,这种感觉不是为了消极失望,而是为了积极赶上去。"在王蒙看来,"自由市场,百货公司,香港电子石英表……三接头皮鞋",还有"三洋牌"录音机、内燃机车、三叉戟客机、莱茵河的高速公路、斯图加特的奔驰汽车工厂、西门子公司、施特劳斯的《春之声》、差额选举、歌唱的法兰克福的孩子们、学外国语的妇女,就是神州大地应该普遍具有的现代化表征。为了突出强化他对这种现代化的肯定性态度,他意味深长地选择了"火车"这一叙事空间,并赋予其独特的文化意蕴。火车作为现代工业文明的产物和象征,以其特有的速度、力量和庞大的体积,以及鸣笛时的巨大声响,强烈地左右了人们的视听想象力。它不过是一种交通工具,但汽车和轮船却不能像它那样带来人口和物资大规模的急剧流动。每个身处其中的乘客,听着沉闷而急促的火车吼叫,看着窗外景物的瞬间远逝,感受到的恐怕是对迟缓、无力、单调的传统生活方式的远离和抛弃。火车飞速向前奔驰,展现的正是人们对前途的欣喜和期冀。火车上的拥挤和混乱,却被作者忽略,他看到的只是"新"的事物。比如,换了新车头的火车,新刷的油漆等。作为辽阔中国的一个符号隐喻,火车装满了"小鸟,五月,烟草花和约翰·斯特劳斯的春之声"。这种声音,其实正是王蒙这一类体制内精英知识分子,对现代性普降中国这一时代图景的欢呼和单纯的憧憬。

有论者深刻指出:"在这种貌似漫无规则的意识流动中,我们仍然可以感觉到叙述者的思路其实非常明晰:北平、法兰克福、慕尼黑、西北高原的小山村、自由市场、包产到组……'意识流'在此所要承担的叙事功能只是,将这些似乎毫不相关的事物组织进一个明确的观念之中——一种对现代化的热情想象。严格地说,这是一种相当经典的'宏大叙事',只是,它经由'内心叙事'的形式表露出来。"王蒙自己也坦言自己西方想象的典型性:"在落后的、破旧的、令人不适的闷罐子车里,却有先进的、精巧的进口录音机在放音乐歌曲,这本身就够典型的了。这种事大概只能发生在

80年代的中国,这件事本身就既有时代特点也有象征意义。"

作为"重放的鲜花"的王蒙,自然有着强烈的革命认同,而革命,在《春之声》中,只是作者意识流式的追忆:"不,那不是法兰克福。那是西北高原的故乡……不,那不是西北高原,那是解放前的北平。华北局城工部所属的学委组织了平津学生大联欢。营火晚会,一支一支的歌曲激荡着年轻人的心。最后,大家终于发出了使国民党特务胆寒的强音:'团结就是力量……让一切不民主的制度死亡!'信念和幸福永远不能分离。不,那不是逝去了的,遥远的北平。那是解放了的,飘扬着五星红旗的首都。"革命记忆(平津学生大联欢及营火晚会)和革命信念(革命歌曲及飘扬着五星红旗的首都)属于过去17年的文化传统,而现在与未来则在叙述中滑向了诗意的西方(法兰克福)。因为有了西方现代化的指引,"他觉得如今每个角落的生活都在出现转机,都是有趣的,有希望的和永远不应该忘怀的。春天的旋律,生活的密码,这是非常珍贵的。"

"文革"结束以后,已经有更多的知识分子有机会接触西方。当时在文坛上已经卓有成就的知名作家和文化领导人,如刘心武、王蒙、茹志鹃、王安忆、张洁、张抗抗和从维熙等,他们都曾接受西方文学或文化团体的邀请,代表中国到西方从事文化交流活动,并留下了大量的域外游记。如张洁的《一个中国女人在欧洲》、王蒙的《浮光掠影记西德》、刘心武的《刘心武海外游记》、高晓声的《寻找美国农民》、冯骥才的《电脑文学》、铁凝的《没有梦的旅行》等等。作家游记中所呈现出来西方现代想象和《春之声》一样,大都是物质丰富、技术先进、民主自由、环境优雅、人民热情友爱的西方。

新时期作家把想象中的西方作为未来,从中汲取了反观历史、现实的思想的、审美的另一维度,提供了巨大的文学想象的资源。这主要源于对现代化的追寻和急于确立民族历史主体地位的渴望。处于后殖民文化语境中的中国作家在经济发展不平衡的全球化时代,面对西方的姿态便不可避免地打上了向西方学习、反思自身的烙印。并将自己的理想寄托于西方,把西方构造为自己的现代乌托邦。而且对西方的美好想象可以说已经沉积到了普通民众的社会心理层面,成为新时期一种社会集体想象。

但是,我们也应该意识到,想要融入更为安全的象征秩序(西方)的急切欲望实际上泄露了这一现代想象的内在危机。这种把西方作为诗意化审美对象的现代化想象呈现出一种一厢情愿的片面乐观。诗意化的西方书写在传统与现代的二元论中展开西方想象。显然,这种现代化想象,是以科技进步和商品扩张为特征的英美工业化模式为基础,并且想象的着力点集中在西方物质文明的现代化程度上,呈现出单一消费主义的端倪。一方面,新时期文学对西方诗意化的书写遮蔽了其对改革过程及其奉为楷模的西方现代化模式的反思;另一方面,新时期文学的西方书写用西方的现代化大工业否定了中国自身的国家建设运动和工业化(被视为落后的),社会主义自身的现代化的历史和自审被割断和回避了。

【登载于《汉舟》第 11 期】

# 论主观化理论在汉语教学中的运用
## ——以现代汉语副词教学为例

潘海峰

现代汉语副词一直是汉语作为第二语言(Chinese as a Second Language，CSL)课堂教学的难点，存在大量"一词多义"和"多词近义"现象，主观化理论能比较系统而完整地揭示多义副词的性质特征、语义功能和适用语境，从而提高第二语言课堂教学的效率。下面以"真""可"与"很"的强调用法来说明主观化理论是解决副词"多词近义"难题的有效途径。

现代汉语中，"真""可"与"很"三个副词在修饰形容词(或部分心理动词)时，都具有表示程度很高的用法。例如：

(1) A 那里的风景真美啊！

　　B 那里的风景可美了！

　　C 那里的风景很美。

但是，三个副词使用的具体语境并不相同，请看下面的例句：

(2) A 他是一个很好的人。

　　B(*)他是一个真好的人。

　　C(*)他是一个可好的人。

上述例(2)的 A、B、C 三个例句中，A 句可说(符合语法规范)，B、C 句则不可说(不符合语法规范)。以汉语为母语的人可以仅凭语感得出 A 句可说，B、C 句则不可说的结论。但是，对于第二语言课堂上的学生来说，他们没有这样的语感，所以不能理解，也不能分辨为什么会产生这种现象。

语言的主观性理论能对此问题作出贴切而合理的解释。这三个副词虽然都可

253

以表达程度高的语义,但是,三者的基本语义属性和主观性程度是不同的。"很"是现代汉语中典型的程度副词,其基本功能是表示事物、性状的客观程度,有时兼表主观情态;而"真"与"可"则是情态副词兼表程度,二者的基本功能是表示言者的主观情态。作为情态副词的"真"与"可"具有"动态性"的特征,只能用于动态的句子层面或述谓结构,而不能用于静态的短语层面或作修饰语。因此,B、C都不可说。我们再往前推进一步,是不是作为情态副词的"真"与"可"的用法就完全一致了呢?答案显然是否定的。请看下面的例句:

(3) A (a) 他真聪明!

(b) 他可聪明了!

(c) 他家离这儿真远啊!

(d) 他家离这儿可远了!

B (a) 你真聪明!

(b) (*)你可聪明了!

(c) 你家离这儿真远啊!

(d) (*)你家离这儿可远了!

上述例(3)的两组例句中,A组都可以说,而B组中(b)、(d)则不可说。也就是说,情态副词"可"用在形容词前,表示程度高的意义时,通常不与第二人称(或第二人称的相关结构)搭配,这与两个副词的源语义有关。

"真"的本义为"真实、真诚",是形容词,副词"真"具有认知情态功能,表达言者对所言内容真实性的肯定与确认。据方清明(2012:95～103)当"真"修饰形容词时,最初是对性质的确认,如"这本书真好"是对"这本书好"的确认。因为"X+形容词"构式经常表达程度义,由于"X+形容词"构式义的压制作用使得"真+形容词"中"真"的"确认义"处于背景状态,这种构式压制使得"真"逐渐获得了"程度义"。笔者同意方文的观点,但同时认为副词"真"的这种程度义还是以确认义为基础的,副词"真"由"确认义"发展出"程度义"也是言者由对所言内容的主观认识到对所言内容的主观评价。

据张旺熹、李慧敏(2009:1~8)"可"的本义是"准许、许可",是典型的言语行为动词,所谓"许可"就是指说话人满足听话人的期望或听话人满足说话人的条件。这其中包含"[言者]+[听者]+[预期]/[条件]+[满足]"四个语义要素,这样,副词"可"体现了交际过程中言者与听者之间相互观照的交互性特征。也就是说,副词"可"往往出现在对话框架中,是一个能体现言者—听者之间的相互关注,从而激活对话交互性的一个元语言成分。而形容词谓语句,即"主语+形容词"结构是对主语性状的说明,那么,"主语+可+形容词"结构体现的就是言者提请听者关注对主语性状的主观评价。在由"可"引发的交互框架中,如果主语是第三人称或第一人称,那么言者对主语性状的主观评价能带来新信息,同时"可"具有提请听者关注这一新信息的功能;而如果主语是第二人称,则听者对自身性状是"不言自明"的,不需要言者进一步提请。因此,"主语+可+形容词"结构,一般不与第二人称搭配。

值得注意的是"你+可+形容词(+了/啦)"不可说,而"你+可+真+形容词"却可说。比如"你可聪明了"不可说,而"你可真聪明"却可说。这与前面的论断并不矛盾。因为"你+可+真+形容词"结构中的"可"与"真"都不表程度。这里的"可"仅是激活对话交互性的标记,具有强调、提醒、对比、反诘等语用意义;这里的"真"表"确认",是对"你聪明"这一命题的确认。也就是说,在"你+可+真+形容词"结构中,"真"的功能是言者对"你+形容词"的确认和肯定,而"可"的功能是提请受话人对"言者的确认和肯定"即"你+真+形容词"的注意。

【登载于《汉舟》第 12 期】

# 刳木为舟　致远以利天下[①]

孙宜学

欢迎"同济汉硕二期"的中外同学们!

同济是一所"大"学,因其"大",故需"同济"方好"行舟"。希望同学们来到这个大家庭后,能够尽快熟悉自己的新家,也相互熟悉,尽快融入新生活并携手同行。

看着大家青春自信的面孔,我知道什么都不需要说了。但你们的老师们交给我这个任务,我不完成她们会不高兴,所以我得说,但尽量少说,就三句话。

第一句,希望大家要做一个自然人。不管你以前是什么样的身份,从事什么样的职业,是什么样的性格,学的是什么专业,希望你从同济国际文化交流学院走出去以后,都能烙上同济的特色,其中最重要的一点,就是成为一个自然人。所谓自然人,就是不忘初心的人,是回归自己最本心的人。这也是我们学院师生已经形成的一个传统,即老老实实做人做事。智者不一定无敌于天下,但仁者一定无敌于天下。希望大家入学之后,首先把自己的内心好好理一下,分分层,归归类,把不利于你做人,不利于你做良善之事的部分清理掉,回到最本真的自己,成为正直善良的同济汉硕人。

第二句,希望大家要做一个社会人,即有社会担当的人。大家将来都要从事汉语国际教育工作,会面对复杂的社会环境,尤其是在国外,可能你会身处一个触目所及只有你一个中国人的环境,你一个人可能就代表着中国形象,所以遇到问题,尤其是事关国家形象的问题时,一定要敢于担当。但要担当需要有真本事。希望你们既敢于担当,又能担当得起来。

---

① 本文根据孙宜学副院长在2016级汉硕开学典礼上的讲话整理。

第三句,希望大家要做一个国际人。怎么做国际人？首先是要有胸怀,立足中国,胸怀世界,有济人济世之心。其次要理解世界,这就需要你去学习,通过学习丰富自己、提高自己。你们将来的工作需要你们具备广博的知识,但要做到"杂而不乱"。所谓"不乱",即必须以汉语知识和传播技能为中心,所谓"杂",即必须广泛汲取中外文化等知识,所谓"将赡才力,务在博见,狐腋非一皮能温,鸡跖必数千而饱"。另外还要学会跨文化交流技能,学会跟中外不同身份的人打交道。

我们今年招收了第一批留学生汉硕研究生,这是好事。中外学生一家,这本身就是大家养成跨文化交流习惯和技能的大课堂。希望中外学生加强合作,互帮互学,取长补短,在同济把自己培养成国际人。

我们学院有一个很好的传统,就是师生同心,一起把困难克服,把学校、家长交给我们的事情顺顺当当地做好。希望大家融入这个传统,并延续这个传统。

希望通过你们自己的努力,老师们的帮助,你们将来可以在世界上的任何地方毫无愧色地亮出同济汉硕的牌子并生根发芽,茁壮成长。这是我们心中对你们的愿景,也是我们眼前看到的你们的远景!

"刳木为舟,剡木为楫,舟楫之利,以济不通,致远以利天下"。

同济"汉舟",自当乘风远航!

【登载于《汉舟》第14期】

# 论"汉语语言要素教学"

潘海峰

"汉语语言要素教学",是一门跨学科的、理论知识与教学实践相统一的课程,所涉及的相关学科包括汉语言文字学、应用语言学、教育学、心理学、跨文化交际等,但最基础、最核心的教学内容还是汉语言文字教学。

这门课的目的在于帮助来自各个学科背景的学员掌握基本的汉语言文字方面的知识,能将这些知识较为高效地运用于第二语言教学,并能相对自如地解决第二语言课堂教学中遇到的汉语言文字学方面的种种问题。本课程注重汉语要素的教学实践,遵循实用性原则,侧重语言的对比和偏误分析,因此在讲授相关的基本理论知识后,会相应地跟进一系列典型个案的分析与讲解,并要求每位学员都要至少说课一次。

好多人说教外国人说汉语这活儿太轻松,太容易,随便上上。我只能说,说这些话的人"too simple, too naive"。试想没有"两把刷子",能在一群从一开始就与我们有着完全不同的教育模式和生长背景的黑、白、黄、棕皮肤的外国人面前"立得住"吗?当你认知中的"约定俗成",那些"习以为常"和"不易察觉"统统都变成问题时,你如何应对?"台上一分钟,台下十年功",知识贮备相当重要。作为未来的汉语教师,你们需要掌握的汉语要素是应用语言要素,是第二语言教学语法。

第二语言教学语法着力点在用法,目的是提高学习者的语言运用能力;相应地,对汉语教师而言,任何语言点都需要掌握四个"W":What?(是什么?)When?(什么时候用?)Why?(为什么用?)How?(怎么用?)。用语言学的专业术语来说就是掌握一个语言点的句法、语义和语用三个方面。

就句法方面来说,能有效描写语言点的句法条件、句法规则、使用范围和使用限制等问题。比如"在……里"结构。第一,为什么"在图书馆学习"可说,"在图书馆里学习"也可说;而"在上海学习"可说,在"上海里学习"则不可说?第二,"在……里"与"在……上""在……下"的异同与分工情况如何?再比如"的"和"地"什么情况必须用?什么情况可用可不用?什么情况一定不能用?

又比如"把"字句,一共有几大类?各类的基本句法结构如何描写?用与不用有何区别?使用时有哪些基本规则和注意事项?

语义分析包括语义指向、语义特征、格语法、配价语法等,这些知识贮备能让教师在课堂上迅速处理有关汉语近义词(包括实词和虚词)的各类问题,并能更好地帮助学生选词造句。另外,虚词是汉语重要的语法手段,虚词及其句法结构所表达的语法意义及语义背景也非常重要。比如,如何更准确地描述"不"和"没"的语义特征。再比如下列句子和对话各有何不妥之处?

(1)？同济大学的建筑与土木工程学院水平怪高的。

(2) 　妈妈:你今天一定要回来吃晚饭啊。

　　？孩子:今晚同学聚会,我并不回来吃饭。

语言教学的最终目标是培养和提高学生的言语交际能力。言语交际能力包括两个层次:第一,是生成正确话语的能力(语言知识+语言技能);第二,是在一定时间、地点、场合说出恰当话语的能力("表达"适合"题旨情景",话题/上下文+交际情景+文化背景)。第一个层次涉及句法和语义,而第二个层次则涉及语用,教学中做到句法、语义和语用三者兼顾,才能使学生不仅能合乎语法地选词造句,还能够根据语境,正确得体地进行交际。

只要参加了我的课,上面这些问题对你们来说 so easy！当然,经过三年的学习与实践,你们都将会成为能够胜任海内外各种形式的汉语及文化课程教学的良师,成为展示和传播中华文化的使者。同学们,三年很快,转瞬即逝,莫辜负你们的青春好年华!

【登载于《汉舟》第 15 期】

# 中德高校国际学生本科招生录取标准对比研究
## ——以德国对华招生考试为例

张林华 李 萍

德国高校国际学生本科录取制度有其自身特点和优势。在招生录取中国学生时,德国高校要求申请者已经被中国高校录取,并通过德国驻华使馆文化处留德人员审核部的审核。该制度有利于保证生源质量,有利于规范化录取标准,有利于简化留德申请,对我国高校国际学生本科录取制度改革有诸多启示。

## 中国高校本科国际学生招生录取改革建议

(一)借鉴德国模式

1. 录取标准多元化

德国高校招收国际学生进入本科阶段学习的条件逐渐多样化。申请者可以根据自己的情况选择参加德语作为外语的测验(Tests für Deutsch als Fremdsprache, Test DaF)、德语语言证书(Deutsches Sprach-Diplom, DSD)、德国高校外国申请者入学德语考试(Deutsche Sprachprüfung für den Hochschulzugang ausländischer Studienbewerber, DSH)和德适(Testfür Ausländische Studierende, Test AS)四种测试中的一种,以获得德国高校本科阶段的录取资格。这种多元化的评价标准,可以缓解学生的申请压力,让其机动安排考试时间。

2. 留德审核制度

德国驻华使馆文化处留德人员审核部成立于2001年7月,是由德国驻华使馆文化处和德意志学术交流中心合作成立的服务机构。审核制度建立的目的是鉴定申请者学历的真实性和是否具有德国高校申请资格。审核程序包括网上注册、邮寄材料、审核费用汇款、材料审核、审核面谈和寄送证书。该证书是德国高校录取国际学生的前提条件之一。申请者获得德国大学录取通知书以后,可以通过审核部办理签证。留德审核制度的目标是尽可能地简化赴德留学申请程序,将学历审核以及签证递交一体化。这种审核制度的显著特点是扁平化、效率高、一站式。

3. 语言测试向能力测试转变

2007年,德国在全世界范围内第一次举行Test AS考试。这种考试与现存的德国大学要求的各种德语考试不同,它并不以德语水平为测试内容,而是以学习能力为测试内容,是专门为准备申请德国大学基础课程的学生设置的。Test AS考试的最大优点是方便德国大学(国际学生)通过考试判断学生(自己)是否适合在德国大学留学,并且有效提高国际学生在德国大学的毕业率。

(二)建立国际学生审核制度

当前,世界各国招收国际学生的三种主要模式是"统一入学考试""材料审核"和"材料审核+入学考试"。根据调查,我国高校大部分采用"材料审核"方式,少数顶尖高校采用"材料审核+入学考试"方式。究其原因,我国高校总体上仍处于扩大国际学生规模阶段,"材料审核"有利于高校自主划定录取标准,节约了大量人力和物力。在教育国际化发展初期,不失为一种见效快、易操作的招生方法。但其弊端也较为明显:招生过程缺乏监管,评价标准不全面,自费生负担重,衡量标准不具可比性等。因此,由教育主管部门牵头建立国际学生审核制度势在必行。这种审核制度在加强生源监管的同时,还能简化申请程序,更有利于统筹来华留学工作。

1. 设立统一入学考试

设立公平合理的统一入学考试是目前世界各国招收国际学生的主要模式。这种模式不但效率高、速度快、成本低,而且有利于统筹谋划、海外推广。我国目前的国际学生入学标准主要以教育部颁布的关于外国留学生可凭《新汉语水平考试(HSK)成绩报告》注册入学的通知为参考标准,将新HSK四级及格线180分作为国际学生本科入学的汉语要求。同时,设立统一入学考试的需求日益突显。当前,国家留学基金委正与多所高校联合研发国际学生预科结业考试,内容涵盖基础汉语、科技汉语、医学汉语、数学、物理、化学等。该考试目前只面向公费生,是否能够作为国际学生本科统一入学考试还需进一步研究。但有几点值得注意,由于该考试主要面向公费生,而公费生生源质量较高,如果一旦放开成为统一入学考试,是否会直接影响到自费生的录取仍需评估。另外,世界各国招收国际学生的入学考试由过去只关注语言能力转向关注综合能力。因此,除了"语言测试+知识测试"以外,对于"能力测试"的考查也应纳入考试范围。

2. 录取标准多元化

设立统一入学考试并不意味着单一的录取标准,世界各国录取标准的多样化必然影响到中国高校的招生改革。美国高校在评价学生、录取学生时,特别重视学生在中学阶段各方面所取得的成绩,具备一整套较为完整的综合评价标准。

当前,大部分中国高校要求申请者提供高中毕业证书、高中成绩单和汉语水平证书。除此以外,部分中国高校还要求提供推荐信、个人自述以及获奖证书。但在操作过程中,高校过分注重扩大生源,仅以学生的汉语水平作为单一录取标准的情况较为明显。然而,高校录取方式多元化已经成为普遍的趋势和规律。

在教育国际化的背景下,英语或双语授课专业及课程已普遍受到教育主管部门和高校的重视。针对以母语非英语的申请者,世界各国公认的托福、雅思成绩也应纳入中国高校国际学生本科录取标准。

【登载于《汉舟》第20期】

# 汉语国际教育国别化研究
## ——以美国汉语教育研究为例

许 涓

语言本身的差异与不同国家间社会文化的差异,决定了"国别化"是当前汉语国际教育所面临的重要课题。我们要根据所在国的教育政策、语言规划、语言与文化背景、学生对象、学习目标、教学条件等"随机应变"。但是不管怎么变化,要围绕汉语国际教学和中国文化传播的核心任务来进行。

美国在全球的经济活动和国际政治方面所发挥的作用、美国与中国的关系、以及中国同美国各个阶层千丝万缕的联系,是我们关注美国汉语教育状况的主要原因。费正清(1960)曾说:"中国还很弱,它不能征服世界,但是它又太大了,世界不能吃掉它。……美国和中国的关系,在人类生存的议事日程上就显得非常重要。"2003年11月中国副总理钱其琛在得克萨斯农工学院进行演讲时,美国前总统乔治·赫伯特·沃克·布什说:"中美关系正成为世界上最重要的双边关系。"而2006年《环球时报》一项最新调查结果显示:在每人可以选择两个选项的条件下,78%的中国人认为对中国影响最大的双边关系是中美关系。48.7%是中日关系,19.8%是中俄关系,13.2%是中欧关系。2009年,中国国务委员刘延东访问美国时宣布,中国政府将通过国家汉办设立三个800的项目,即每年邀请800名美国校长和其他行政管理人员访华、为800名美国学生在中国组织夏令营、为800名美国大学生和研究生提供在中国学习中文的奖学金。这些足以说明关注美国汉语教育的意义所在。

就美国汉语教育概况而言,我们可以从以下几个方面来做较为全面的梳理:汉语教育的缘起与地位、教学与管理机构、课程设置的情况、生源类别与教学规模、师资构成、教材选用、研发与教学改革、教学理论研究、学科阵地与学术团体等。对于概况的研究,当然应该做全局的了解,比如教学与管理机构,就应该从中美两方来做尽可能全面的概括:美国一方,联邦政府(设立语言旗舰项目 Language Flagship Program、星谈项目 Star Talk、外语支持项目 Foreign Language Assistance Program, FLA,对中文教学给予资金扶持)、美国大学理事会[2003年启动 AP 中文项目(Advanced Placement Chinese Language and Culture Course and Examination)],在美国高中开设汉语和中国文化预修课程,并于2007年举行考试,其成绩可获得美国大学的承认,这标志汉语文化教学正式进入美国国民教育体系,汉语教学也从边缘走向主流)、美国亚洲协会(推动中文教学的主流组织,长期与中国国家"汉办"合作)、美国外语教育专业组织、私人基金会等都是推动美国汉语教学的重要力量。当然还有900多所高校和4 000多所中小学、无数中文学校开设了中文课程;中国一方,除了国家"汉办"开设孔子学院、孔子课堂,选拔汉语教师志愿者,提供中文师资的在职培训,组织美方人士访华,为美国学生提供奖学金外,全国侨务办公室在侨务系统推进美国的中文教学,中国国家留学基金委也向美方学生提供相关奖学金。

　　汉语国际教育国别化研究除了对某国汉语教育概况进行梳理并深化专题研究,也要聚焦汉语国际教育推广工作所面临的挑战及其推广策略。目前美国汉语国际教育的推广工作,主要面临两个方面的挑战:第一个方面是教育体制本身提出的挑战,第二个方面是中文教学在教师、教材、课程标准和内容衔接方面等需要做出的改进。教育体制的特点在一定程度上决定了教师、教材、课程和内容方面的状况;在美国推广汉语国际教育的策略可从教育管理方面和教学方面来着手。教育管理方面应整合两国行政与教学力量、加强尊重事实的宣传工作。教学方面可通过中国文化的魅力来吸引学习汉语的目光,通过课堂教学与多种形式相结合来拓展教学容量,通过教学目标与学生认知能力相结合来提高科学性,通过通用汉语与专业汉语相结合来加强实用性。

综上所述，汉语国际教育国别化研究目前至少可以在某国的汉语教育概况、汉语教学专题、挑战与策略等方面开展起来。

【登载于《汉舟》第 19 期】

# 中国世界一流大学建设与可持续发展的孔子学院事业①

江 波

中国作为世界第二大经济体,在过去的40年里一直保持着年均9%的GDP增长率,城镇化率也从1978年的18%增长到57%。我本人是中国改革开放以及教育国际交流的见证者和受益者。1978年至1981年,我留学法国,毕业之后在中国教育部工作至2012年,期间也始终在致力于教育的国际交流事业。

中国将教育与科技发展列在首位,中国教育体制的改革体现为创新驱动的发展战略。同济大学1907年建校,愿景是建设扎根中国大地的世界一流大学。《自然》(Nature)杂志在同济大学建校110周年之际,发表了对同济大学科技研究成果的大篇幅介绍文章。迄今为止,同济大学已经形成了科学研究、人才培养、社会服务、文化传承以及国际交流的五大功能。

当前,同济大学的工作重点是:建立世界一流大学,保持中国根基,增强学生的责任感;结合大学的发展目标和对创新及可持续发展要求定位学校的未来发展;通过优化和提高现有资源的使用效率获取更多的资源;促进大学改革,完善现代大学治理。而这些都离不开优质的师资。

我一直在思考,在同济大学的教育国际化进程中,还有哪些机遇和挑战?国际化发展有利于教学质量的提升,此外,还有利于将优质外资融入教学研究、开展人才和联合科学研究培训、加强国际协同创新、创造更美好的国际环境、参与制定国际规则以及国际评估和认证。举例来说,我们在2016年成立了上海国际知识产权学院、上海国际设计创新学院。此外,我们还有中德、中意、中法、联合国可持续发展学院

---

① 根据江波副校长在同济大学校庆110周年"孔子学院论坛"上的讲话整理。

等10大国际交流平台。海外设立有4所孔子学院以及2所课堂。我们通过孔子学院联席会议,形成了同济大学海外孔子学院与课堂的联动,有力地推动了孔子学院的发展,对同济大学的国际化建设,也起到了积极作用。

教育国际化的进程离不开跨文化交流。在我看来,跨文化交流的核心要素包括:(1)(对象)不同文化的人与人间的交流沟通。(2)(目的)沟通、理解——交流、合作;介绍"此",了解"彼",共创"同"。(3)(态度)真诚、坦诚——有时发生"有理有据有节的碰撞与冲突"。(4)(载体)语言(口头和文字)或"非语言"。(5)(过程)始于心,基于物,终于心。

以"大学"两字为例,可以看出中外教育思想的差异。对"大"字进行说文解字,会发现"大"就是一个很高的人,伸着两个胳膊站立,象征强大、强壮。就是一个正面站立的人。而繁体字的"學"字呢,上面的左边和右边是两只手,手中间是占卜用的卦,中间部分是指一个房间,最下面是指小孩子,小孩子在房间里学占卜。也就是说,"学"的主体是人,学的目的是培养大写的人,正直的人这在全世界是相通的。只要基于这个出发点,世界范围内的文化交流就能实现。因为交流的主体和对象都是人。这是高校的目标,也是孔子学院的目标。

中国积极倡导"共同体"建设,包括:积极扩大同各方利益的汇合点,同各国各地区建立并发展不同领域不同层次的利益共同体,推动实现人类共同利益;推动责任共担、大国多担的责任共同体建设;致力于与周边国家和非洲国家建立命运共同体。

中国素有世界理想,天下思想一脉不绝,和谐世界承继在前,人类命运共同体创新其后。2017年5月14日至15日,中国在北京主办"一带一路"国际合作高峰论坛。29位外国元首、政府首脑及联合国秘书长、红十字国际委员会主席等3位重要国际组织负责人出席领导人圆桌峰会等活动。高峰论坛达成270多项成果,都是围绕和平发展的旗帜,表明中国将积极发展与沿线国家的经济合作伙伴关系,共同打造政治互信、经济融合、文化包容的利益共同体、命运共同体和责任共同体。

未来同济大学海外孔子学院的发展也应借鉴"一带一路"倡议的发展和合作理念，以合作、创新、发展、共享作为主题，共同创造更美好的未来。

【登载于《汉舟》第 25 期】

# 两个"不知不觉":汉语国际传播的现实与理想(节选)

孙宜学

2014年9月19日,《解放日报》刊发了一篇"独家对话",题目是:"对话孔子学院掌门人:文化的困境,在于不知不觉。"对话者是国家汉办主任、孔子学院总干事许琳。9月27日就是全球同庆孔子学院成立十周年的日子。许琳在三个半小时的专访中,却只字不提值得骄傲的数字,"她表达更多的,是文化交流碰撞给她带来的冲击,是她的'着急',以及沉甸甸的思考,'中华文化走出去,最大的困难是来自我们自己,来自不知不觉。'"

## 中国人对文化的"不知不觉"

文化传播的可持续发展,需要聚全国之力、全民之力,需要每个中国人都自觉做中华文化的使者、文化传播的志愿者。可因为种种原因,目前的汉语与中华文化传播工作仍基本保持在政府、高校和知识分子层面,是一种政策指导下的国家任务。尤其是孔子学院的建设,因为孔子学院主要是与国内外高校合作,而高校对民众来说本就是象牙塔,现在国内的象牙塔与国外的洋象牙塔共同搭建了作为中外文化沟通之桥的孔子学院,对一般民众来说,这座桥自然也是象牙桥,而且桥的对岸又是在国外。这就出现了一个独特的现象,即国外的民众对孔子学院的了解和理解,比国内的民众的了解和理解还直观、全面。

许琳所担心的,不仅仅是中国人对文化传播的"不知不觉",更重要的,是自身文化素质不够,根本无文化可传,而且还不知不觉。"就以读书为例,我们国人的阅读量,和外国人相比,西方甭说了,就东方一些国家,甚至有的不发达国家,我们都比不上。我们读书很多时候是为了应试,根本就没有想清楚自己到底需要什么,可能就

为了证明自己有应试的能力,一遍一遍盲目地去干这个事。"

## 外国人理解中华文化的"不知不觉"

"我们把办孔子学院比作搭桥,让大家可以经常在桥上见见面,又能随时退回到自己的地盘。这桥一搭好,大家就都跑到桥上来了,再一看,原来很多方面都是可以融合的,不是原先想象的那样。"许琳对此表示理解:"但作为一种新生事物,孔子学院发展过程中遇到的阻力和障碍是客观的,也是多种多样的,有文化的因素,经济的因素,也有政治的因素,而且各种因素碰撞产生的冲击力之大,也并不是每个人都愿意承受的,或者说即使愿意承受,就能承受得住的。但事实证明,孔子学院客观上让更多的中国人面对面地走向了世界,脚踏实地地真实了解了世界是如何看中国的,其中一个重要的收获,就是知道了:自以为已经走上世界,已经国际化的中国,在世界人眼里,实际上依然陌生。我们总觉得全世界的人对中华文化都了解,直接学就行了,其实对方是真不了解。"

如何改变这种现状?让全世界的人都"不知不觉"了解中华文化,并"不知不觉"理解中华文化,成为真诚帮助中国走向世界的中华文化传播者,这显然是中华文化国际传播的一种理想方式。但如何才能逐步实现这一理想?许琳提出了一种很常识性、很大众、很接地气的方法:提升每一个中国人的文化素质,让每一个中国人都成为中国优秀文化的载体,并自觉或不自觉地发挥每一个中国人个体在向世界传播中华文化方面的影响和作用。

## 每个中国人都是一枚小国旗

如果每个中国人行走在外国的路上时都默默地告诉自己:我是一枚小小的中华人民共和国的国旗!代表的不是自己,而是背后的中国!那么,每个人都会知道,自己的一言一行,代表的不仅仅是自己,而是中国人的形象。他们就应该能主动履行让世界了解中国的使命,主动向外国人表达自己的文化,主动让对方通过自己了解自身所代表的优秀文化,那就会形成百川汇海之势、之力,加快世界了解中国的进程,消除因我们长期疏于向世界主动表达而形成的误解。到那一天,每一枚小小的国旗,都会自信地展开,露出真诚、友好的微笑。

到这一天路虽长,但只要走在路上,就是成功。

【登载于《汉舟》第 29 期】

驶向世界的「汉舟」

# 为建设一流的汉语国际教育专业而努力[①]

刘淑妍

亲爱的2017级新同学：

大家好！

我代表国际文化交流学院全体教职工和在校学生，欢迎各位新同学的到来！祝贺你们此次成功的人生选择，进入国际文化交流学院学习深造。你们心中此刻一定充满激情和热忱，老师们的心里也一定满怀期待与责任，让我们共同为接下来这一段同济美丽生活喝彩！

今天的国际问题专家们告诉我们，这是一个世界不同国家与民族越来越紧密联系的时代，是中华民族伟大崛起和世界格局剧变的时代，是人类文明在碰撞与激荡中加速融合的时代。

在这个不断产生伟大思想的新时代，风华正茂的你们选择暂停社会大学的学习，走进专业的大学学堂重塑你们的梦想，这种敢于突破自己，直面未来的勇气值得钦佩，也期望你们在追求梦想和理想的道路上不忘初心，始终砥砺前行，奋勇向上。

你们前进的道路上一定有无数的机遇与挑战等待着你们去把握与应对，同学们，迈开大步勇敢往前走！

欢迎同学们来到同济大学，你们拥抱了同济，同济也定不辜负你们。同济大学历史悠久、声誉卓著，是中国最早的国立大学之一，是教育部直属并与上海市共建的全国重点大学。本着"同心同德同舟楫，济人济事济天下"的情怀，学校在人才培养中一直注重开放的国际视野和高度的社会责任。110年来，同济大学秉承"与祖国同

---

[①] 本文根据刘淑妍院长在2017年汉硕开学典礼上的讲话整理。

行,以科教济世"的传统,培养了无数国家栋梁。无论时世变迁、无论风云变幻,同济人济人济世的情怀不变,同济人同舟共济的精神永存。

同济人以"精益求精的工匠精神"造就了一批批知名的科学家和工程师,他们"上九天、下五洋,万丈高楼起平地,百里天堑变通途",这一幕幕壮举展示了同济人"仰望星空和脚踏实地"的伟大情操。今天的同济,继续响应祖国的召唤,扎根中国大地建设一流大学,不断追求科学探索与人文精神的融合,传承和发扬中华优秀文化与基因,推动一流学科专业不断改革创新,走向世界。展望未来,由习总书记提出的"构建人类命运共同体"成为今天联合国的重要议题和倡议,促进世界多元文化的交融与互通、理解与认同显得无比重要,文明因交流而多彩,文明因互鉴而丰富。时代赋予国际文化交流学院新的历史使命和责任担当,在新的时代,同学们可以直观感知人类社会在各层面跨越时空的迁移,可以发现人生的征途真正与人类的发展紧紧相连,可以深度思考祖国与我、世界与我的人生哲学规划,可以想象你的人生将无比灿烂与充满希望。

当前国际化已成为大学的"标准配置",今天的大学身处人类文明加速碰撞与融合的时代,科技进步与社会开放推动着这个时代不断变革发展创新,制定国际化战略规划,推进国际化进程步伐刻不容缓。学院把"立足本科和研究生汉语国际教育,打造全球领先的汉语国际文化交流与传播平台"作为总目标,将主要"面向外事服务"的留学生工作重心逐步调整为"面向对外开放与人才培养"相结合的国际文化与教育专业建设与互动平台。在未来的三到五年,将逐步扩大留学生本科教育、汉语国际教育专业硕士的规模,吸纳国内外顶尖人才和机构资源,提升汉语言研究和国际文化传播能力,构建来华留学专业化和社会化服务体系,打造最有影响力的"留学中国"预科培训基地和海内外双平台国际课程教学实践体系,建设集专业学院、特色学院和平台学院三位为一体的一流国际学院,培养卓越的汉语国际教育与文化传播人才。

为了做好我们的专业人才培养工作,学院正逐步聚焦学科发展的重点:第一,以

"汉语言研究与应用"为基础,开展汉语言和汉语国际教育的理论研究,同时将汉语言应用与同济理工学科专业相结合,开展专业汉语言的研究与实践。学院因此专门成立了由刘运同教授担纲的"汉语言应用研究所"来实现这一目标;第二,以"中华文化国际传播"为平台,推动语言与文化研究、中华文化国际传播研究的拓展,学院将这一重任交给已产出丰硕研究成果的"汉语国际传播研究中心"来完成,聘请学院副院长、汉语国际传播研究的专家孙宜学教授领导主持研究工作;第三,以"海外汉学与当代中国"为支点,积极构建中国特色社会主义话语体系,推进当代中国人文社会科学的最新研究成果的国际传播与对话,这一任务由刘淑妍教授担纲的"海外汉学与当代中国研究中心"来承接。

通过上述改革和发展,逐步形成以汉语言与文化研究为基础,以海外汉语与当代中国研究为核心,以国际交流与传播为支柱的专业建设机构,实现人文社会学科与自然学科协同推进,共同建设一流汉语国际教育学科新局面,确立汉语国际教育的同济品牌。

我衷心期望,我们的同学能够参与其中,教学相长,共同为学院的改革发展和专业建设努力。在过去近二十年的发展中,学院已经打造了一批非常有影响力的高端学术讲座,并拟邀请海内外专业学者和研究机构,共同组织系列论坛,助力同济师生领略大家风采、享受思想盛宴。同时,学院还依托学校的海外资源,如与同济合作的四个海外孔子学院和两个孔子课堂,以及其他学实习基地,为同学们提供海内外学习交流和实践项目,帮助同学们为未来做好一名汉语国际教育从业人员做好全方位准备。相信同学们在与学院共同成长的过程中,自身一定能取得进步。最后,在同学们即将开始新的学习生活之际,我想提几点期望。

## 具备清晰的专业理想和目标

汉语国际教育专业的设计最直接的目的是适应当前世界各国(地区)人民对汉语学习的需要。其具体目标包括:增进世界各国(地区)人民对中国语言文化的了

解;加强中国与世界各国教育文化交流合作;促进世界多元文化发展,构建和谐世界。这就需要同学们在思想认识上做好充分准备,以推动世界多元文化的理解和认同为己任,铭记为世界文明发展贡献中华智慧,不断丰富自身上下五千年的中华文化积淀,积极承担起桥梁和纽带的作用。

### 建立相对完整的专业知识体系

汉语国际教育专业的知识基础来源于跨学科的创新,涵盖语言学、传播学、教育学、中国学、历史学等人文社会科学学科知识体系,也包括自然科学的学科内容。这就需要同学们一方面根据培养方案和课程体系建设,在老师的帮助下,努力学习专业知识,不断建起汉语国际教育专业所涵盖的知识体系;另一方面,还需要同学们保持开放的心态和富有创新的精神,结合自身的优势、兴趣和特点,敢于探索新的学科知识,主动走进其他学院,拓宽知识学习的渠道和方法,不断丰富知识的内涵,发现学科发展的更多可能性。

### 加深对中国与世界关系的理解

当代世界正处于农业社会模式与传统"通过上述改革和发展,逐步形成以汉语言与文化研究为基础,以海外汉语与当代中国研究为核心,以国际交流与传播为支柱的专业建设机构,实现人文社会学科与自然学科协同推进,共同建设一流汉语国际教育学科新局面,确立汉语国际教育的同济品牌。"文明让位于现代性和工业文明这一历史过渡中,世界发展的不同阶段所体现的不同诉求,带给人类的是一个拥有众多大国和地区大国的世界,一个更地区化和去中心化的世界。"交流和互动"是今天国际关系的重要表现,"语言与文化"则是增进理解与沟通的重要内容。作为国际文化交流学院的研究生,期望同学们在深刻理解和掌握中国与世界关系的基础上,做好语言与文化的交流与互通。

## 提升跨文化对话与交流能力

全面国际化正在重塑整个高等教育事业的文化精神和价值观。与传统的国际化定义相比,全面国际化强调师生参与,强调国际化不能仅仅停留在理念和指标上,而是要落实于具体行动和项目中。希望同学们能够成为世界文化交融的使者和行动者,增强自身多元包容的国际化魅力,共同为世界文明的进步和人类共同的发展添光加彩。

期待你们从这里,从同济国际文化交流学院扬帆起航,创造更为精彩的人生!

【登载于《汉舟》第 26 期】

# 存志有量　去娇戒骄[①]

孙宜学

各位新同学：

我代表学院，代表全体老师，欢迎大家的到来。我们一直期待着大家的到来，当然，期待后面就是期望。在这里就要对大家提一些确切的要求。

第一个要求是：志，你们要有志向。其实不管有志向还是没有志向，未来的生活和发展中都会遇到很多沟沟坎坎。每个人的人生都像弯弯曲曲的河流，不一样的是，有志向的人，最终会奔到大海，而没有志向的人，最终会被泥土吸收而干涸。这是有志向和没有志向的区别。所以，无论将来你们做什么，都一定要脚踏实地，仰望星空。胸怀理想，也要从眼前做起。每个人都想做大事，但是当看不到大事在何方的时候，就先把脚下的小事做好：把作业做好、把课程做好、把一个想不通的问题通过各种方法想清楚了……这就是大事，而且将来有一天你肯定能做成大事。

第二个就是"量"，肚量的量。任何事情都有正有反、有黑有白，而你要有量，要有江海之量。学生和老师之间、同学和同学之间要相互容忍，互相之间能够保持一个畅快的沟通，这也是容人之量的体现。所以心胸要大，要容纳世界，我们汉语国际教育专业要培养的是要走向世界的人，心中有世界，世界才有你。

另外，大家要去掉两个字："娇"和"骄"。所谓"娇"，我们不要以娇羞之态来阻挡自己前进的步伐，不要自己宠自己。读书就是一件苦差事，我历来不相信读书是一件快乐的事，只要戒"娇"，我们就可以把痛苦变成快乐。所谓"骄"，即我们不要骄横，不要傲慢，要谦卑做人，这是我们同济的特色，老老实实做人，虚心向人求教。所

---

[①] 本文根据孙宜学副院长在2017级汉硕开学典礼上的讲话整理。

以,"志"和"量"两个字我们要有,"娇"和"骄"二字我们要去除。我们作为在职生,顶着各种压力,但相信吧——只要有了设计和计划,想不优秀都难。把这三年踏踏实实做下来,相信这三年的苦绝对值得。那么,我们再次欢迎大家的到来,谢谢大家。

【登载于《汉舟》第 26 期】

# 高校在中华文化"走出去"中的使命与任务[①]

刘淑妍

随着中国的发展和全球化进程的加快,中国正在加速融入世界。在中国与世界更加紧密的互动中,推动中华文化"走出去"、提升中华文化国际影响力的要求非常迫切。中华文化"走出去"是一项涉及诸多领域的复杂系统工程。高校作为其中重要的践行者,在推动中华文化"走出去"的进程中,担负着重要的使命和责任。

## 中华文化"走出去"的机遇与高校的使命

党的十九大提出,"没有高度的文化自信,没有文化的繁荣兴盛,就没有中华民族伟大复兴""加强中外人文交流,以我为主、兼收并蓄。推进国际传播能力建设,讲好中国故事,展现真实、立体、全面的中国,提高国家文化软实力"。面对新时代中华文化"走出去"的要求和部署,高校作为中华文化传承的重要载体、思想文化创新的重要源泉地,以及哲学社会科学发展和创新的基地,在中华文化"走出去"中可以发挥重要作用。

在具体的实践中,首先,高校应该承担起薪火相传、代代守护和发展创新的使命,将中华民族深厚的文化传统和富有特色的思想体系,融入时代的潮流中,与时俱进、推陈出新;其次,积极推动中华文明创造性转化和创新性发展,与世界文明共通共容,为人类发展贡献中国智慧。高校由此可以成为社会主义优秀文化的弘扬者,在借鉴世界各国一切优秀文明成果的基础上,不断推出更多代表中国国家水准、民族特色、具有世界影响的优秀成果,努力推动中华民族优秀文化走向世界,为建设文

---

[①] 原文刊载于 2018 年 1 月 2 日《中国社会科学报》。

化强国作出应有的贡献。高校的知识分子则需要既继承"为天地立心,为生民立命,为往圣继绝学,为万世开太平"的志向和传统,又要在当今变革时代,承担起习近平总书记提出的"立时代之潮头、通古今之变化、发思想之先声,积极为党和人民述学立论、建言献策"的使命和责任,以海纳百川的宽广胸襟放眼世界,在与不同文明的交流互鉴中增进世界对中华优秀文化的共识。

## 中华文化"走出去"的实践与高校的任务

近年来,中国语言文化"走出去"取得了较好的成绩。2004年,全球首家孔子学院创办,截至2016年12月31日,全球140个国家(地区)建立512所孔子学院和1 073个孔子课堂。文化部推出的海外"中国文化中心"也达20个以上,为推广中华文化搭建了良好的交流平台。

然而,在世界主要国家对外传播自身文化和观念的过程中,语言文化和教育的传播是第一步,后续交流和传播工作的开展,还需通过学术研究深化内涵。因此,构建中国特色哲学社会科学学术创新话语体系,打造具有中国特色、中国风格、中国气派的话语内容非常关键。如何从西方社会所熟悉的古代中国传统文化中,勾勒出当代中国的新形象?同时,在掌握世界各国对中华文化研究与接受的历史规律和特点基础上,如何进行有效的交流与传递,切实增强中国文化"走出去"的实效性?这是当前高校承担中华文化"走出去"的主要任务。

此外,当前国家文化交流与传播人才缺乏,已经成为制约中国文化"走出去"的关键因素之一。中华文化"走出去"是一项跨学科、跨国别、跨领域的文化传播工程,既需要大量具有国际视野、中国情怀的专家学者队伍,还需要一大批具有扎实的学科基础,通晓各国语言文化,熟谙国际文化传播基本规律的实践人才。这就需要高校发挥人才培养功能,一方面,组建跨学科专业平台,鼓励专家学者们聚焦中国特色社会主义的理论研究与实践总结,产生系列成果,培养学术梯队;另一方面,与社会协同,联合海外合作机构建设国际文化传播人才培养基地,在国际合作实践中培养一批专业人才,以满足国家对外文化传播的需要,实现中华文化"走出去"。

## 在与世界高校交往互动中打开跨文化交流窗口

首先,高校在促进国际文化交流中应该结合自身学科优势,充分进行跨学科对话和交融,逐步形成具有国际认可度的学术话语体系,打通中外文明交流的学术通道。

其次,要重视来华留学生群体,他们是中华文化的重要感知者和传播者。据教育部《2016年度我国来华留学生情况统计》数据显示,2016年共有来自205个国家和地区的442 773名各类外国留学人员在31个省、自治区、直辖市的829所高等学校、科研院所和其他教学机构中学习,比2015年增加45 138人,增长幅度为11.35%。积极引导来华留学生真正深入中国社会,使他们全方位、立体化了解中国的传统文化与现代生活、中国的历史沿革和挑战机遇、中国人的核心价值观和社会发展,形成对中国的深刻理解与认同,成为中国与世界各国友谊的桥梁和传播中华文化的使者。

最后,以海外孔子学院建设为窗口,打造文化互动共享平台。海外孔子学院开展的相关文化品牌活动,为中华文化"走出去"并融入当地社区,为推动世界理解中华优秀文化提供了非常好的路径,同时也为世界高校的交往和互动打开了跨文化交流的窗口,为后续不同学科专业的共同研究和开发打下坚实的基础。未来,海外孔子学院更需要联合世界不同高校、专业学院,将语言与地域、学科专业相结合,共同推动中华文化"走出去",加快中华文化与世界文明交流的步伐。

【登载于《汉舟》第32期】

# 中国世界学:世界"中国时代"的共同期待

孙宜学

中华民族的现代化和世界化过程,经历了一个长期的"中国学"过程。近现代以来,在"救亡、启蒙、图存"的压力下,古老的中国打开了思想的国门,从世界先进文化中汲取力量,不断从传统走向现代、从封闭走向开放、从积弱走向富强。经过了一百多年的励精图治,尤其是改革开放四十多年、十八大以来中华民族伟大复兴运动和十九大以来新时代中国特色社会主义思想的世界性影响,使中华民族实现了从民族自觉—自新—自强—自信—自尊的跨越,中国综合国力整体提升,世界影响力显著增强,促生了世界范围内的"学中国"热潮。

当前世界范围内的"中国热",显然是在中国百年来"世界热"的基础上形成的,但只有在当前中国有能力走向世界的背景下,两股热流才开始产生对流。当前世界文化多元矛盾频发,强大起来的中国有责任,也有使命让世界分享自身的发展成果和发展经验,推动中华文明与世界文明互利共生,和谐发展。这是中国走向世界的"初心"和"源动机"。

但世界文化交流史告诉我们,中国的世界化过程必定是一个任重道远、危机重重的过程,充满着不可预知的风险和"陷阱",我们必须袒露心扉,以真诚换时间,以"桃李不言,下自成蹊"的中国智慧融入世界,为人类命运共同体建设赢得生长的空间和时间。

## 中国世界学研究可助推中国稳步走进世界

中国走向世界要行稳,才能致远,而"行远必自迩"。鉴于此,我们首先要以中国世界学研究学科体系建构为基础,重新梳理世界文化交流史上的中外认识上的历史性偏误和不平衡、不均衡,甚至失衡的现象并客观分析其中原因,同时根据新时代中国发展对世界的需求和世界对新时代中国的需求,以科学精神理解和面对国别差异、文化差异,科学设定中国与其他国家实现和谐共生的路径。只有经过这个过程,"中国学"才能逐渐稳步转向"学中国"。而能不能在这个过程中推动中国主动成为世界文化大格局中一个生动、有力、敢担当、能担当的负责任大国并得到世界认同,从而为中国的和平发展创建一个和平、稳定、健康的多元文化生态格局,不但取决于世界如何看中国,更取决于我们对世界的认知角度和深度。为此,我们必须在客观分析世界的中国研究基础上,建立中国可以主导世界的中国研究的新学科体系,即中国世界学研究。

目前,中国的世界研究基本上还是传统模式,即基于某一学科背景,就某一问题将中国与世界进行比较研究,缺乏理论建设和体系建构意识,未能将中国对世界的研究视为一个统一的整体研究对象,这对发挥中国智慧的世界影响造成了严重的阻碍。历史、现实和将来的世界对中国的期待,需要我们将中国世界学视为独立的学科体系进行立体、系统研究,突破学科限制,实现跨学科交叉,提出切实可行的中国引领世界的路径和导向,从而创新中国话语体系,引领中国走向全面复兴。

中国世界学研究将推动中国从被动接受世界到主动引领世界、从被动融入世界到主动改变世界。

过去的中国,常常将外国的中国话语体系视为圭臬,现在和未来的中国,要让世界习惯于以中国的世界话语体系影响和改变世界。

中国世界学研究,就是要通过主动介绍中国的世界观,推动世界,尤其是西方国家终结种种"中国陷阱",终结自以为是的"普世价值观",实事求是地看世界、看自己、看中国,进而改变本国的世界观和中国观,推动世界各民族和谐平等发展。

中国世界学研究是新时代提出的世界性课题,是中国道路自信、理论自信、制度自信的基础和本质,是实现中华民族伟大复兴"中国梦"的精神诉求和价值支撑,是推动社会主义文化大发展大繁荣、建设社会主义文化强国的理论基础之一,也是推动"中国方案"服务于世界和平发展、打造人类命运共同体的基本途径。

## 中国世界学研究可助推世界"中国时代"的到来

中国世界学研究,是要基于中国视角和世界视角,深入挖掘中国与世界关系的新时代内涵,并通过研究中国世界化的历史、方法、问题与对策,探寻规律,构建理论体系,进而通过实践加以验证的一项助推中国走向世界的战略性强国国策,因此必须扎根中国大地,基于全球化视角,从中国的世界观,世界的中国观,中外中国观、世界观比较分析三个层面明确中国世界学的新时代内涵,并建立相关评价标准和效果评估机制。

中国世界学研究包含了对世界中国学研究的研究。世界中国学研究推动了中国的世界化进程,而中国世界学研究则在充分借鉴世界研究中国的成果基础上,研究中国如何认识世界和世界如何研究中国,并在此基础上凝练出新时代中国认识世界、融入世界、领导世界的理论体系,提供实施路径,推动世界互信合作,共享和平,共同发展。

中国世界学研究重视客观分析对象国的"中国观"舆情。中国世界学研究受制于对象国的"中国观"和对中国世界化和世界一体化的认知和接受程度。世界不同国家的社会与文化机制多元,政治生态多变,对中国崛起态度复杂,中国世界学研究面临巨大的风险。对此,我们将积极应对,先图存,再谋发展。

当前,"中国威胁论"不断变换面孔出现,且越来越具有欺骗性,某些国家对中国的崛起充满恐惧,想方设法利用历史上被殖民国家强烈的民族危机和精神独立意识,破解中国的世界布局和战略实施,与中国争夺话语权,中国研究世界因此会被某些国家视为中国威胁的新途径,甚至上升到国家安全战略层面加以预防,对此中国世界学研究应妥善应对,在研究过程中消除对象国的"不安全"感,并把"和而不同"理念世界化,与世界各国合力构建和谐的生态体系,消解各国不同民族文化之间的矛盾,为中国的世界研究营造良性内外环境,迎接世界"中国时代"的到来。

## 中国世界学研究应及早构建基于多元合作的中国话语体系

世界"中国时代"的迅速到来,为中国世界学的研究和实践创造了难得的机遇。但在经济、文化、价值观的国际化方面,中国与世界上的发达国家之间还存在着巨大的"贸易逆差",对中国国家形象的建构、中国强国之梦的实现、"人类命运共同体"目标的实现都造成了消极影响,甚至构成了严重的阻碍。

中国世界学研究必须立足于中国走向世界的现实需求和战略目标,主动发现中国与世界对话机制中存在的问题,寻求切实有效的对策,探索一条健康、稳定、科学、可持续的中国世界化运行机制,并在世界一体化愿景下,基于中国特色的研究世界的理论和方法,构建出具有中国特色、世界价值的中国世界学理论话语体系,消除世界上某些国家,尤其是西方国家对中国形象的"目的性"构陷,推动世界发展,形成"中国模式",使中国更加全面认识世界、世界更加客观认识中国。

中国世界学学科体系的建构,应以新时代中国特色社会主义思想为指导,以科学挖掘中国世界学的内涵为基础,以客观分析世界各国的中国研究舆情为前提,以合理规划中国世界学在不同国家的研究路径为手段,以海外孔子学院和华侨华人为桥梁,以不同文化和谐共生为原则,立足现实,着眼长远,从战略和具体实施路径层面,探索中国世界学研究的内涵、原则、方法、目标,最终建立具有中国特色、世界价值的中国世界学理论话语体系,更好地服务于中国强国战略,并推动世界各国借力中国发展实现各自繁荣。

【登载于《汉舟》第 34 期】

## 修身养性　用心治学[①]

李　萍

首先,要祝贺大家成为同济一员。这是一个新的起点,你们要开始对自己有新的要求。作为导师代表,我想就学生培养谈以下三点:

第一,同济汉硕的学生有各种各样的专业背景,也有各种各样的动机,有各种各样的需求。但是,成功取决于你的态度。比如你们的学姐杨晶晶同学,就是一步一个脚印地走过来的,我们都为她感到骄傲。所以我们不问你的出路,而问你的脚下。

第二,同济大学提供的是一套非常有特色的培养模式,我们有预科、有进修班、有各类短期班还有四所合作孔子学院,架构起良好的教学实践平台。大家要抓住机会,扎实做好你的课堂观摩,积极争取各种教学实践机会。

第三,我觉得对于学生而言,最重要的就是勤奋。正所谓"天道酬勤",你要利用你的专业、突破你的专业,寻找跨学科路径助力汉语国际教育。不管你是搞会计的还是搞机械的,只要扎扎实实在这里下功夫,相信一定会开拓出属于你的道路。

在这三年中,大家会经历一段痛苦的过程,那就是毕业论文的撰写,有的同学现在可能还没有什么感觉,但当你真正有感受的时候,很可能已经为时晚矣。在这里,我想给大家展示一下毕业论文撰写的几个关口。

第一道关口是选题。我们第一届很多同学的选题都是老师给的,让我们的学生避免了许多弯路,但是导师的"选题库"毕竟是有限的,也不一定都适合你,不可能每一次都由导师来给学生制定题目。毕业论文的题目需要你自己认真思考。选得好不好?对不对?有没有可操作性?这都是有讲究的。

---

[①] 本文根据李萍老师在2018级汉硕班开学典礼上的讲话整理。

第二道关口是查重。答辩要盲审，毕业后还会进行抽检。如果抽检发现有问题，你就相当于回到了原点，导师也会因此承担连带责任。因此我有几点建议和要求要对大家说。其一是你要跟着节点走，这是经验教训之谈；其二是你要跟着导师走，因为导师能预见你可能碰到的问题并且帮助你解决，我带的某位同学根据导师要求早做准备，在开题前就完成了语料库的检索分析和部分资料搜集，所以一开题就可以动笔做；其三是你要早动手，一进来就要动手，哪怕什么都不知道也要从现在开始考虑自己的选题；其四是要做预研究，专硕的论文和学硕的论文是不同的，专硕要求你的论文有实践意义，要看到利用正确方法获取的可靠数据，因此预研究非常重要；其五，要有灵活的思维方式，本科和研究生阶段的论文是不同的，在量和质上都有一个飞跃，专业课的课堂和你的导师不可能把所有你论文需要的知识点都"喂"给你，主动阅读、自由学习的能力对研究生格外重要，读完学完更要思考，"学而不思则罔，思而不学则殆"；其六，打好基础，只有基础扎实了，你才能破茧化蝶，如果你连专业基础、基本概念也分不清，那么你的论文里可能会出现极其低级的错误，这会导致你在答辩时受挫。以上是我对于论文写作给大家的几点建议。

最后我希望大家在这三年中修身养性、用心治学。首先，要做个有心人。我之前有个学生去听课，听到一半就回来了，我问她怎么回来了，学生说："因为课堂上只是在做练习，我就回来了。"我说："你继续去听课。我们的教学是精讲多练的。上课关键不在于老师给学生讲什么，而在于怎么讲，怎么操练。操练阶段有很多教学法，你要去体会，去学习。有人说，上海遍地是黄金，我要说，我们的课堂遍堂是宝。"其次，要求实严谨。你引用的数据、语句都要有切实的来源依据，不能是虚的、假的，要严守学术道德、形成严谨学风。要想通过毕业论文的答辩，只有求实、严谨这条路可走。再次，做个厚脸皮的人。不要怕批评，不要怕失败。我以为开题就被"毙"是件幸运的事情，这避免了你在最后答辩的时候全盘皆输，在路上出错、跌倒是很正常的，出错没关系，我们依然要在学习过程中去纠正、完善自己。最后，祝同学们这三年学有所成！

【登载于《汉舟》第 35 期】

# 新时代赋予汉语国际教育的新任务①

许 涓

1998年,同济大学国际文化交流学院成立,负责我校来华留学生招生、管理、教育、服务等工作;2004年,以上工作分别由留学生办公室、国际文化交流学院、留学生服务中心承担。也就是说,自2004年以来,同济大学国际文化交流学院成为了专门从事汉语作为二语教学和科研的机构。

汉语作为二语教学的实践,其历史最早可以追溯到汉代。自新中国成立后至今,汉语作为二语教学经历了20世纪50—70年代末事业的开创期、80年代至20世纪末学科的确立与深化期、本世纪以来的转型期。所以说,我们的学院还比较年轻,但是这个事业、这个学科已经有了深厚的历史渊源,有了比较漫长的发展历程,现在也有了一个十分可喜的时代转机。

汉语作为二语教学是我们这个学科的学术定位,把它转化为具体的任务,可以理解为汉语国际传播和中国文化的国际传播。我们注意到前北京语言学院1996年曾改名为北京语言文化大学,2002年再次更名为北京语言大学;而华东师范大学对外汉语学院最近又改名为汉语文化学院。那么文化在这个学科里究竟如何定位? 20世纪90年代,在本学科领域曾经有过一场语言与文化的讨论,其结论似乎可以总结为:汉语国际传播是本学科的核心内容,而中国文化国际化是本学科的深层目标。事实上,中国文化国际化是所有中国人肩负的责任,我们肩上的这个担子尤其重,主要是因为语言和文化密不可分的关系,因为汉语国际传播的国际特色所致。

一个民族的语言与文化的传播到底有多重要? 借中国人民大学《汉语国际推广

---

① 本文根据许涓老师在同济大学国际文化交流学院成立20周年庆典上的发言整理。

战略研究报告》的话说,任何一种语言的推广、应用乃至被接受为国际间的交往媒介,其意义都超越了语言本身。它不仅可以标志世界性的文化生态,不仅可以度量硬实力和软实力的互动和平衡,而且实际上可以成为"国家兴衰"的基本符号。中国经济实力与国际地位的快速提升,使得中国文化国际传播的任务前所未有地紧迫,真可谓乘势而为正当时。

经历了从对外汉语教学转型为汉语国际教育的发展,在教育实践、应用研究、学科理论、学科基础理论的支撑下,本学科已经有了较为成熟的体系,也有了相当数量和分量的科研成果。伴随着学科的发展,20年来,我们学院在步履蹒跚中逐渐成长,具有一定办学规模、多种教学类型及丰富的教育项目,主体教学包含了国内的交流生、长短期进修生、预科生、本科生、研究生,以及国外孔子学院生教育。

在今天这样一个总结过去,期许未来的日子里,祝福我们的事业兴旺发达,学科日渐精深,学院蒸蒸日上;衷心感谢在这个事业进步、学科繁荣、学院发展的历程中给予我们指导、帮助与支持的校内外的领导和专家,衷心感谢在平凡的岗位上付出辛勤劳动的每一位工作者,是大家共同的努力成就了学院的今天。再次祝福学院!

【登载于《汉舟》第37期】

## "一带一路"文化交流需要一部"实战操典"①

孙宜学

世界文化只有互鉴互赏互通,才能共进共生共兴。

当中国走进世界的步伐越来越大、越来越稳的同时,世界了解中国的愿望也越来越强,越来越深。

中外文化合作交流,本应携手。没有携手的,到了该携手的时候了。

但愿景不代表现实,中外文化真正相互理解,还只是理想。

"一带一路"提供了一个平台,一个中国可以在某种程度上主导文化交流的平台,既可以主导搭台,也可以主导协商上演的剧目,甚至可以挑选演员,分配角色。中国文化在"一带一路文化带"的编织过程中要发挥"头雁效应",善作善成,自作他成,把"一带一路"建设过程凝练成一种精神,一种文化。

汉语和中华文化国际化的新时代,也把"一带一路"沿线国家的国际化推向了一个新时代。中国自身在不断汲取世界文化传播先进国家的经验和教训的同时,也在帮助沿线国家共同学习和借鉴,少走弯路,节约时间和资源。

文化之间差异为先,但一切文化都具有共性和共同的发展规律,即文化都基于最朴素的人性,都基于对真善美的渴望和成就,也都渴望世界成为真善美的人间乐园。

真知为文化之基,善念为文化之源,美感为文化之魂,但现实世界却是"假恶丑"横行肆虐:战争,恐怖主义,宗教冲突,政治阴谋,经济封锁,为富不仁,假仁假义……这些人为的冲突和隔阂,在一次次打击人的"真善美"信念的同时,也使一切对人性美好、世界大同理想充满向往的国家和个体更加渴望不同文化之间能够赤诚相待,

---

① 转自公众号:文化共兴研究与实践。

真心相持,把手同行,共同把喧嚣浮躁的世界建设成静谧安详、安居乐业的宜居之所。

"一带一路"文化共同体是一个文化交融的试验田,一方面要让本国的文化土壤的温度、湿度等适应来自不同土壤的文化种子,另一方面要使不同文化土壤生长出的种子通过这个试验田的层层筛选,逐步与文化新土壤相互适应,相互"对脾性""对口径"。为此,要该输血就输血,该补钙就补钙,该吸氧就吸氧,在文化种子从不适应到适应的过程中逐步消除各自的"排异性",实现文化共存。只有经过了这个文化适应过程,不同文化之间才能相互适应,才能各得其所,各得其生,各得其家。而只有朵朵花儿都绽放,才会真正拥有文化百花园。

"一带一路"文化交流是一门实践性很强的学问,"纸上谈兵"只能贻误良机,目前的文化国际传播理论研究应以"实战"为导向,少些大话空话,主动从实践中发现问题,到实践中去解决问题,并在实践中不断完善理论、优化理论,从而越来越科学务实地指导文化传播实践。文化传播不存在绝对的平衡,只存在绝对的不平衡,因为传播需要势能,就像水往低处流,只有借助文化势能,才能实现文化的输出与接受。文化交流也存在着"经济实力导向"现象,即经济实力主导文化交流的"从高向低"现象,经贸决定着文化的流向和相互交流的方向,一般是经济发达国家的文化向经济相对不发达的国家流动。世界文化交流的历史证明了这一规律,佛教世界化的印度,"驿骑星轺尽疾驱"的大唐,工业革命后的"日不落帝国"英国,等国家文化的世界传播,都证明过这一规律。虽然也存在着经济不发达国家主动"引水入田"现象,但一般都是基于救亡图存的需要,如清末民国初的戊戌变法、救亡启蒙,都是吸引外国文化以改善自身文化从而求革新求生存。不管这些文化交流现象出于何种动机,产生了什么结果,其成功和失败都是当前"一带一路"中国与沿线国家、沿线国家彼此之间文化交流的宝贵借鉴。

> 我从你彩色的欧罗巴
> 带回了一支芦笛
> 同着它

> 我曾在大西洋边
> 像在自己家里般走着……
>
> ——艾青《芦笛》

为了使"一带一路"这只"芦笛"能奏出和谐的乐章,需要乐手能融会贯通不同的文化节奏和民族心率和脉动。为了减少练习的时间,就有必要多听听不同乐手的演奏,既借鉴经验,也反思教训。为此,目前应跨越"一带一路",从全世界范围内选择一些已被实践证明了的成功或失败的文化传播案例,基于"一带一路"文化交流的需求,有针对性地分析这些案例所涉及的文化传播主体、途径和对象之间的复杂关系,每一个案例的背景,所包含的文化内涵,传播成功或失败的原因等,为"一带一路"的文化传播实践,提供可直接借鉴的实用手册。

这部手册应该基本包括文化传播的四个基本问题:"我是谁""我为谁""我友谁""谁友我"。读懂了这些案例,也就基本上能在文化交流工作中做到慎思明辨,处理好"审慎与决断""独立与开放""自尊与胸怀"和"独乐与众乐"这些文化交流中的矛盾统一关系,从而不但能从战略层面更好地规划"一带一路"文化交流工作,而且可以帮助更多的个体掌握跨文化交际技能,使每个人都成为文化大使。

在推动世界文化"四海为家"的过程中,我们每个人都只是微不足道的一滴水,但只要尽到了润泽之功,并与其他水滴融汇在一起,久久为功,不但滴滴之水汇成大海,而且每滴水都自成大海,自成世界。

这时的世界,就不再有人为的阻隔,也没人能阻隔了。

【登载于《汉舟》第 39 期】

# 建设"一带一路"孔子学院  推动构建人类命运共同体[①]

孙宜学

2019年年初,中共中央、国务院印发了《中国教育现代化2035》和《加快推进教育现代化实施方案(2018—2022年)》,提出未来将加强与"一带一路"沿线国家教育的合作,优化孔子学院区域布局,加强孔子学院能力建设。这说明,孔子学院对"一带一路"民心相通工程的重要性得到了充分肯定,而孔子学院也将借力"一带一路",进入一个高质量稳步发展的科学轨道,并且就像一根根毛细血管,把"一带一路"和人类命运共同体的和平理念融入"一带一路"沿线国家的日常生活,进而推动全人类合力共创可持续发展的新世界。

"一带一路"倡议旨在与沿线国家建立"拥有共同命运归属感与文化共性的朋友"关系,而人类命运共同体理念则是"一带一路"倡议和孔子学院发展的精神基础与传播内涵,孔子学院作为沟通中国与世界的心灵之桥,则在推动"一带一路"与人类命运共同体构建过程中扮演着促进民心相通的桥梁角色。

人类社会是一个相互依存的共同体,这一理念已经成为世界共识。因此,构建人类命运共同体,是中国顺应和平发展、合作共赢的时代潮流,着眼于世界各国相互联系、全球命运休戚与共的发展大势,而提出的中国方案。这一方案不是西方式的零和思维,不是将世界看作势不两立的角斗场,而是以国际社会普遍认同的"共赢"理念,将自身命运和前途同世界命运和前途紧密联系在一起。这一中国方案是要满园花开,是要奏响人类共同发展的交响乐。这是一个新时代大国的责任和使命。

志合者,不以山海为远。中国的发展离不开世界,世界的发展也需要中国。毫

---

[①] 原载《中国教育报》2019年09月12日第七版。

无疑问,"一带一路"倡议顺应了世界多极化、经济全球化、文化多样化的大潮流,秉承了开放包容的新理念,为共绘互利合作、共享发展美好蓝图创造了新的历史机遇,为构建人类命运共同体,架构了一座座以民心作轨的"心灵高铁",贯通了中国与沿线国家之间经济、文化双向多向运输、交流。

目前世界范围内对"一带一路"倡议的认知存在着中外不同温、国国不一致的现象,主要分化为两类,一类为"利益分享"型,认为自己的国家或所处地区将会从中国的发展中受益;另一类是"利益博弈"型,体现在过度担心"合作利益分成"中自己的国家没有足够的主动权。要消解这种认识的不均衡甚至误读,必须发挥中华文化的暖心功能、"美美与共"传统,不断加强中国与"一带一路"沿线国家的人文交流和友好往来,包括更进一步加强在沿线国家的汉语教育与中华文化传播。

孔子学院的发展实践已经证明,汉语国际传播与中外文化交流始终伴随着矛盾和冲突,只有披荆斩棘,方能阡陌相通;只有坦诚交流,才能同一律动。孔子学院正通过发挥自身的汉语教育、文化交流、民间外交、信息互通等多重优势,一步步改善着"一带一路"前行途中的"硬环境"和"软环境",且步步融冰化雪,步步播种绽绿,形成了与"一带一路"建设有机互动的生动局面,推动中国和沿线国家文化和谐共存、共兴逐渐成为主流。

但孔子学院在"一带一路"沿线国家的发展布局并不均衡,供求关系尚不平衡。目前已有孔子学院主要集中在"一带一路"沿线经济较发达的国家,如俄罗斯、泰国、印度尼西亚、波兰、乌克兰、菲律宾等。已有孔子学院物理空间分布广,外部环境复杂,文化生态不一,舆情多变,在顶层设计、路径设计、内容供给、质量保障与检测、对话机制、运行机制等方面也因主客观条件所限,存在着很多不确定性和变数,客观上导致"一带一路"沿线国家的孔子学院在功能发挥、投入与产出比例等方面存在着瓶颈,构成孔子学院发展途中必须面对的一堵堵有形或无形之墙。

"一带一路"倡议和构建人类命运共同体已为孔子学院创造出了合适的发展空间和成长环境,孔子学院也可借力在未来发展中进一步优化结构性布局,在服务于

"一带一路"倡议和人类命运共同体构建总目标的基础上,重点在目前孔子学院力量较弱的中亚、西亚以及"海上丝绸之路"区域的国家和地区加强孔子学院建设,从而在更大范围内推动中国与"一带一路"沿线国家地区平等相处,共同构建人类命运共同体。

"行远必自迩"。孔子学院是中国看世界的眼睛,也是世界看中国的窗口。沿线国家民众所看到的一所所孔子学院,就是中国一双双看世界的眼睛,而眼睛是心灵的窗口。孔子学院在沿线国家和全世界输出的必须是一汪汪纯净的中国智慧之水,温暖之流,坦诚之意。只有这样,孔子学院才能成为"一带一路"沿线各国文化中温煦如春的存在,人类命运共同体才能成为百花齐放的花园。

【登载于《汉舟》第46期】

## 中国强 汉语热[①]

林 希

记得我到德国后第一次去理发店剪头发,女理发员居然特地在我脑后留下一撮头发不剪,还说:"你们中国人不是都要留一条辫子的吗?我看电影里的中国人都是那样的。"那已经是20世纪80年代,可在很多普通德国人的印象里,中国,仍然是一个从前的贫穷落后的中国。

我多想向他们介绍一个真实的中国!但当时我的德语不够好,我要找机会多练习。于是我决定到柏林工大食堂的信息墙上贴纸条、找语伴,用汉语交换德语。可是我一连贴了5张寻找交换语言的条子,竟然都无人回应。为什么?我问我的中国朋友,她直接回答我:"谁要学汉语呀!你还不如写'愿意用擦窗户交换学德语'呢!"我又去问我的德国同学,对方很婉转地说:"中国离我们太远了,我们学汉语有什么用呢?"不光德国人,那时我还见到一个华人母亲训斥她刚带到德国的女儿:"汉语好有什么用,以后还不是照样找不到工作,赶快给我把德语、英语学好!"

几年以后,这样的情况开始改观。1990年上海浦东新区开发,1992年我就有了愿意学汉语的德国语伴——一位要去上海浦东实习的大学生。"如果我去青岛旅游,中国人会不会打我?"这是他问我的第一个问题。可见当时中德两国人民之间多么缺乏了解。随着中国的逐步崛起,学汉语的德国人渐渐多了起来。1995年,一位原东德地区的学生家长对我说:"我要让两个儿子的汉语水平达到能当记者的程度!"原来,两德统一以后这个家庭曾陷入夫妻双双失业的经济困境,后来因妻子找到了和中国有关的工作才得以缓解。"希望在中国!"这是我第一次从一个德国人口

---

[①] 原载《人民日报·海外版》2019年6月29日第五版。

中听到的说法。又过几年,这个地区的一所小学请我去教孩子们汉语。据说这个地区是知识分子比较集中的地方,家长中律师、医生、教师比较多。我去上汉语课的时候,德国电视台、德国之声电台纷纷前来采访报道。

与此同时,我在柏林的成年大学汉语班的学员背景也逐渐有了变化,最早的学员多是短期去中国的游客或记者,后来有了很多企业经理。更多的时候,我是直接到德国大中企业给他们即将派往中国的驻外代表上汉语课和中国文化课。连波斯坦工商局也请我去为小企业的老板们教课,包括汉语知识和基本礼仪等。有一次,我还和德国同事一起受邀乘飞机去慕尼黑讲课,介绍中国的企业文化。"这对我们太重要了!"这些德国企业的负责人表示。华人家庭对子女学习汉语的态度也发生了变化。在中国驻德大使馆的帮助下,1992年成立的汉语小组,后来逐渐发展成有近200名学生的柏林华德中文学校。

2001年起我担任该校教务长,曾带着校董会和全校师生的嘱托回国参加海外华文教育工作大会。在大会发言中,我讲述了海外华校急需汉语教材的情况,立即获得国侨办、国家汉办领导的关注。不久,大批合适海外教学的华校教材通过中国驻德大使馆送到了我校学生们手中。为了表彰孩子们学习汉语的热情,国侨办还为他们送来一批《新华字典》。华德中文学校的学生由此猛增到500多人。

2004年7月,我带领15名华德中文学校的学生到北京参加国侨办举办的"寻根之旅"夏令营,和他们一起在天安门广场漫步,在人民大会堂参观,在万里长城远眺。这些9岁到13岁的华裔少年,看到了中国的大好河山,看到了改革开放取得的巨大成就,内心充满了作为一名华夏儿女的自豪!2004年12月,我作为汉语教师接受德国《时代报》(*Die Zeit*)的采访,我终于有机会在该报"2004年回眸"栏目中,向德国人介绍我的祖国,介绍改革开放后经济腾飞的中国。中国,早已不是那个人人脑后拖着辫子的贫穷落后的国家,中国,正在以崭新的面貌崛起在世界的东方!

如今我在上海同济大学国际文化交流学院继续我的对外汉语教学工作,我教的学生来自世界各国,其中有不少是硕士生和博士生。如今在很多外国人眼中,中国不再遥远,学习汉语越来越有用。我曾问意大利青年马克为什么要学汉语?他说:"中国现在是世界第二大经济体,相信10年后将成为世界第一大经济体。学好汉语,就有更多的创业机会。"

中国强,汉语热。作为一名对外汉语教师,我亲眼目睹了汉语在海外从被冷落到受欢迎的过程,由此,我可以自豪地说,我与祖国的对外汉语事业一同成长,并为之贡献了自己的一份力量。

【登载于《汉舟》第 46 期】

# 第五章　源头活水

不同的文化背景、不同的专业背景、不同的学术背景，
大家为实现同一个目标建言。
讲座、论坛，智慧碰撞，
活水汇入清渠，滋养初成的幼苗。

驶向世界的「汉舟」

2019年9月19日
星期四（本刊为半月刊）
2019级第1期（总第45期）
本期4版

# 汉舟

同济汉硕的"园地"
驶向世界的《汉舟》

主办单位：同济大学国际文化交流学院　　主编：孙宜学　　本期执行主编：陈玛丽、张莉韵

## 同济大学国际文化交流学院2019年秋季研究生迎新周

▶ 新生报到

8月25日，风和日丽，22名2019级汉硕中国新生以饱满的精神状态前来报到。国际文化交流学院副院长孙宜学和院长助理陈毅立分别来到学校和学院迎新现场，迎接新同学。

▶ 参观校园

同济大学新生开学典礼后，辅导员李钰倩老师和2018级韩晗学姐带领同学们熟悉校园环境，介绍图书馆资源的使用方法，以增强新生归属感，培养其主动的学习意识。

◀ 学校开学典礼

8月26日上午，同济大学2019级新生开学典礼上，陈杰校长向新生介绍了同济天下的家国情怀和学科发展现状，希望同学们坚守、求真、创新，做国家和民族的擎天之柱。多位师长结合自身经历，从不同方面为新生指明努力方向。

▶ 学院开学典礼

8月30日上午，2019级汉硕21名中国学生和5名国际学生新生参加了同济大学汉语国际教育专业硕士开学典礼，国际文化交流学院院长刘淑妍、副院长孙宜学、宗骞和导师团队出席，汉语国际教育系系主任潘海峰主持本次典礼。

▶ 宗院长致辞

宗骞副院长对新生进行立德树人教育，希望同学们不忘初心，牢记使命，虚心求教，用发展的眼光和智慧，将汉语国际教育专业发扬光大。

◀ 刘院长致辞

刘淑妍院长在致辞中表达了学院对新生的期盼和欢迎，分享了暑期在亚太国际汉语教学年会上的见闻，鼓励新同学了解学院20年的历史，了解汉语国际教学事业，不忘初心，牢记使命，主动认真学习。"要输就输给追求，要嫁就嫁给幸福"更是触动了很多同学，成为了火爆的个性签名。

投稿邮箱：tongjihanshuo@163.com　　地址：上海市赤峰路67号　　邮编：200092　　联系电话：65980758

图5-1　《汉舟》第45期：2019级汉硕生入学

# 从汉硕教学技能比赛反思汉语国际教育

1月5日,德国汉诺威孔子学院中方理事长、同济大学德国研究中心副主任胡春春副教授,为我院师生带来了一场名为"从汉硕教学技能比赛反思汉语国际教育"的精彩演讲。胡教授从自己两度担任"汉语国际教育教学技能大赛"评委的经历出发,针对"汉语国际教师应该是什么样子""我们该如何培养汉语国际教育专业硕士"等问题谈了自己的看法。胡教授指出,要求所有的汉语国际教师都成为"全能型"教师是不现实的。面对不同文化背景、不同年龄段的学习者,教学方法迥异。在汉硕生培养过程中,不妨效法国内的师范院校,根据教学对象年龄细分,进行有针对性的指导,那对学生的教学实践必有更大裨益。胡教授同时提出了他个人对当下"文化教学""文化展示"的困惑,认为寻求"文化理解"或许才是让中国文化走出去更好的路径。当然,为帮助外国人理解中国文化,教师必须对自己的文化、对方的文化都有较为全面深入的认识,而这却是目前很多汉硕生所缺乏的。不但在"文化"上储备不足,汉语语言本体的知识也有所欠缺。身为汉语与中国文化的传播者,汉语国际教育专业的学生应当在这些方面多下功夫,夯实基础。讲座的最后,胡教授鼓励我院研究生积极参加各种"汉硕教学技能比赛"。通过历练成就更优秀的自己,为日后的事业奠定基石。

【登载于《汉舟》第9期】

## 李宇明教授做客同济"汉语国际传播论坛"

11月19日,北京语言大学党委书记李宇明教授在同济大学国际文化交流学院举行了一场别开生面的讲座:"由'学汉语'到'用汉语学'——打造留学生汉语教育3.0版"。

李教授比较了改革开放前的"汉语教育1.0版"与改革开放至今的"汉语教育2.0版"之间在教学对象、教学方法、培养方式等方面的差别,并在此基础上提出"汉语教育3.0版"的设想。李教授指出新时代的汉语教育首先要有明确的培养目标,即"培养知华友华的有一定专业水平的世界公民"。为了实现这个目标,我们不能只将留学生视作"外宾"一味向他们介绍"历史中国""民俗中国",而应该引导他们融入真实的中国社会、了解现实中国。对留学生,特别是学历留学生的课程进行改革已势在必行。来华留学生大多是处在成长期的年轻人,中国教师除了教给他们各种专业知识,还应在汉语环境下塑造他们的人格,培养他们成为具有国际公德、国际活动能力,能够为全人类服务的"世界公民"。让留学生从以往单一的"学汉语",变为能够"用汉语学"继而"用汉语做"。这样培养出来的留学生将成为中国可持续发展的重要资源,他们作为"中国故事"的一部分将讲出让外国人更为信服的"中国故事",帮助中国更好地与各国交流、合作。

李教授同时指出,在"汉语教育3.0版"中,汉语教学的研究应从"助教"型转向"助学"型——为学生编写百科性的教材、提供"原汁原味"的课外阅读、编写便于使用的工具书……他还设想打造一个"汉语助学网",让世界各地的汉语学习者都能在这个平台上提问,专业教师或优秀汉语学习者可以及时为之解惑答疑。

互动时间,听众们提了不少好问题,如:"让汉语水平还不够高的留学生直接读《论语》原典是有一定困难的,是否可以考虑分层分级,循序渐进地通过连环画、中英对照、文白对读等方式将《论语》思想传递给学生?"李教授肯定了这一观点,鼓励同学们可以在自己的教学实践中进行试验。一名来自企业的听众表示:"现在很多留学生听说能力还可以,读写水平以及商业事务的处理能力很难满足企业所需,希望学校能在这些方面加强培养力度。"李教授高兴地表示,这正是"用汉语做"的要求,希望企业能与学校多多联系,共同为留学生的就业铺路。

【登载于《汉舟》第 18 期】

驶向世界的「汉舟」

# 思想碰撞　头脑风暴
## ——记第三届江浙沪大会教师论坛

石玉鸾

4月9日上午，汉硕培养创新模式学术研讨会在国际文化交流学院文化体验室召开。此次研讨会由我院李海燕老师主持，江浙沪高校汉硕一线教师与汉硕生共同参加。

在本次研讨中，各校汉硕一线教师针对"汉硕培养模式的现状与创新""汉硕课程设置与学生未来发展""语言教育与文化传播的关系"三大议题，展开了热烈讨论。并且有6位来自江浙沪各高校的经验丰富、术业有专攻的教师分别做了主题报告。

首先是来自上海财经大学的柳岳梅老师做了题为"培养汉教硕士依托活动开展中华文化传播"的主题报告。柳老师倡导在开展中华文化传播活动时，不仅要使汉硕生掌握基本的简单的中华才艺，更重要的是要提高汉硕生文化活动的策划能力。柳老师提出要帮助汉硕生结合学生文化圈背景及其喜好寻找活动创意，寻找适合青年留学生的表演形式。并以上海财经大学汉硕生成功策划的《西湖借伞》《舌战群儒》以及英国利兹大学学生剧团与利兹孔子学院联合排演的舞台剧《梦南柯》的成功巡演为例。柳老师的报告开拓了汉硕师生的中华文化传播思路，令在座汉硕生受益良多。

我院刘运同老师从专硕生的课堂观察记录说起。刘老师先展示了一名专硕生的课堂观察记录，并点评此记录由于听课者没有带着问题，以致大都是流水账式的记录，对学生并没有太大帮助与提高。刘老师倡导聚焦式观察，展示了露丝·韦津利(Ruthe Wajnryb)课堂教学的7个方面，即学习者、语言、学习、课堂、教学技巧与策略、课堂管理及教材与资源开发。随后，刘老师播放了一个汉语示范课的视频，指出即使是示范课,留心观察也会发现其中存在的教学问题。而这些问题,只有反复观看视频才能发现。因此刘老师提出了录像记录分析的想法,建议让汉硕生带着问题去看教学视频,针对问题完成听课记录,这样可以帮助学生发现更多自己日后上课时需要注意的地方,同时也为以后写论文积累素材。

上海沃动科技有限公司的课程研发总监姜子舒老师从新的汉语教学模式——网络教学模式谈起,给大家带来了一场技术盛宴。姜老师先给大家介绍了PopOn同济汉语教学闭环平台的建设及后续开发,并演示了PopOn学习软件的操作流程。科技改变生活,同时改变着人们的学习方式。我们可以运用科技,推动我们的汉语教学,让汉语教学走向更多、更远的地方!让学习汉语变成像滴滴打车一样随时随地可享受的服务!这个网络教学平台还可以为教师提供研究数据,为汉硕生提供教学实践机会。参会的师生对此都非常感兴趣,休息期间纷纷上前与姜老师讨论。

复旦大学的王景丹老师与上海大学的吴卸耀老师分别做了"文化传播视野下的语言教育创新"和"论汉语语言学导论课程讲授"的主题报告。王老师提倡文化传播应处于汉语国际教育的核心地位,而吴老师认为语言教学才是根本。"语言教育与文化传播的关系"引起了与会师生广泛激烈的讨论。许涓老师认为语言教学应先行,在语言教学过程中文化也会得以传播;柳岳梅老师认为文化活动能促进学生语言学习的动能;姜老师提出我们现在的文化传播倾向于传统文化,希望能找到更好地介绍当今的中国优秀文化,让外国人了解现在中国的方法。语言与文化的关系一直是学界争论不休的话题,有待进一步探讨。

最后中国人民大学的张璐老师谈了"汉硕学生毕业论文指导的再思考"。张老师分析了汉硕生毕业论文的五种类型,并介绍了人大汉硕生毕业论文的情况及存在的问题。关于解决存在问题的对策,张老师提出了自己的一些建议:(1)希望学界同仁特别是指导教师应开阔思路、打开视野,(2)应注重汉硕专业应用的特点,(3)应在研究方法和理论上及时更新,(4)应促进实践和学术方面的多交流。

此次研讨会与会师生各抒己见、讨论热烈、思想的火花不断碰撞,形成一场精彩的头脑风暴!研讨会也由原计划的两个小时,延长至两个半小时,以至午饭时间,讨论仍在继续。我有幸参与,特将听会笔记整理成文,分享给没能到场的同学,如有不妥之处,请老师们批评指正。

【登载于《汉舟》第 23 期】

# 为世界的理解与沟通架起一座彩虹桥
## ——校庆110周年巡礼:同济大学海外孔子学院发展回顾展暨可持续发展视野下的跨文化交流论坛

刘怡菲

2017年5月19日,正值同济大学成立110周年之际,作为校庆重要活动之一,"同济大学海外孔子学院发展回顾展暨可持续发展视野下的跨文化交流论坛"正式拉开帷幕,用为期一周的海外孔子学院发展回顾展和高端的国际学术盛宴为学校的华诞送上贺礼。

本次论坛由同济大学主办,同济大学孔子学院办公室、国际文化交流学院承办,文科办公室、留学生办公室、学生艺术总团、出版社、后勤集团共同协办。

来自同济大学海外合作大学的校领导兼孔子学院的外方理事长、中外方院长、中外方理事、上海市有关高校孔子学院工作负责人、汉语国际教育专业学科带头人等共聚同济,与师生们共同探讨如何以可持续发展为导向,借力孔子学院推动和促进跨文化交流。

此次活动内容丰富,"孔子学院发展回顾展"、校长论坛、院长论坛、汉语国际教育师生论坛联袂推出,精彩纷呈。

上午8:30,校党委书记杨贤金为"孔子学院发展回顾展"揭幕。意大利佛罗伦萨大学副校长Giorgia Giovannetti女士、德国汉诺威莱布尼茨大学副校长莫妮卡·希思特女士、日本樱美林学园理事长佐藤东洋士、韩国庆熙大学副校长黄柱镐共同为展览拉开了序幕。同济大学目前承办有四所孔子学院:日本樱美林大学孔子学院、德国汉诺威孔子学院、韩国庆熙大学孔子学院、意大利佛罗伦萨大学孔子学院,以及两所孔子课堂:日本樱美林大学孔子学院高岛孔子课堂、日本立命馆孔子学院大阪孔子课堂,每年开设汉语学习班200余个,举办文化活动近百场,参与总数超过万人,逐步形成了各具特色的办学模式,受到当地各界的热烈欢迎。本次展览回顾了孔子学院和课堂的发展历程,足可见证中国与世界各国教育文化的交流与合作历史。

上午9点,论坛开幕,江波副校长主持,杨贤金书记致欢迎辞。樱美林学园理事长佐藤东洋士作为海外孔子学院的代表做了发言。随后,同济大学留学生办公室、文科办公室、后勤集团和艺术团代表向外方代表授予"中华文化移动教室"旗帜,时任同济大学出版社社长的华春荣介绍了中国文化与当代中国主题图书,并主持《同济大学文人书画家作品集》首发仪式,杨书记代表学校向各孔子学院赠送了《同济大学文人书画家作品集》及《中华文化国际传播系列丛书》,为孔子学院进一步的建设与发展积极传达同济的文化内容。上午的"校长论坛"旨在以孔子学院为平台,扩展国际合作深度与广度。江波副校长与外方四所大学的校长分别做了主题报告,包括"中国世界一流大学建设与可持续发展的孔子学院事业""可持续发展视野下的跨文化交流:以孔子学院为平台,扩展国际合作深度与广度""对孔子学院如何促进汉诺威大学国际化的思考""推动以孔子思想解决各国问题的国际青年论坛""可持续发展为导向的中国文化、一带一路和孔子学院"。他们共同呼吁国际青年学生,为了世界的和平与发展,学好知识,学会理解,学会共处,为全球命运共同体构建与各民族文化理解与认同架起沟通的桥梁。下午的"院长论坛""师生论坛"更多关注孔子学院发展中的具体经验,代表们以"可持续发展视野下的孔子学院发展"为主题进行交流,院长、教师、学生各自从不同角度提出了对孔子学院发展的建议。

【登载于《汉舟》第25期】

# "为世界的理解与沟通架起一座彩虹桥"
## 同济大学海外孔子学院发展回顾展暨可持续发展视野下的跨文化交流论坛图片集锦

5月19日上午8:30，与会领导与嘉宾齐聚同济大学四平校区图书馆前，为"孔子学院发展回顾展"揭幕，并参观展览。

宾主于图书馆举行小型座谈会，杨贤金书记、江波校长同各孔院院长及随行人员亲切会谈。宾客们为同济方的周到安排表示感谢，并结合"回顾展"的内容介绍孔院目前工作情况。

9点，宾主移步逸夫馆二楼报告厅，论坛正式开幕。国际文化交流学院的留学生们以一曲《我们在上海》欢迎嘉宾，让整个会场充满青春的朝气与活力。

论坛上，同济大学留学生办公室、文科办公室、后勤集团和艺术团代表向外方代表授予"中华文化移动教室"旗帜，期待同济与孔子学院有更多的文化交流合作。

同济大学出版社社长华春荣介绍中国文化与当代中国主题图书，并主持《同济大学文人书画家作品集》首发仪式。杨书记代表学校向各孔院赠送《同济大学文人书画家作品集》及《中华文化国际传播系列丛书》，为孔子学院进一步的建设与发展积极传达同济的文化内容。

国际文化交流学院刘淑妍院长主持校长论坛。意大利佛罗伦萨大学副校长Giorgia Giovannetti女士、德国汉诺威莱布尼茨大学副校长莫妮卡·希思特女士、日本樱美林学园理事长佐藤东洋士及韩国庆熙大学副校长黄柱镐热谈"可持续发展"，并与现场师生展开积极互动。

图 5-2 《汉舟》第 25 期

# "可持续发展视野下的跨文化交流论坛"分论坛活动纪要

姚伟嘉

5月19日下午,出席"可持续发展视野下的跨文化交流论坛"的同济大学各合作孔子学院中外院长参加了院长分论坛和教师分论坛,和同济师生一同探讨孔子学院的可持续发展以及新时代对复合型汉语教育人才的需求。

## 孔子学院院长心声

**黄橙紫院长(意大利佛罗伦萨大学孔子学院):** 中国经济的高速发展,为汉语推广带来了最佳时机。汉语的推广,也将进一步推动中国经济的发展。但西方人对中国的了解仍很有限,中国文化走向世界,还有很长的路要走。推广汉语,要立足本民族,适应全球化,面向全世界。

佛罗伦萨大学孔子学院之前利用大学资源和建筑设计专业的优势,举行了很多高端论坛,但长此以往恐怕曲高和寡,还是要找新的发展点。我们现在借助当地华人的力量来做工作,为华人子弟提供学习中国文化的平台,得到了他们的欢迎与支持。海外华人是传播中国文化和汉语的良好媒介,加强华人华裔对祖国文化的认同感,和孔子学院的目标异曲同工,应互相帮助、合作共赢,促进对外汉语教学的多元化,让文化国际化惠及更多人。

**裴宰奭院长(韩国庆熙大学孔子学院):** 孔子学院的主要工作可以分为汉语教学、文化活动、对比研究。庆熙大学是综合三者的模式,汉语教育主要是面向大学生、成人、家庭主妇、企业家的专业汉语培训。目前,化学、贸易、IT等方面的专业汉语老师非常难找,希望能派给我们有这些专业背景知识的汉语老师。文化活动目前主要是韩国单方面的,希望有更多双方合作的活动与交流。对比研究方面,我们每年都有大量汉韩论文进行互译,也出版汉语的论文集。还组织中韩教师调研互动,交流研究成果。

孔子学院的可持续发展,建立在与企业政府民间机构长期的合作之上,需要创新合作包容共享。

**蔡琳院长(德国汉诺威大学孔子学院):**孔子学院的可持续发展有两大要点,第一是资源的使用,第二是持续影响力。孔子学院工作人员的知识、热情、毅力以及创造力,是孔子学院重要的资源,面对文化冲突要有耐力、灵活性,做不同的工作有不同的应对与变通。而如何让持续影响力最大化则需要对目标群体进行细致分析。

我们近年来举行的活动,有非常成功的新春酒会、西南少数民族服饰展,不同层面的受众都非常满意。也有不太成功的诗歌朗诵会。我们都会及时总结失败原因,比如:主题不够大众化、没有合作伙伴、当天天气不好……通过反思总结,才能让活动越办越好。在德国,活动要做成品牌,就有了持续影响力。为了持续发展,就要有稳定的合作伙伴,言而有信特别重要。

**杨光俊院长(日本樱美林大学孔子学院):**今天讲四点:首先,孔子学院一直在做好事。只有好事才能持续,才能发展。好事要做久,做久了好事才会更好。第二,孔子学院是在为梦想拓展空间,为世界多元文化尽应尽的责任。当下,世界需要了解中国,中国也需要被世界了解,孔子学院就是二者的桥梁。第三,孔子学院不能处于边缘地带,要融入大学、融入社区、融入所在的国家。我们的卡拉OK大赛、京剧巡演都作了非常有价值的尝试,反响也都不错。第四,孔子学院要培养自己的"孔院人"。在孔子学院工作要有长远的眼光和宽阔的胸襟,要亲切和善,也要随机应变,更少不了一定的专业能力。我们每年都对孔子学院的志愿者和教师都进行培训,就是为了孔子学院更好地发展。孔子学院的工作繁杂且辛苦,但我们都很开心,因为我们知道自己正在做一件好事。

## 师生互动摘要

**李萍(教师论坛主持人):**听院长和老师们分享了很多跨文化案例,是否可以将这些案例汇编起来,作为日后外派的志愿者的学习资料?

**所有发言人**:双手赞同!这样的案例学习在一定程度上能缓解他们刚一上任的焦虑,减少文化冲突。

**学生提问**:请问各位院长、老师,对于去孔子学院工作的外派志愿者,教学能力、研究能力、外语能力、活动组织能力、跨文化交际能力、才艺展示能力中哪项能力最重要?

**黄橙紫院长**:活动组织能力、教学能力、才艺展示能力都重要,还有跨文化交际能力,这确保志愿者能尽快适应孔子学院生活。外语能力在我们孔子学院不是特别重要,我们是中外老师合作上课的。

**蔡琳院长**:对我们孔子学院来说,教学能力最重要,活动组织能力和跨文化交际能力次之。外语能力在初级班很重要,还有孔子学院的内外协同合作,也需要德语能力过关。

**杨光俊院长**:教学能力是基本,还有才艺展示能力,最好能进行才艺辅导。活动组织能力在来了之后会培养起来的,还有希望有写新闻报道的能力。

**学生提问**:是否能请院长们每年为大家讲座、介绍孔子学院最新的需求和面对的问题?

**所有院长**:非常希望有那样的机会。

**留学生提问**:孔子学院愿意接收我这样的本土教师吗?

**杨光俊院长**:我们这里有很多本土教师,欢迎有能力的同学加入孔子学院。

**蔡琳院长**:德国对于教师有诸多要求,但只要符合要求,我们都非常欢迎!

【登载于《汉舟》第 25 期】

# 浙江大学王小潞教授解析"学习动机"

王梦玲

10月24日,浙江大学外国语言文化与国际交流学院、浙江大学语言与认知研究中心教授,浙江大学宁波理工学院外国语学院院长王小潞教授应邀为我院师生带来一场精彩讲座,题为"非目标语环境汉语学习动机的EQS建模与启示——基于印尼初中生的汉语学习动机的调查",讲座由刘运同教授主持。

王教授先介绍学习动机的定义、分类及其功能。继而将其与汉语二语习得联系起来推论出了影响二语学习的因素——内在因素和外在因素,以及影响二语学习动机增减的因素。

由于印尼国家介于汉字圈与非汉字圈之间,具有一定的代表性。所以王教授选择印尼国家的一个中学的初中生进行汉语学习动机的EQS研究。王教授和她的学生们运用EQS结构方程建模分析软件进行建模,设计调查问卷。在问卷中将学习情境、融合意愿、工具媒介、文化兴趣、社会氛围、对目标的态度以及持续性努力分为七类,再将七小类分别归类在内在动机和外在动机中。根据研究动机的结果分析影响学生汉语二语习得的因素,提出动机激励策略,从而促进汉语二语教学。

王教授指出,根据研究动机的结果,分析出影响学生汉语二语习得的因素,提出动机激励策略,从而促进该校的汉语二语教学,并为其他地区的汉语提供借鉴。

此次讲座吸引了国际文化交流学院全体师生的关注。在提问环节,王教授与提问者展开精彩互动,师生们听得津津有味,收获满满。

孙宜学副院长指出:"此次讲座的目的在于将汉语教学与跨学科结合,体现语言的科学性。同时,在浙江大学宁波理工学院创建同济大学汉语国际教育专业硕士人才孵化基地,是为了培养更多优秀的汉语教师,希望为之共同努力。"

讲座结束,刘淑妍院长就双方未来的合作与王小潞院长进行了交流。双方表示,将依靠共建汉硕基地加强两校师生之间的交流与合作,并通过打造"阳明大讲堂",形成江浙沪中华文化国际传播合力,推动中华文化传承和国际传播。

【登载于《汉舟》第 28 期】

# 2017"语言与跨文化交流"学术周开讲

石玉鸢

12月1日下午15:30在我院214会议室,德国莱布尼茨孔子学院德方院长、莱布尼茨大学职业与成人教育学院系主任施特菲·罗巴克(Steffi Robak)教授带着她的调查研究结果以及研究员弗洛里安·格拉万(Florian Grawan)为我院师生做了题为"跨文化教育:当前的研究领域一览"的讲座。此次讲座由汉语国际传播研究中心举办,并由同济大学德国研究中心副主任胡春春博士主持。

Robak教授的讲座主要由成人教育的研究领域以及跨文化教育这两部分组成。首先Robak教授介绍了成人教育的研究领域:学习,学习者、对象、目标群体、参加者,生涯研究,教育监测,机构研究,项目研究,有关专业化领域的研究,有关各个机构情景和内容领域的研究以及成人教育研究的国际比较。接下来Robak教授详细地介绍了她们对跨文化学习方式研究分析的项目以及她们现在正在做的与移民有关的"MaWIC"研究项目。研究员Florian Grawan从Cultural Heritage(文化遗产)展开,介绍了他们做的文化遗产与跨文化教育的研究项目。最后,胡春春博士总结说:虽然这种带有欧洲融合背景的研究重点与我们的研究重点不同,但是站在我们国际文化交流学院的角度,我们还是有很多共性以及可探讨和合作的地方。因为我们学院也是面对不同的文化、不同大洲的国际学生,我们做的也是跨文化教育。我院师生与Robak教授探讨了中德两国高校教育研究体系的不同,Robak教授也希望我院师生能为她的研究项目提供更多的想法和意见。

【登载于《汉舟》第30期】

## 我院成功举办2017"语言与跨文化交流"学术周系列活动

葛天任

国际文化交流学院于2017年12月1日至8日成功举办2017"语言与跨文化交流"学术周系列活动。德国莱布尼茨孔子学院德方院长Steffi Robak教授,同济大学刘运同教授和华南理工大学安然教授在我院分别开展了题为"跨文化教育:当前的研究领域一览""语言应用研究漫谈"和"孔子学院发展研究"的讲座。

12月8日,由同济大学国际文化交流学院、中国社会科学院国际中国学研究中心联合主办的中华文明国际传播系列论坛在我校中法中心召开。首届论坛的主题是"当代中国文化的国际传播与教学",来自全国著名高校、研究机构、智库的学者,以及一线教师和研究人员相聚同济,就中国走进新时代背景下当代中国文化的国际传播与教学研究问题展开了充分的沟通讨论。会议气氛热烈,思想激荡,取得了丰硕的成果。

本次会议的成功举办,是贯彻落实党的十九大会议精神,深入学习领会习近平同志关于提高中国文化软实力,讲好中国故事,推进中国哲学社会科学大发展、大繁荣等指导精神的一次扎实具体的实践会、讨论会。不仅促进了当代中国和汉语国际教育教学和研究的跨学科交流,而且提出了一整套有关课程教学、科学研究、发展规划等具体可操作的倡议和建议。会议认为,应该将面对国际学生的汉语国际教育与当代中国的教学研究建立在中国经验和中国实践的基础之上,建设一个目标明晰、层次分明、发展有序、标准一致的教学研究体系,从教学标准设定、教材体系建设、相关学科的综合研究能力提升等方面积极推进中华文明国际传播这一伟大事业。

国际文化交流学院刘淑妍院长主持大会开幕式,我校江波副校长发表了热情洋溢的致辞和演讲。江校长指出,同济大学应该在当代中国文化的国际传播中担当更大责任,应该发挥跨学科优势,推动国际文化交流教学工作、科研工作的深化发展,同时把相关工作扩展到人才培养方面。他还指出,要进一步加强对当代中国发展模式、发展理念和发展道路方面的研究和教学工作,讲好中国特色社会主义发展道路所取得的伟大成就和积极经验。中国社会科学院信息情报研究院张树华院长首先对同济大学的大力支持以及各位会议工作人员的辛勤劳动表示了感谢,他从时代发展的高度分析了中华文化走出去的必要性和紧迫性,并从大时代大变革、大机遇、大挑战角度,提出当前研究要聚焦西方之乱和中国之治的背景分析、从国际传播的方法论探讨和路线图、重点关注的关键点,以及处理好国际传播问题的"轻重软硬"关等四大方面,系统提出了做好中华文明国际传播工作的时代要求和实践指南。两位领导的精彩发言获得了与会嘉宾的一致认可和好评,反响热烈。

【登载于《汉舟》第 31 期】

# 实力：硬、软、智、新？
## ——实力的概念解读以及文化全球化如何实现

于甜甜

2018年9月18日,同济大学当代中国研究中心主任聘用仪式暨"实力:硬、软、智、新？——实力的概念解读以及文化全球化如何实现"报告会隆重举行。院长刘淑妍教授开场致辞并为中国全球化协会创始主席张伯赓(Julian Chang)教授颁发证书,张伯赓教授正式受聘为同济大学当代中国研究中心主任。同济大学国际文化交流学院当代中国研究中心旨在搭建中华文化国际传播的学术与教学交流平台,集聚海内外知名汉学家与当代中国的研究者与实践者,共同开展中华文明内涵建设、当代中国话语体系研究与国际交流,以及中国国情叙述与实践的渠道方法等,助力提升学院的国际影响力。研究中心成员、国际文化交流学院全体教师和部分学生出席了受聘仪式和学术报告会。

延续我院"海外汉学与当代中国"高端品牌讲座系列,作为本学期第一讲,张伯赓教授带给全院师生一场关于"实力:硬、软、智、新？——实力的概念解读以及文化全球化如何实现"的精彩报告。报告会高屋建瓴,张教授凭借在学术界多年积累的经验和丰富的阅历,从当前社会热点问题切入,通过硬,软,智和新四个方面严谨地阐述了国家实力的重要性,继而以此四方面为契机,推广到全球化的实现。张伯赓教授言辞流利,情绪饱满,以新颖的视角为在场师生带来一场视听盛宴。最后提问环节,老师和同学们积极参与,张伯赓教授亲切解答,形成了良好的互动氛围,令在场师生印象深刻。

【登载于《汉舟》第36期】

# 同济大学中华文明首届论坛"当代中国文化的国际传播与教学研讨会"成功举办

2017年12月8日，由同济大学国际文化交流学院和中国社会科学院国际中国学研究中心共同主办的"同济大学中华文明国际传播首届论坛——当代中国文化的国际传播与教学研讨会"在同济大学顺利召开。此次会议的参会代表包括中宣部对外推广局、中国社会科学同济大学、复旦大学、中国全球化协会、华南理工大学、北京联合大学、《社会科学》杂志、上海外国语大学、湖州师范学院、上海交通大学、华中师范大学、四川大学、上海财经大学、武汉大学、中国工艺美术学北京外国语大学、女王大学(加拿大)、北京第二外国语大学、华北电力大学、中国浦东干部学院、北方工业大学、外交学院、兰州大学、辽宁大学、《中国社会科学报》、《东方教育时报》、《文汇报》、《瞭望东方周刊》、《澎湃新闻》等专家及业界代表。与会代表围绕新时代中国文化解读与国际传播、新语境下中华文明国际传播能力、跨文化交际与当代中国课程体系建设、孔子学院改革与汉语国际教学创新等议题展开了研讨，取得了丰硕成果。

论坛开幕式由同济大学国际文化交流学院院长刘淑妍教授主持。同济大学副校长江波、中国社会科学院信息情报研究院院长张树华出席开幕式并致辞。江波副校长对与会专家学者表示热烈的欢迎和感谢。他指出：十九大报告里谈到的对外传播和文化自信，构建人类文明共同体，构建新的格局，意味着我们国家在新的时代，要有新的作为，特别是实现2020年小康社会建设，2035年基本建成现代化，21世纪中叶实现社会主义现代化强国的目标，在这个过程中，同济大学应该承担更大的责任。同时，江波副校长提出了几个观点。第一，中国日益走进世界的中心，要把十九大报告里提出的新要求和文化交流、研究紧密联系起来，深刻领会习近平关于社会主义新时代的要求。第二，为了加强中国更好地对外选择和文化交流，当今世界正处在百年不遇的大变革中,在这么一个大变革当中,最大的亮点是中国特色社会主义的发展,国际社会对中国有更大的期待,这是前所未有的。第三,在文化传播中,要积极地用好新技术,释放新生产,推进文化传播的工作。第四,要建设好国际传播的能力,应用中西贯通,努力提升国际话语权、中国形象的塑造权,为中国走近世界舞台中心提供强大的支持,把中国的利益和世界各国人民的利益结合起来,搭建中国和世界各国互信交流的桥梁,更好地满足国际社会对文化传播的需求。第五,中国将持续推进改革开放,讲好中国故事,传播好中国声音,是党中央赋予所有从事这一项工作的光荣的职责,也是中国日益走近世界的中心及时代的召唤。我们要加强使命感、责任感,脚踏实地,扎实工作,努力提升我们的国际传播的影响力,让世界听到中国的声音,为全面建成小康社会,实现中国伟大复兴的中国梦,做出自己的贡献。

  中国社科院信息情报研究院院长张树华代表中国社科院国际中国学研究中心对同济大学的大力支持和各界专家学者的参与表示感谢。他在致辞中提出五个关键词:时代、机遇、聚焦、自信和分享。时代,对中国来说,是一个伟大的时代,但是对当代世界来说是一个动荡、不安的时代。机遇,对中国来说,出现在了西方之乱和中国之治的大反差以及政治经济和舆论格局的大逆转之中。聚焦,西方舆论对中国政治上的一种关注、关心,甚至是认可、佩服,世界在聚焦中国,正如十九大报告里说的接近世界舞台中心。自信,就是政治自信,政治价值自信,要做到自觉、自维、自立、自强。分享,就是要分享经验。在谈到如何处理好对外交流和对外传播的关系问题上,张院长提出,首先是要搞清宏大趋势和精准传播的关系,其次是抓准全面性和系统性的重点突破和重点推进的关系,再次是把握路线图和关键点,又次是解决好轻与重、软与硬,最后就是投入和收益。他指出要抓住优势,抓住难点和关键点,同时也借众人之力,借同济大学的地主之谊,把这个平台打造成思想上有号召力,交流上有感召力,组织上有凝聚力,学术上有影响力的论坛。

  论坛分为"新时代中国文化解读与国际传播""新语境下中华文明国际传播能力""跨文化交际与当代中国课程体系建设""孔子学院改革与国际汉语教学创新"四

个单元,来自不同专业背景的27名报告人作了精彩发言。限于篇幅,在此我们只能撷取部分片段与读者分享。

复旦大学当代中国研究中心主任刘建军教授围绕"中国社区中的文化基因"为题展开发言。刘教授认为习总书记说的中国社会治理的中心必须是落到社区,中国这个社会既不是个人主义的,也不是集体主义的,它是关联主义的。这个关联主义包含了中国的文化基因,在关联度中,体会到了个人和集体的一个关联法。在这个基础上,中国社区治理,它不是建立在绝对的私有产权的基础之上,按照经济学的原理,包含了中国人对社会关系,对社会关联的一个文化的思考,所以关联主义是刘建军教授对中国文化基因命名的一个解读。他的研究在一定的程度上落实了中国社会科学的主体性和原创性的要求,展现了中国社会独特文化基因的魅力。

中国全球化协会创始主席、普华永道商务技能培训公司顾问张伯赓围绕"新时代中国的全球化思考"发言。他强调了跨学术届和跨领域的重要性,他认为,五大可以预见的、将改变未来社会的全球趋势分别是:人口迁移变化、全球经济重心转移、城市化进程加速、气候变化和资源问题以及来自科技领域的变革。尤其值得注意的是,随着全球经济重心从传统的西方转移到东方,中国成为世界经济的引领者后,包括跨国公司在内,现在所有企业在渴求具有创新能力的领军人才时,都希望精英们要具有跨文化思维和跨文化沟通能力。同时,中国学生选择到海外留学的比例,相较于美国要高出不少。需要关注的是,这批留学生能发挥多大的影响力,显然,这和他们到海外学习后是否能融入当地文化,具备跨文化沟通能力是密切相关的。

华南理工大学国际教育学院院长安然教授,发表了题为"多元文化课堂的濡化研究"的演讲。她提出了一个耐人寻味的现象:到目前为止,在留学生教育方面,很多高校的工作重点往往是关注海外留学生到中国学习后,对这里的学习和生活环境是否适应,但是很少会去关注中国学生这一主流群体自身的跨文化适应能力。安教授用"濡化"来描述这一过程,即双方在持续接触过程中产生的变化。在一个基于大量互动的课堂里,"濡化"发生了:一些英语表达能力相对薄弱的中国学生,感到自己需要去适应不同于传统的新课堂;在和国外学生就某一问题开展讨论时,不少中国学生意识到,很多时候,不同立场形成不同的见解,要学着以跨文化的视角去看待和自己持不同立场、看法的外国留学生的意见,并通过沟通达成共识。

同济大学政治与国际关系学院教授委员会主任仇华飞教授,发表题为"美国学者研究视角下的中国战略文化"的演讲。他指出,研究中国文化在美国是非常热的,主要是对中国文化进行定量和定性的分析,而美国学者们最后得出的结论,对中国的认识非常的重要。这个研究的过程,对中美文化战略具有重要的意义,既要维护本土文化的安全,又要推动中国文化走出去。美国学者对中国文化的观念,也有很多偏见,所以中国学者要用科学的、批判的、正确的态度来对待他们的研究成果,为中国道路、中国方向和中国理念的传播创造条件。

北京联合大学海外中国学研究中心首席专家梁怡教授围绕"从国外热议中共十九大谈文化自信与外宣"发表了自己的见解。党的十九大的顺利召开,受到了中外各界广泛的关注。相关研究形成四大趋势:一是重温经典,寻找马克思主义在中国的新发展;二是寻找新的合作伙伴,新的合作方式;三是学习习近平新时代中国社会主义特色的建设;四是向世界表明构建人类命运共同体的美好愿望。在这个背景下,我们更要主动说好中国故事。在对外传播文化的问题上,国家媒体要旗帜鲜明,媒体姓党,这个是走出去的政治要求。十九大报告里将文化自信和对外宣传更紧密的联系在一起,中国成为21世纪的文化的主导力量,这是势不可挡的。梁教授坦言,必须做大量工作,实事求是打造中国形象,打造中国共产党的国际形象,这是政府责任。共建人类命运共同体和人类美好生活的结合,应该是所有人的奋斗目标。

【登载于《汉舟》第33期】

# 跨文化交流,让世界浸染在中国故事之中①

胡 键

## 传播中国故事需要跨文化交流

当前中国社会各界每当谈到文化的时候,特别是在中国崛起为世界第二大经济体的时候,往往会强调文化"走出去"。诚然,中国文化要走出去,可是究竟如何走出去呢? 一厢情愿地走出去并不能使中国文化成为中国的软实力,相反很有可能引起别人的反感而产生厌恶和拒斥。中国有不少文化的确是走出去了的,例如,近年来不少中国的学术著作被大量地组织翻译,然后花钱到境外出版。这不是走出去了吗? 可是,有多少人阅读呢? 被多少人关注呢? 笔者没法进行相关的跟踪,但据说,大量通过行政方式组织中国学术著作外译而"走出去"的,基本上没有什么读者,而是很快成为处理品,甚至进入废纸处理站。更严重的是,还被一些外国人士指责为出口垃圾。真令人啼笑皆非! 原因何在呢? 原因就在于我们是单方面地认为我们走出去的文化产品一定会为国际社会所接受。这种不对称的认知才产生了这样的结果。我们可以比较一下,我们是怎样对待国外的学术著作的? 我们是主动与外国的出版商和作者谈版权和著作权,然后花钱引进并花钱翻译成中国文字的。这表明我们对国外的学术著作有所期待。而我们的学术著作为什么要国家花钱翻译、国家花钱出版呢? 这表明著作的内容并没有引起外国学者的关注,或者说内容根本就没有什么创新。因此,一厢情愿的"走出去"绝对不是一种正常的路子。

如何让他国民众接受中国文化? 这绝对不是"走出去"就能解决的问题,而是需

---

① 本文是作者在"当代中国文化的国际传播与教学研讨会"上发言的整理稿,转载自"软实力研究"微信公众号。

要我们站在别国的文化视角上来认识中国文化,使之产生文化上的"共鸣",并在这种"共鸣"之下产生认同和接纳。因此,文化要真正"走出去"的前提是要进行跨文化交流。这里笔者想用两个例子来表明跨文化交流的重要性和必要性。

1919年巴黎和会,中国是战胜国,然而西方主要大国却要把德国在中国山东的权利交给日本,这对中国来说是极大的侮辱。中华民国外交家们是怎样进行抵制的呢?如果以一种简单的逻辑来抗议,如"山东是中国的主权,中国是战胜国,不应该把山东从德国手里交给日本",这从中国的角度来看完全正确,但中国是弱国,这个理由根本无法说服西方大国。于是,顾维钧另辟蹊径来进行抵制。他说:山东是东方圣人孔子出生的地方,因而,对中国来说,山东就是圣地,如果要让中国让出山东,除非基督教、伊斯兰教让出耶路撒冷!尽管结果没有保住山东,但顾维钧的这一番话打动了当时西方各国的外交家,他们纷纷鼓掌,有的甚至跟顾维钧拥抱。至于没有最终保留住山东的权益,那是因为有太多的因素影响着巴黎和会的最终决定。另一个故事是1954年,周恩来总理带领中华人民共和国外交使团出席日内瓦会议,在会议的间歇,邀请各国代表观看中华人民共和国成立后拍摄的第一部彩色电影,即戏曲片《梁山伯与祝英台》。从这个角度来看,那也意味着中国的戏曲文化"走出去"了,但如果仅仅是简单的邀请然后进行放映,估计没有几个人会对此感兴趣。当这事上报给周恩来总理的时候,他在海报和邀请函上加了一句话"请您欣赏一部彩色歌剧电影——中国的《罗密欧与朱丽叶》"。就因为这句话而吸引了各国外交家和记者们踊跃观看《梁山伯与祝英台》,果不其然,电影放映时,观众们都很入戏。这两件事都反映了同样一个道理,无论是顾维钧还是周恩来,都是从对方的文化视角来引导对方认识中国文化、理解中国文化,甚至接受中国文化的。因此,跨文化交流的效果比单方面的"走出去"要好得多。

当今,中国在崛起进程中开辟了一条落后国家走向现代化的中国道路,而中国道路形成的过程中有许许多多的故事,这就是"中国故事"。由于中国现代化道路并不是尽善尽美的,而是在探索过程中走过一些弯路,犯过一些错误。然而,我们的对外宣传往往是一厢情愿地讲中国故事,尤其是在"讲好中国故事"的要求之下,往往只讲中国的"好故事",即取得成功的故事,而忽视甚至是有意回避中国不成功的案例。事实上,"讲好中国故事"既包括"讲中国好故事",也包括用合适的方式把中国故事有问题的一面讲出来,这样才令人信服。当我们仅仅是"讲中国好故事"的时候,国际社会对中国的认知、对"中国故事"的认知反而更加不利于中国。我们常常有这样的一种感觉,中国解决了"挨打"和"挨饿"的问题,却解决不了"挨骂"的问题,这表面上好像是因为中国学者在国际媒体上说话太少了,但笔者觉得恰恰相反,是因为中国学者说得太多了,特别是"中国好故事"讲得太多了,以至于像老太太一样,唠唠叨叨地总在重复同样的话。然而,一个唠唠叨叨的老太太是绝对没有话语权的。与前面所说的一样,一厢情愿地"讲中国好故事",并不能构建中国的话语权。相反,这种"唠叨"让外界怀疑"中国和平崛起"的真实性。

于是,随之而来的是各种版本的"中国威胁论"和"中国崩溃论",以及与此类似的"中国复仇论""中国傲慢论""中国强硬论""中国搭便车论",等等。尤其是西方国家更是认为中国作为一个崛起国必将挑战守成国,从而引发世界的冲突与战争。正是基于这样的一种认知,才有所谓的"修昔底德陷阱"之说。更为严重的是,国内学者也跟着炒作这个根本不存在的"修昔底德陷阱"。纵观大国成长的历史,大国崛起依赖于自身内部实力,大国走向对外扩张和最终走向衰落、灭亡,也都是因为内部问题没有解决好。这不是什么"修昔底德陷阱",笔者认为这是"杜牧陷阱"。杜牧在《阿房宫赋》中就指出:"灭六国者六国也,非秦也;族秦者秦也,非天下也。"由此可见,内部问题才是大国成长的关键性问题。

## 跨文化交流的前提是要有文化自信

有一个问题非常值得注意,即当我们讲中国故事的时候,我们存在着严重的焦虑感,这种焦虑感的表现就是尽可能讲中国正面的故事,而不敢讲中国故事的问题方面。正如前面所说,总是焦虑地思考一个问题:如何讲好中国故事。然而,越是焦虑就越不会讲,以至于经常要问:究竟谁来讲中国故事?而最终的也是经常会出现的情况是:邀请外国人——不论是商人还是学者——来讲中国故事。这些年来,我们邀请了一大批对中国似懂非懂的西方人士来讲中国故事。这似乎符合中国的一个常理:好要别人说。然而,我们一方面有一批人在国外"王婆卖瓜,自卖自夸",我且不说这些人的个人目的,单说他们这种"说法"实际上是起到了坏的作用,并没有任何好的效果。另一方面,我们又不惜花大价钱邀请并不真正懂得"中国故事"的外国人士来讲"中国故事"。这同样让外界难以置信,只能说是有钱的中国任性而已。更严重的问题是,被邀请来中国的这些外国人士,在中国说中国的"好故事",而一旦离开中国则往往刻意地歪曲"中国好故事",专门编造中国的"坏故事"。如果说我们自己的人士说得少,主要是指有理论底蕴的学者说得太少,而这些学者恰恰是有话语建构能力的,但因长期以来从事基础理论研究而难以成为媒体中的主流学者,也很少获得应有的重视,于是他们只好专注于自己的学术研究,而不愿意奔走于国际学术界。请外国人来讲"中国故事",实际上反映的是中国依然缺乏自信,缺乏学术自信,缺乏文化自信。因此,跨文化交流对当今的中国来说,一定要有文化自信,而文化自信的前提是文化自觉。"文化自觉"这个概念是著名社会学家费孝通先生在20世纪末提出来的,其内涵就是"各美其美,美人之美,美美与共,天下大同"。

"各美其美",就是每个民族要对本民族的文化有一种正确的态度,既要寻找自己的文化之根,知道自己是从何处来的,又要对本民族的文化进行反思。因为文化在历史长河中并非都是精华,文化的糟粕同样也存在,并且对社会发展造成持久的影响。"美人之美",就是对他民族的文化也要有一个正确的态度:既要看到他民族的文化精髓,也要看到其糟粕。对于他民族创造的优秀文化成果要采取正确的"拿来主义"态度,而不可一味地拒斥,也不能认为它是外来的尤其是西方的就一棍子打死,视其为洪水猛兽,并欲置之死地而后快。这种态度就不能进行跨文化交流。"美美与共",就是真正意义上的跨文化交流,或者说就是通过文明对话来推进文化融合,即便在不同文化之间有激烈的碰撞,但通过对话与交流就一定能够相互认识、相

互接纳。这样就能实现"天下大同",用当今的话来说就是构建人类命运共同体。因此,跨文化交流,既不能有文化自负,也不能有文化自卑,要跳出文化自负与文化自卑的窠臼。

## 跨文化交流就是要让世界在中国文化中体验中国故事

中国故事不是靠讲出来的故事,而是靠实践做出来的故事。中国故事不是没有历史的故事,而是从历史走来的故事。因此,跨文化交流,就是要让世界从中国文化的发展中去理解,在中国文化中去体验。

第一,中国故事是中华民族遭遇外族侵略而奋起反抗的民族复兴的故事。战争的失败对于任何一个主权国家来说都是难以磨灭的国家记忆,鸦片战争的失败对于中国而言无疑是震醒了沉睡的中国人,第一次体会到西方已经超越中国。当今的中国故事就是从鸦片战争开始的反抗外族侵略的民族复兴的故事。这是当今"中国故事"的序曲。正是由于西方的技术先进,中国先进分子林则徐、魏源提出"师夷长技以制夷"。到19世纪60年代至90年代兴起的洋务运动,则是"师夷长技"的进一步深化。虽然洋务运动最终失败了,但"中体西用"的理念却使中国向现代化迈出了一大步。尽管后来为了拯救民族危亡先后爆发了"戊戌变法"运动和孙中山领导的资产阶级革命运动,但在没有民众普遍参与的前提下,无论是变法还是革命都最终失败了。民族复兴的历史重任落到了刚刚诞生的中国共产党的肩上。从中国共产党诞生的那一刻开始,"中国故事"的内涵就发生了质的变化。

第二,中国故事是中国共产党领导下为实现国内和平和最终实现共产主义的全新的故事。中共二大提出党的最低纲领是打倒军阀,建立国内和平;党的最高纲领是渐次达到共产主义。为此,中国共产党开辟了一条有别于苏联的革命道路,即农村包围城市、武装夺取政权的新民主主义革命道路。革命胜利后,中国共产党领导人民进行社会主义改造并最终建立了社会主义。因此,在中国共产党建立到建立社会主义这一段时期内,"中国故事"不仅包含了民族复兴的内容,而且还把社会主义的历史使命揉入其中。

　　第三,中国故事是中国共产党领导下的现代化建设的故事。这个故事的开端是从封闭到开放的故事。由于特殊的国际国内形势,中国不得不采取"一边倒"的政策,致使中国长期游离于国际体系之外。在认识到和平与发展成为时代主题之后,中国对内进行改革,对外实行开放,于是,"中国故事"也就变成了从游离于国际体系之外到逐渐进入国际体系,到后来走进国际体系的中央区域。邓小平早就说过,中国的发展离不开世界。也正因为中国深度融入国际体系,中国也从"站起来"而迅速"富强起来","中国故事"也就演绎了一个从贫困落后到富国强民的现实故事。

　　今天,"中国故事"进一步发展成为如何"强起来"的新故事。因为,中国共产党的历史担当就是要为世界的和平与发展贡献更大的智慧,要与世界人民共同构建人类命运共同体。因此,当今的"中国故事"就是中国与世界走向"天下大同"的"人类命运共同体"的新故事。

【登载于《汉舟》第 33 期】

# 第二届中华文明国际传播论坛"'一带一路'与当代中国文化的国际传播"国际研讨会成功举办

刘怡菲

10月20日至21日,在国际文化交流学院成立20周年庆典之际,"中华文明国际传播系列论坛"之第二届论坛在同济大学开讲。来自海内外的专家学者和实践者聚焦"'一带一路'与当代中国文化国际传播"这一重要主题,共同探讨新时代背景下当代中国文化的国际传播与教学研究议题。此次研讨会由中国社会科学院国际中国学研究中心与同济大学国际文化交流学院共同主办,由同济大学党委宣传部、同济大学留学生工作办公室和同济大学孔子学院办公室协办。邀请了来自不同国家不同领域的专家、学者、企业家,就中国文化在"一带一路"沿线国家的传播、"一带一路"国家的跨文化交流与讨论、新时代国际中文教育的创新发展、中国文化的当代价值与传播创新四大议题进行了深入的讨论交流。

研讨会开幕式由国际文化交流学院刘淑妍院长主持。同济大学副校长江波在致辞中表示,我们要认真传播中华文化,同时用宽广胸怀,吸引世界文化养分,互相借鉴,互相学习,互相交融中得到进一步发展。在构建新型国际关系和人类命运共同体新形势下,同济大学应积极响应,做出应有贡献;中国社科院信息情报研究院院长、国际中国学研究中心主任张树华表示,要为中华文化走出去、世界文化引进来构建一个由交流而兴、由互联而荣的更好平台;日本大阪大学言语文化研究科教授、世界汉语教学学会副会长古川裕表示,日本需要了解中国,中国也需要了解日本、了解世界,跨文化的交流,任重道远。

主旨发言环节由中国社会科学院国际中国学研究中心副主任、秘书长唐磊主持,四位学者做了报告演讲。华东师范大学国际汉语文化学院院长兼国际汉语教师研修基地执行副主任张建民教授从"'一带一路'传播的区域性差异"的角度为我们提出了在传播过程中可采取的区域对策;南洋理工大学国立教育学院吴英成教授提出"在'一带一路'迈向2.0新阶段,汉语国际教育也应采取新战略以保证其可持续发展";樱美林大学校长助理、樱美林大学孔子学院院长杨光俊教授则从同济大学和樱美林大学12年的合作出发,分享了中华文化在日本传播的现状与思考;上海社会科学院软实力研究中心研究员胡键老师从古代陆上和海上丝绸之路的文化传播史实中提出了对当今"一带一路"文化交流的建议。四位学者风趣幽默的演讲风格,新颖独到的观点见解让现场的嘉宾、老师以及学生获益匪浅。

研讨会的第一单元由中国社会科学院国际中国学研究中心副主任何培忠主持。澳大利亚汉学家协会轮值主席陈慧(Shirley Chan)以"中国文化在澳大利亚",同济大学发展规划部副部长、综合管理办公室主任蔡三发以"'双一流'建设与大学声誉提升",台湾大学政治学系石之瑜教授以"后西方地区主义的'命运共同体':从儒家的角度反思中国的'一带一路'倡议'",同济大学国际文化交流学院刘运同教授以"互联网时代的青年亚文化"为题分享自己对于"中国文化在'一带一路'沿线国家的传播"看法。

第二单元由上海外国语大学国际文化交流学院院长张艳莉教授主持。首都体育大学教授孟涛以"中国武术讲述中国故事"、印度社会科学委员会高级研究员里娜·玛瓦(Reena Marwah)以"斯里兰卡和菲律宾的中国研究中国文化的发展视角"、上海外国语大学中国学研究所所长武心波教授以"第二次'东学西渐':一个新的历史分析框架"、上海沃动科技有限公司首席执行官邱利军以"基于共享模式提升中国文化在国际传播中的影响力"、德国汉诺威莱布尼茨孔子学院中方院长蔡琳以"从德国孔院的实践看中华文化在海外的传播:目标群、目的及方法"、北京市源本中医研究院院长樊学鸿以"重塑中医——新时代传统中医的发展与传播"、中国民生银行总行行长办公室美术机构专家顾问谢尚晋以"中国现当代艺术的国际传播"分享自己对于"'一带一路'国家的跨文化交流与对话"的理解。

第三单元由同济大学外国语学院党委书记李立贵主持。日本大阪大学言语文化研究科教授,世界汉语教学学会副会长古川裕以"'在日汉语教学'现状及其课题",复旦大学国际文化交流学院院长吴中伟教授以"关于专用汉语教学的几点看法",同济大学国际文化交流学院副教授叶澜以"文化融入视角下的跨文化课堂",意大利佛罗伦萨孔子学院外方院长 Valentina Pedone 以"视觉化音高曲线对汉语声调训练的有效性",华东师范大学教授叶军以"新时代国际汉语教师教育的新挑战",同济大学国际文化交流学院副教授程妤以"'一带一路'沿线国家来华国际学生流动:态势与发展"及同济大学国际文化交流学院助理教授姚伟嘉以"'当代中国'研究对汉语国际教育之意义"分享自己对于"新时代国际中文教育的创新发展"的观点。

第四单元由同济大学留学生办公室主任禹昱主持。中国浦东干部学院国际处处长刘根法以"提炼展示中华文化精神标识,助推'一带一路'民心相通"、同济大学政治与国际关系学院院长、特聘教授门洪华以"'一带一路'规则制定权的战略思考"、格鲁吉亚汉学家协会主席玛琳娜·吉布拉泽(Marine Jibladze)以"格鲁吉亚与中国——文明之间的对话"、同济大学国际文化交流学院副院长孙宜学教授以"'一带一路'国家中华语言文化交流与传播"、同济大学中德人文交流中心胡春春以"中国文化走出去的舆论话语陷阱"、同济大学外国语学院助理教授李莎莎以"基于德国主流媒体对'一带一路'报道的对外传播建议"、中国浦东干部学院副教授焦永利以"新时代开放文化与上海全球城市建设"、同济大学当代中国研究中心副主任、政治与国际关系学院助理葛天任教授以"全球城市背景下上海增强文化软实力思考"分享了自己对于"中国文化的当代价值与传播创新"的研究成果。

2018年是改革开放的40周年,也是"一带一路"倡议提出的第5年。这些创新性政策的实施,对中国、对"一带一路"沿线国家及地区甚至整个世界的政治、经济、文化都带来了不同程度改变。本次论坛针对当今世界新形势下关于中国文明传播情况和软实力建设等问题进行了不同维度、不同方面的交流讨论。来自澳大利亚、日本、意大利、格鲁吉亚、印度、德国等地的学者专家从政治、经济、教育、语言、艺术、体育、中医学等不同角度,讨论了中国文化的内在价值、传播途径、传播情况,以及未来的国际规则制定、城市发展、高校建设、人才培养尤其是汉语教师的培养、国际汉语课堂设置等现实性问题。

一天半的研讨会时间虽短，但与会学者在论坛中所做报告却内容详实，见解独到，引人深思。在总结环节，杨光俊教授和唐磊秘书长表达了对此次国际会议成功举办的祝贺，并提出为了传播好中国文化、讲好中国故事，需要去体会更多包容性和兼容性的问题，为了能够创造和保持多元的世界文化，这更加需要所有学者一起同舟共济。国际文化交流学院院长刘淑妍教授对来自不同学科领域的嘉宾们带来的精彩发言表示感谢，认为此次国际会议体现了强大的多元与包容精神，这也正是一带一路与中华优秀文化国际传播的精髓所在。明年中华文明国际传播第三届论坛将聚焦城市文明与中外文化交流，期待有更多领域的专家能加入，共享智慧、思考未来。

【登载于《汉舟》第 37 期】

# 第二届中国北京国际语言文化博览会"'一带一路'语言文化共兴发展论坛"成功举办

10月24日,第二届中国北京国际语言文化博览会第一场论坛"'一带一路'语言文化共兴发展论坛"在北京渔阳饭店召开。来自海内外的专家学者和企业界代表聚焦"'一带一路'背景下汉语与中华文化的传播"这一主题,共同探讨当前中国文化传播的研究和实践路径。

教育部语言文字信息管理司副司长刘宏在致辞中表示,中国将持续推进改革开放,我们的文化传播、国际传播,也要拥抱世界、融合发展,共同创造一个新的时代,讲好中国故事,传播好中国声音,这是党中央赋予我们语言文字工作者和中华文化传播者的光荣职责,也是中国加快走进世界中心的有力支撑。时代的召唤,要求我们更要加强使命感、责任感,脚踏实地、扎实工作,努力提升中华文化国际传播的影响力,让世界听到中国的声音,为全面实现中华民族的伟大复兴、建设人类命运共同体做出自己的贡献。

同济大学常务副校长伍江教授委托国际文化交流学院院长刘淑妍教授对论坛的成功举办表示祝贺。他提到:习近平总书记提出的"一带一路"倡议,不仅有利于推动中国自身发展,而且惠及亚洲、欧洲、非洲乃至世界,对提升世界经济发展繁荣与和平进步都具有深远意义。而汉语和中华文化作为一种软实力,可以为"一带一路"倡议的实现,在政治、经济、外交等领域营造出必要的和平环境。同济大学与中国社会科学院国际中国学研究中心、日本樱美林大学孔子学院、上海沃动科技有限公司、深圳市中文路科技教育有限公司等合作举办这次国际学术论坛,搭建学术交流平台、校企合作平台,将会围绕建立"一带一路"文化共生发展质量评估体系为目标,形成中外文化交流的"一带一路"模式,借力"一带一路"向沿线国家和全世界介绍中华文化，推动世界更全面、更公正、更深入地了解中华文化，不仅是中国的需要，也是世界的需要。

随后，企业界李在雷代表"一带一路"语言文化传播校企联盟宣读了《"一带一路"语言文化传播校企联盟宣言》，标志着以校企合作共推"一带一路"语言文化传播的新的文化传播形式正式启动。

主旨发言环节共分三个阶段，分别由同济大学国际文化交流学院院长刘淑妍、国家汉办高级项目主管文琼和同济大学外国语学院副教授黄立鹤主持。中央民族大学研究生院院长吴应辉教授结合孔子学院发展的量化研究对孔子学院未来的发展提出了卓有见地的思考；日本樱美林大学校长助理、孔子学院院长杨光俊教授分享了孔子学院如何有效带动"一带一路"沿线国家的中国文化传播；同济大学外国语学院院长吴赟教授对"一带一路"倡议下如何提升国家对外话语能力提出了战略性建议；北京赛酷雅科技有限公司教学产品 VP 杨阳女士从"互联网＋"角度探讨了面向"一带一路"国家的华裔青少年的国际汉语文化传播；美国北卡罗来纳中央大学校长 Johnson O. Akinleye 教授围绕"语言和文化交流对社会和教育进步的贡献"解读了自己的观点；首都师范大学中国语言产业研究院执行院长李艳教授阐述了如何更好地满足"一带一路"倡议中的语言消费需求；德国汉诺威莱布尼茨孔子学院中方院长蔡琳教授从德国孔子学院的实践经验出发，描述了中华文化在海外传播的现状，并提出如何应对差异，找到共生途径；深圳中文路总经理郭信麟先生针对企业在"一带一路"建设中如何发挥作用结合实践献计献策；来自乌克兰和埃及的青年汉学家燕菲菲和周伟霖分别介绍了"乌克兰的汉语教育与'一带一路'"和"中国企业在中埃文化交流中的作用"。

下午的圆桌论坛分为两个议题，分别为"'一带一路'语言文化传播与校企使命"和"'一带一路'孔子学院与中外文化共兴途径"。来自政府部门、高校和企业的专家、企业家既各抒己见，又相互启发。学者和企业家们虽然角度不同，但目标一致，着力于"一带一路"与语言文化传播的相互促进，从理论和实践提出了很多发人深思的观点。

论坛以探讨在世界文化生态体系内如何实现以文化共生为目标的"'一带一路'文化群体"为目标,将对"一带一路"背景下中华文化的国家传播、人类命运共同体的构建,产生积极的影响。

论坛由同济大学主办,同济大学国际文化交流学院、上海华文教育基地、同济大学德国研究中心共同承办。同济大学国际文化交流学院副院长、井冈山大学校长助理孙宜学教授主持了开幕式。

在今天的论坛上,同济大学发起的"一带一路"语言文化传播校企联盟正式启动,教育部语信司副司长刘宏、美国北卡罗莱纳中央大学校长 Johnson O. Akinleye、日本樱美林大学校长助理、孔子学院院长杨光俊、同济大学外国语学院院长吴赟、国际文化交流学院院长刘淑妍、副院长孙宜学、企业代表郭信麟、杨阳等共同为联盟成立揭幕。

语言和文化是民心相通的基础,必能助力"一带一路"沿线各国之间实现互联互通,携手共进,世界大同。基于此,同济大学国际文化交流学院和20余家高校、企业共同发起成立"一带一路"语言文化传播校企联盟,旨在密切校企合作,整合优化高校与企业资源,搭建合作共赢的平台,培养适合"一带一路"建设实践的专门化人才,为中华优秀文化、沿线国家优秀文化自身发展和相互交流,提供更具有针对性和可操作性的方案和实践路径。

联盟将致力于更加充分发掘海内外各种社会资源,形成以政府为主导、海内外民间力量为主流、教育机构为基础的语言文化交流资源共享、合力共建机制;致力于借助语言和文化服务平台,推动中国与"一带一路"沿线国家民心相通,并以此为目标实现高校与企业之间的良性互动,共同开展务实有效的、特色鲜明的语言文化体验活动;致力于培养具有深厚的人文素养和跨文化沟通能力、具有中华文化传承使命担当意识和人类命运共同体建设责任感的语言文化传播专门人才;致力于推动"一带一路"沿线国家发展民族传统文化,创新民族文化,最终形成"一带一路""日常而不自觉"的文化生态,形成"百花齐放、百家争鸣"的文化盛状;致力于秉持合作共赢理念,与"一带一路"建设同步,协力同心、群策群力,共同打造联盟成员之间、联盟与国内外相关机构之间的无障碍交流合作通道,逐步扩大合作范围,不断提升国内外影响力,以合作成果为"一带一路"倡议提供发展决策建议。

校企联盟的成立,必将开创"一带一路"语言文化传播与交流的新局面。

【登载于《汉舟》第38期】

# 第二届中华文明国际传播论坛"'一带一路'与当代中国文化的国际传播国际研讨会"会议综述

顾旭峰

10月20日至21日,第二届"中华文明国际传播系列论坛"在同济大学召开。来自海内外的专家学者和实践者聚焦"'一带一路'与当代中国文化国际传播"这一重要主题,共同探讨新时代背景下当代中国文化的国际传播与教学研究议题。此次研讨会由中国社会科学院国际中国学研究中心与同济大学国际文化交流学院共同主办。在主旨发言阶段,华东师范大学国际汉语文化学院院长兼国际汉语教师研修基地执行副主任张建民教授从"一带一路传播的区域性差异"的角度提出了在传播过程中可采取的区域对策;南洋理工大学国立教育学院的吴英成教授提出"在'一带一路'迈向2.0的新阶段,汉语国际教育也应采取新战略以保证其可持续发展";樱美林大学校长助理、樱美林大学孔子学院院长杨光俊教授分享了中华文化在日本传播的现状与思考;上海社会科学院软实力研究中心研究员胡键从古代陆上和海上丝绸之路的文化传播史实中提出了对当今"一带一路"文化交流的建议。现将与会专家学者的主要观点予以综述。

## 中国文化在"一带一路"沿线国家传播近况

澳大利亚汉学家协会轮值主席陈慧(Shirley Chan)通过回顾40年来中澳文化交流的波澜与发展,分享了中国文化在澳大利亚的现状。她认为,文化交流是世界文明进步的重要条件,在全球化与多样性的格局下,文化关系与文化交流应该具有独立于政治与经济的特性。格鲁吉亚汉学家协会主席玛琳娜·吉布拉泽(Marine Jibladze)提到,格鲁吉亚与中国传统友谊深厚,古丝绸之路将两国人民紧密相连,分别创造了悠久的历史和灿烂的文化。格鲁吉亚认为"一带一路"倡议推动了双方进一步对话与合作,双方目前在教育、文化、旅游等领域合作顺利,成果丰硕。格方愿继续积极与中国开展对话。印度社会科学委员会高级研究员里娜·玛瓦(Reena MARWAH)指出,"一带一路"倡议对斯里兰卡和菲律宾中国学的研究以及中国文化传播带来了空前影响,越来越多的当地人也参与到文化传播的过程中来,使中国与两国关系得到快速发展。而使用传统中国文化思想来发展与传播当代中国文化,也是提升国家软实力的重要方式。

台湾大学政治学系教授石之瑜对近年来部分国家对于"一带一路"倡议的质疑作出回应。他认为倡议来自西方思维,借用西方的体制,基于西方既有的国际关系实践进行改造,改变了国际关系的现实主义理论。"一带一路"所形成的后西方的区域主义,强调地区的差异性,通过连接和投资来回避差异性,使世界各地不会因为差异而产生冲突和威胁感,这种差异性和整个世界相融在一起,改变了世界资本主义体系的思考方式。上海外国语大学中国学研究所所长武心波教授认为,西方文化体系和东方文化体系皆以对方的存在为自己存在的前提,构成一种既相互冲突与对立,又相互依赖与依存的命运共同体。"一带一路"倡议作为中国版的全球化方案,已经出现了东学西渐的端倪。中国要顺时而动,形成自己的模式和方法,来展现自己的文化魅力。同时,中国的行为逻辑也正发生变化,从被动转为主动,从消极转向积极,从边缘转向中心,从融入到引导。我们要超越简单的西学东渐模式,与西方展开积极的对话和交流,共建人类文化繁荣的共同体。

## "一带一路"国家的跨文化交流与对话

传统文化是载体。首都体育大学教授孟涛认为中国武术是聚集东方智慧的一种文化,承载着我们中华民族的优秀基因,可以搭建起"一带一路"沿线各国互通的桥梁。武术人可以身体力行地用武术讲好中国故事,让中国文化走出国门,让中华武术成为沿线国家人们共有的一笔财富。北京市源本中医研究院院长樊学鸿提到,中医有超过5 000年的历史,目前在国际上有86个国家和中国签署过中医合作的项目。中医在理论上原是一座孤岛,但在互联网时代,中医正在成为一种新的中西方文化交流方式。

技术革新是手段。上海沃动科技有限公司首席执行官邱利军提出,只要有变革就会有机遇,关键在于是否能够洞察变革趋势。在移动互联网的背景下,可以尝试基于共享模式提升中国文化在国际传播中的影响力。他认为,共享模式改变的是资源重新组合的过程,旨在提升效率,优化用户体验,降低整体成本。

理念创新是源头。同济大学中德人文交流中心胡春春教授指出,外界对于我们的观察和我们自己所以为的可能不太一样,我们中国人拥有一种自设的、充满不确定性的战略观,和西方具有规定性与规范性的战略观是两种话语体系。中国文化走出去的同时也要避免进入舆论话语陷阱。中国应该发展出自己的话语系统来努力化解西方对于中方的各种误解。同济大学国际文化交流学院副教授程好指出,中国已经成为世界第三大国际学生的流入国,"一带一路"沿线国家的留学生的数量是逐年递增的,但是增长率逐年递减。根据这个态势,我们要进一步规范来华留学生的服务管理,完善移民管理政策和法律,加速建设购物网站和电子支付途径,发挥来华国际学生的中介效应,繁荣国内的进出口贸易。

## 新时代国际中文教育的创新发展

日本大阪大学言语文化研究科教授、世界汉语教学学会副会长古川裕介绍了"在日汉语教学"的现状。他指出,日本的汉语教学已经达到了饱和状态,汉语热正在经历所谓的降温阶段,学习者的背景也呈现多样化的趋势。在日汉语教学也面临一定困境,中学生的汉语教学需要进一步提升数量和质量;高级阶段的汉语教学水准需要进一步提高;仍需进一步明确日本汉语教学的分类指导。意大利佛罗伦萨孔子学院外方院长Valentina Pedone介绍了一项正在进行的汉语语音教学试验,通过大量实验与问卷数据,研究通过声调的可视化在汉语学习中是否可以帮助学生掌握汉语的四声。

复旦大学国际文化交流学院院长吴中伟教授认为，专门用途语言教学反映了第二语音教学功能主义的理念。他指出，学术汉语要分成通用性和专业性两个层面，通用性指学习各专业的基本语言能力，而专业性则体现在各类专业术语上。每一个来中国读本科的国际学生，在入学前后，应先进行通用基础性的汉语教学，然后才是专业性的汉语教学，以此提高汉语教学质量。华东师范大学教授叶军认为，在"一带一路"倡议背景下，国际汉语教师教育面临着新机遇与新挑战，主要体现在教师来源有母语教师和非母语教师的区分；汉语教师的岗位变化丰富，各个岗位对汉语教师能力的要求有很大不同；教师本身有不同的发展阶段，对不同教师的培养和培训也是应该是不同的。同济大学国际文化交流学院助理教授姚伟嘉认为汉语国际教育的对象可以分为二类：一是服务对象，即目的语国家和非目的语国家的学习者；二是专业教学对象，即汉语专业的学生和非汉语专业的学生。我们应该在分类基础上不断创新教学方法、优化教学内容，帮助不同背景和学习目的的学生成为更专业化的国际人才。

同济大学国际文化交流学院教授刘运同谈到，亚文化在任何国家和地区都是普遍存在的。在互联网时代，语言不仅是一种表达工具，同时也是一种生活方式。年轻人在创造新词的同时，也创造了自己的世界，建造了隔离自己和外界的一堵墙。在互联网时代，关注青年亚文化，向世界青年介绍中国文化，是国际中文教学当中需要注意与研究的问题。同济大学国际文化交流学院副教授叶澜认为，文化融入是指国际学生从原来的目的性学习转变为希望融入中国的愿望。在这样的背景下，课堂是一种跨文化的体验，而不是一个简单的教和学的过程。师生应该在平等理解和包容的基础之上共同体验不同文化。

### 中国文化的当代价值与传播创新

中国浦东干部学院国际处处长刘根法认为，"一带一路"建设需要以经济发展的刚力和文化发展的柔力进行双轮驱动。提炼中华文化精神标识,沿着丝绸之路把精神标识展示出来,对整个"一带一路"新征程至关重要,唯心相交方能撑久远。同济大学政治与国际关系学院院长、特聘教授门洪华指出,"一带一路"倡议体现了中国探索建立以发展为导向的国际规则体系的使命。我国在基础设施和金融领域筹建了新的多边开发机制,在南北国家共同关注的自贸区领域进行了一些积极的探索,同时加强了国内的保障机制。如何将人类命运共同体的相关概念理论化,仍是一个核心问题。我们要确立适应新兴国家实际需求的争端机制,也要把握规则的制定的话语权,讲好中国故事,引导建立对"一带一路"的客观认识和理性支持。

同济大学国际文化交流学院副院长、井冈山大学校长助理孙宜学教授认为,用中国的讲述方式传播中国故事,是实现中国文化走出去的关键。听懂外国话语是沟通关键。德国汉诺威莱布尼茨孔子学院中方院长蔡琳从德国孔子学院的实践看中华文化在海外传播。她指出,一直以来,中德互为重要的政治经济合作伙伴,在社会文化领域也全方位、多层次地开展交流。总体来说,德国人对于中国的发展持肯定态度,但在政治的层面上有一定的困扰。中德双方在"一带一路"的倡议下,可以从文化、教育等不同角度探讨全球技术和社会转型带来的问题,共同寻找解决之道。

同济大学外国语学院助理教授李莎莎提到,德国媒体不管是在社会舆论塑造还是在社会公共议程和政策制定方面,都发挥着巨大作用,报道的态度、措辞取决于同德国以及欧盟的核心利益的相关联程度。研究德国媒体能够帮助我们了解德国乃至欧盟对"一带一路"倡议的认知和看法。同时,她认为强调契约精神有助于传播我们的文化,但传递概念的同时要更加强调传递信息。

中国浦东干部学院副教授焦永利表示,"一带一路"倡议是开放格局下的政策主轴,会长期主导我们未来对外交往的方式。上海作为新一轮开放图景中重要的战略节点,要提倡全方位开放格局,奠定开放的制度环境,形成丰厚的开放文化土壤,强化枢纽功能,持续发挥全球城市作用。同济大学当代中国研究中心副主任、政治与国际关系学院助理教授葛天任指出,要从历史的角度去看待中国的全球化发展。新的哲学、新的思考与新的技术，有可能促进一个全球化发展的3.0版本。在技术层面有可能是AI、人工智能和第四次工业革命，在政治层面有可能是民族国家作用的凸显，新的金融创新也在不断发生。想要统筹国内外矛盾，解决好中国面向世界、面向未来的问题，需要依托实践来解放思想，提出新的哲学和思想，面向未来、不忘本来，是制胜法宝。

【登载于《汉舟》第38期】

# 游走于东西方之间
## ——我的汉语语言学与教学研究历程

徐晶芹

12月22日,同济大学国际文化交流学院邀请新加坡南洋理工大学吴英成教授来校做讲座。国际文化交流学院刘淑妍院长带领学院师生参加本次讲座,讲座由刘运同教授主持。

本次讲座题为"游走于东西方之间——我的汉语语言学与教学研究历程",共分为"当东方遇见西方、个人语言学学习历程、个人语言教学与研究、国际汉语教学专业研究生待拓展领域"四个部分。吴教授从"当东方遇见西方"为切入点,为我们深入浅出地分析了东方语言学与西方语言学的不同之处。他向我们介绍了自己在台湾大学、伦敦大学的求学以及在哈佛大学做访问学者的经历,用自己的亲身学习、工作、科研经历,鼓励大家学好专业、规划好自己以后的发展方向。提问环节,吴教授对同学们提出的关于汉语教师的前途和现阶段汉语教学软件应用等问题,给予耐心解答,与大家分享心得体会。

最后,吴教授呼吁大家,要在中国经济快速发展的背景下,抓住"一带一路"机遇,和不同学科的同学合作进行创新,利用"互联网+",打开汉语国际教育"3.0"时代的大门。

在座师生被吴英成教授严谨求实的治学态度和幽默风趣的演讲所折服,吴教授的讲座让大家大受启发,对自己的专业也有了更全面的认识。讲座在老师和同学们热烈的掌声中结束,同学们纷纷上前和吴教授合影留念。

【登载于《汉舟》第40期】

# "汉语国际教育与文化国际传播"
# 井冈山高峰论坛成功举办[①]

4月19日—22日,由同济大学和井冈山大学联合主办的"汉语国际教育与文化国际传播"井冈山高峰论坛在井冈山市成功举行。会议受到了国内外高校、学术组织和企业的广泛关注和支持,协办单位包括北京语言大学、华东交通大学、江西师范大学、国家对外文化交流研究基地、上海国际文化学会、世界面具艺术联盟、浩博教育集团、中文路教育科技有限公司、孜孜华文教育科技(北京)有限公司、《对外传播》杂志社、《国际传播》杂志社等。

来自中国、韩国和新加坡的专家和学者,以及政府部门、新闻媒体和相关企业的代表共160人与会。开幕式上,井冈山大学副校长黄俭根、江西省教育厅国际处处长雷杰华、北京语言大学校长刘利、国家对外文化交流研究基地主任陈圣来、韩国安东市议会议长郑薰善等分别致辞。

论坛邀请了北京语言大学刘利教授等14位专家进行大会主旨发言。大会主旨发言内容涵盖汉语国际教育学科建设、孔子学院调研和建设、翻译与文化、跨文化传播、职业汉语在线教育等领域。主旨发言的专家视野开阔,思想深邃,发言内容结合实际,见解独到,具有很强的前瞻性。

论坛共收到会议论文85篇,分成"对外汉语教学专题""'一带一路'与中华文化传播""汉语国际教育学科建设与校企合作"和"面具艺术的民族性与世界性"等四个主题展开了小组讨论。

---

[①] 转自同济大学国际文化交流学院公众号。

论坛期间,为"井冈山大学'一带一路'语言文化传播校企联盟单位"和"井冈山大学孜孜华文教育科技(北京)有限公司'汉语国际教育人才孵化基地'"举行了揭牌仪式。江西省教育厅领导、北京语言大学、华东交通大学和井冈山大学的领导一同揭牌。

现场还特别为孙宜学教授的新书《"一带一路"与中华文化国际传播》举行了发布仪式,并现场进行了赠书活动。

参加本次论坛的专家学者一致认为:语言推广与文化传播互生共荣,其发展趋势不可阻挡。积极推动本国语言的对外发展,已成为许多国家实施文化发展战略的重要举措。语言的对外推广,不仅仅是语言本身的发展,其所带来的文化传播的价值更为人们所关注。

【登载于《汉舟》第 42 期】

# 狮城引智　同舟共济
## ——吴英成教授双周讲学小记

姚伟嘉

6月3日,南洋理工大学国立教育学院教育研究院吴英成教授应同济大学重点引智项目之邀,莅临同济,开始了为期两周的讲学。此番来沪,吴教授为我院教师准备了两场主题座谈,介绍了"国际汉语教学研究课题:新加坡视角",探讨了"教学与科技整合:在线汉语口语入门"的话题;为汉硕同学开设两次特别课程("对比分析与翻译:汉英双语通实训""'老外'教汉语:真正外语教学")、一次专题讲座(汉语国际教育进程:与中国国际化发展同步),还同我院导师共同参与了一场论文指导会。

吴教授聚焦"一带一路",指出随着中国国际化进程的加快,汉语国际教育进入了3.0时代,新时代对汉语教师有了更高的要求。在他看来,"直接法"教学是在2.0时代"不得已而为之"的。3.0时代,全球亟需具备双语能力、经过科学教学训练的高水平教师。因此他特别嘱咐中国同学要学好外语,最好会说多种外语,精通了外语才能更好地研究、说明汉语。他引导国际学生发现自己的语言优势,建议他们做好自己母语与汉语的比较。吴教授同时鼓励中外同学积极合作,并通过实例证明双方合作完成的教材、翻译成果,对国别化汉语教学以及中国文化"走出去"的重要意义。

拥有三十年汉语教学经验的吴英成教授坦言,当下无论是中国境内还是海外,"三教"都存在不少问题。互联网的普及,催生了在线汉语教学,但鱼龙混杂,真正能服务好学习者的凤毛麟角。在座谈中,吴教授为大家介绍了他基于自己的教学经验与研究成果建构的汉语口语入门线上"七步学习法",以"泛听内容、理解语义、理解句法、跟读模仿、录音对比、汉英对译、英汉对译"七个步骤全面提升学习者听、说、译的技能,并通过机器识别、在线教师确保学生在学习之后能生成正确话语。尽管还只是一个初步模型,但这一设计引起了师生的强烈兴趣。不少同学表示,自己的论文就准备做线上汉语教学相关的内容,吴教授的讲座给了他们很大的鼓舞与启发。

  在吴教授讲学的最后一天,他特别参加了面向三个年级汉硕生的论文指导会。在指导会上,他从论文选题、研究内容、研究方法等方面逐一对报告的同学给出建议。尤其欣赏 2017 级莫愁同学关于专门用途汉语(Chinese for Special Purposes, CSP)教材《民航汉语》和专门用途英语(English for Specific purposes, ESP)教材《民用航空实务英语教程》选材对比的研究。他指出,非全日制汉硕有专业汉语教学的优势。而对于"专业汉语"的相关研讨,也将成为吴教授 12 月双周讲学的重点。

【登载于《汉舟》第 43 期】

# 古川裕教授讲座：汉语语法感性教学法探析
## ——以"把"字的教学为例

陈玛丽

2019年9月10日下午，古川裕教授为国际文化交流学院师生带来了名为"汉语语法感性教学法探析——以'把'字的教学为例"的讲座，从对日汉语教学的角度出发，为大家的汉语教学提供了新思路。

说到"把"，不少汉语国际教育专业的同学们首先想到的就是"S+把+O+V"这一经典"把字句"结构，但古川教授指出，"把"字的教学，可远远不止"把字句"，作为量词，它有很多中国人习焉不察，但外国人百思不得其解，需要教师"感性引导"的用法。

"把"可以计量无界的物体，如："一把土"。本来，"土"是不可数的，但是通过"手握满土"这一动作，土被量化。这样讲解后，学生还是比较容易理解的。可下一个就有难度了——名词"脸"匹配的量词为"一张"，但是在"洗一把脸"这一常用表达中，却是"一把"。外国学生尤其是日本学生对此表示极度困惑。古川教授给了大家一个日本学生的偏误句："他用毛巾擦了一张脸。"显然，该生记住了"一张脸"的搭配，但没有理解"擦一把脸"是指什么。汉语教师要思考如何解释这样的语言现象，帮助学生理解错在哪里，如何改正。古川教授指出，在"一张脸"这个表达中，"一张"是向名词"脸"靠拢，而在"洗一把脸"这个表达中，"一把"是向动词"洗"靠拢。一经指点，在座师生恍然大悟。我们不难发现，国际学生学习汉语，或多或少受到母语的影响。作为汉语教师，我们应该扩大眼界，学习理解不同国家的文化，当我们了解学生的母语和他的母国文化时，我们往往能够更好地理解学生为何出错。

再比如，学习汉语的日本学生常问：汉语中，与"椅子"匹配的量词为何是"把"？

之所以有此一问,是因为在日语中,与"椅子"搭配的量词为"脚"。古川教授解释道:对于同"一把椅子",中国人和日本人最关注的椅子部位不同,中国人关注的是椅子的扶手和靠背,而日本人关注的是椅子的腿脚。早前,日本人习惯席地而坐,呈跪坐姿态,身体坐在小腿上,腿部蜷缩受力,非常不舒服。椅子这样的坐具引入日本后,日本人的腿脚得到了解放,所以日本人更关注的是椅子有脚,能解放自己的双腿。至于椅子有没有靠背,日本人并没有中国人那样在意。而汉语中,不同形态的坐具有不同的名称,"椅子"指有靠背的坐具,"凳子"指没靠背的坐具。椅子靠背在搬运时手可以"把"住,所以汉语中,"椅子"的量词是"把"。古川教授还顺便提到汉语中与名词"沙发"匹配量词是"张",原因是中国人关注沙发的坐面。

接着,古川教授又举了一个有意思的例子,中国人常讲"一把屎一把尿把孩子养大",为什么不是"一口饭一口菜",而一定要用这略显尴尬的表达呢?这是因为,幼儿的粪便排泄需要家长帮助,这个过程中,家长的手不断进行松握的动作,所以是"一把屎一把尿"。这样的表达非常直观,生动形象,语言与语境和文化背景是分不开的。

最后,古川教授又以国际学生学习汉语中的疑难长句"今天下雨了,好在我在路上一把把把把住了。"与师生互动,引得欢声笑语不断。

作为国际汉语教师,我们平时也应该多观察多思考,多去由点及面地琢磨,从微观到宏观去探索如何把汉语教好。

【登载于《汉舟》第 45 期】

# 专家学者齐聚同济大学　务实共商"一带一路"与中外文化共兴共荣

刘怡菲

志合者，不以山海为远。中国的发展离不开世界，世界的发展也需要中国。"一带一路"倡议背景下，中华文化如何真正走向沿线国家、走向世界？10月27日，作为庆祝中华人民共和国成立70周年的重要活动，由同济大学国际文化交流学院、同济大学出版社共同主办的"一带一路"与中华文化国际传播高峰论坛暨新书发布会在同济大学举行。同济大学副校长雷星晖、上海人民政府参事蔡建国、上海市委宣传部对外交流合作处副处长周强出席论坛并致辞，来自海内外的60余位专家学者参加研讨。

雷星晖校长在开幕致辞时谈道，"一带一路"倡议提出以来，同济大学积极打造国内外学术交流平台，围绕"一带一路"与中外文明交流互鉴、"一带一路"与专门人才培养、"一带一路"中外文化产业合作、"一带一路"与中国话语体系建构等方面，形成了"同济理论"和"同济经验"，为"一带一路""民心相通"目标的实现作出了同济贡献。开幕式后，由同济大学国际文化交流学院副院长孙宜学教授担任主编、同济大学出版社出版的"'一带一路'与中华文化国际传播"丛书最新成果《"一带一路"与文化国际传播经典案例》《"一带一路"与中国当代文学走出去》举行了新书首发仪式。据了解，丛书基于同济大学在"一带一路"、汉语与中华文化国际传播、海外华文教育领域已经取得的成果和广泛的学术资源，围绕"'一带一路'与中华文化国际传播"的历史、现状与愿景，系统分析"一带一路"倡议实施前后沿线国家的语言文化政策、语言生态、中华文化传播的经验和教训，基于"一带一路"倡议的未来发展规划，探索"一带一路"背景下汉语与中华文化国际传播的困境及应对策略，重新设定汉语与中华文化传播的内涵与目标、途径与方法、问题与对策、机制保障,进而形成中华文化本土化传播的相关理论,推动形成"一带一路"沿线国家中华文化国际传播的"地方模式",为中华优秀文化国际化传播的政策制定提供理论依据。此前已出版《"一带一路"与中华文化国际传播》《"一带一路"与海外华文教育》。

中国作家协会党组成员、书记处书记、副主席吉狄马加先生,北京语言大学原党委书记李宇明教授,井冈山大学党委副书记史胜平教授向本次大会赠送了书法作品表示祝贺。

上海外国语大学党委书记姜锋以"'一带一路'与全球话语能力建设"为题发表演讲。他谈道,当前世界正需要听到中国的声音,如何能让我们的声音在融合和互动的过程中被更多人听到和接受,全球话语能力建设是非常迫切的,需要实践性、有效性、包容性,从而讲好中国故事,分享中国智慧与中国方案。他指出,无论是何种方式的交流、何种话语的建设,都是为了更美好的生活,这是我们所共同追求的。

法国国民教育部汉语总督学白乐桑教授在"中国语言文化国际影响力:以法国为例"的演讲中,回溯了中法两国在文化交流、汉语教育方面的历史。他指出,"走出去"要与"引进来"结合起来,需要更多的换位思考。实现"引进来"的前提,是了解相关国家的"小气候",包括语言、教育传统和理念、社会文化背景,特别是要充分了解汉语教育在国外的历史和背景。

上海社会科学院国家高端智库资深研究员陈圣来做了"'一带一路'与国际文化交流"主旨演讲,结合近年来的出国访问经历,他认为,"一带一路"不仅是跨时间和跨空间的交流,更是一个跨文化的交流和实践。文化是一种生活方式、价值追求和情感表达,会带来观念的创新和思维的碰撞。今天我们推进"一带一路"建设,是要使它成为创新思维的发散地和创新成果的共享带,同时也要注重文化承载的多样性。

美国弗吉尼亚大学罗福林教授、厦门软件职业技术学院校长郑通涛教授、复旦大学石源华教授、上海社会科学院世界中国学研究所所长沈桂龙、同济大学经济与管理学院石建勋教授、施普林格·自然集团大中华区总裁安诺杰、同济大学人文学院王国伟教授等从各自研究领域出发，围绕论坛主题从多个角度分别发表主旨演讲。

下午进行了两场专题发言。同济大学外国语学院院长吴赟教授、上海大学国际文化交流学院院长姚喜明教授、印度尼赫鲁大学中国与东南亚研究中心来可诗教授、大连外国语大学文化传播学院院长张恒军教授、同济大学外国语学院沈骑教授和浙江大学宁波理工学院胡海鹏副教授首先围绕"一带一路"与国际人才培养依次作了发言。随后，以"汉语国际教育与中华文化传播"为题，同济大学国际文化交流学院程好副教授、齐齐哈尔大学韩晓秋副教授、南京汉教梦文化传播有限公司CEO童春林、中国海洋大学仇红以及同济大学外国语学院朱明胜分享了各自的研究成果。

据孙宜学教授介绍，他和研究团队多年来一直致力于"中华文化国际传播学科体系"的创建、创新。2016年1月，他担任主编的"中华文化国际传播系列丛书"由同济大学出版社出版，包括《中华文化之旅》《中华文化问答录》《中外文化国际传播经典案例》《中华文化国际传播：途径与方法创新》，旨在弘扬优秀的中华文化，为中华语言文化走向世界贡献"同济智慧"。今年8月，《中华文化之旅》签约突尼斯东方知识出版社，将推出该书阿拉伯语版，后续还将出版哈萨克语版、英语版。"一带一路"与中华文化国际传播的"同济模式"正在一步步走向世界。

【登载于《汉舟》第47期】

# "第三届中华文明国际传播论坛"共同探讨城市文明与人类美好生活

刘怡菲

"第三届中华文明国际传播论坛"11月9日在同济大学召开。论坛由同济大学国际文化交流学院、中国社会科学院国际中国学研究中心、牛津大学领导力与公共政策研究中心、清华大学全球共同发展研究院新加坡研究中心联合主办。

本届论坛聚焦"城市文明与人类美好生活"这一主题,来自国内外的50余名专家学者和行业人士,围绕"比较视野中的中国城市化""城市治理:世界经验与中国智慧""'一带一路'城市人文交流与合作""城市国际形象的建构与传播"四大主题展开丰富讨论。

研讨会开幕式由同济大学国际文化交流学院院长刘淑妍主持。同济大学副校长吕培明在致辞中表示,本届论坛主题"城市文明与人类美好生活"非常应景。参会学者们的研究成果,对上海进一步完善城市发展和城市治理的相关功能具有重要意义。全国政协委员、中国社会科学院政治学研究所所长张树华表示,中国正走着自己的发展道路,背后是中国国家治理体系的保驾护航,中国治理的价值丰富了人类发展的内涵。中共十九届四中全会对城市治理、区域治理能力提出了要求,希望本次会议能就各国城市建设经验进行交流。

牛津大学领导力与公共政策研究中心主任阿兰·哈德森(Alan Hudson)教授表示,牛津大学虽然身处"小城市",但是关注全球问题,并且与中国的关系越来越紧密,合作越来越深入,希望此次会议能进一步加深与中国在城市发展机遇上的合作。

复旦大学"一带一路"及全球治理研究院常务副院长黄仁伟教授表示,"一带一路"已经带动了很多发展中国家的城市布局,未来的"一带一路"将会为世界作出更大贡献。

在主题讨论发言结束后,平行论坛"'城市可持续发展领导力与公共政策'国内外大学生邀请赛"还进行了颁奖仪式。我院2019级国际汉硕组队完成的"中日养老体系对比分析"得到了二等奖的佳绩。

中华文明国际传播论坛作为高端学术交流平台,已成功举办两届。论坛旨在通过学术研讨,促进世界更好地认知中国、读懂中国,推动中华文明优秀传统和中国发展经验的国际传播,为世界各国人文交流与文明互鉴贡献力量。

【登载于《汉舟》第 48 期】

# 附录

## 同济大学汉语国际教育专业硕士大事记

### 2015—2016 学年

2015年9月6日　2015级汉硕生入学报到。"国际文化交流学院"第一次出现在同济大学研究生迎新现场,伍江副校长来到迎新点了解新生报到情况。

2015年9月12日　2015级汉硕生开学典礼,时任国际文化交流学院院长陈强教授、副院长潘慧斌教授、副院长孙宜学教授出席典礼,孙宜学教授、刘运同教授以及班主任姚伟嘉老师为新生作入学教育。

2015年9月14日　经过面试、培训,2015级汉硕生王雪娇、王贞慧、邬娅雯、杨晶晶同学成为国际文化交流学院进修班助教。

2015年9月15日　日本樱美林大学孔子学院院长杨光俊教授为汉硕生带来第一场语言、文化、教育专题讲座:日本汉语教学现状及对汉语教师的期望。

2015年9月19日　2015级汉硕生正式开始上课。

2015年9月20日　同济大学德国研究中心副主任胡春春副教授讲座:海派文化,中国文化和中国梦。

2015年9月26日　《汉舟》创刊号发行。

2015年10月18日　上海师范大学对外汉语学院副院长任海波教授讲座:语料库语言学在汉语研究和教学中的应用。

2015年11月5日　国际文化交流学院古琴研习室(中华文化体验室)建设完毕,2015级汉硕生开始学习古琴。

2015年11月8日　同济大学发展规划研究中心主任蔡三发研究员讲座:大学评估

与世界一流大学建设。

2015年11月10日　著名青年古琴演奏家张锦冰、程鸿媛讲座：翡冷翠的琴声——龙人古琴的亚平宁之旅。

2015年11月13日　中山大学周小兵教授讲座：国际汉语教材评价与研发。

2015年12月8日　国内资深英文媒体人、高级编辑张慈赟讲座：Ancient Chinese Wisdom—Beyond Kungfu films and the Great Wall。

2015年12月12—13日　召开"汉语国际教育：历史、现状与未来"国际学术研讨会，同时举办"汉声杯"汉硕青年教师教学技能大赛。孙宜学副院长主持开幕式，陈强院长致辞。

2015年12月17日　2015级汉硕生赴苏州大学参加第二届"江浙沪地区国际汉语教师才艺技能大赛"，以一曲古琴合奏《鹿鸣操》获得三等奖。

2016年1月1日　由孙宜学副院长带领全院教师编写的"中华文化国际传播系列丛书"在同济大学出版社出版。丛书包括《中华文化之旅》《中华文化问答录》《中外文化国际传播经典案例》《中华文化国际传播：途径与方法创新》。

2016年1月15日　同济大学艺术与传媒学院柳喆俊副教授讲座：课件制作及先进教学法分享。

2016年2月29日　经过面试、培训，曹璐、张鹏同学成为国际文化交流学院进修班的助教。至此，2015级所有汉硕生同学都开启了"5+2"培养模式。

2016年3月8日　导师参与"汉硕讲课交流会"，帮助学生为外派志愿者考试做准备。

2016年3月11日　中国驻日大使馆原公使衔参赞、北京外国语大学原副校长、中国教育国际交流协会理事白刚先生受聘成为同济大学兼职教授，并带来讲座：中日人文交流之我见。

2016年3月13日　《文汇报》教科卫报道中心主编李雪林讲座：中华文化国际传播与新闻媒体的责任。

2016年3月17日　洛杉矶加州大学中文部主任陶红印教授受聘成为国际文化交流学院兼职教授,并带来讲座:语言研究与语言教学漫谈。

2016年3月20日　中国社会科学院语言研究所方梅研究员讲座:互动交际中的立场表达。

2016年3月27日　原庆熙大学孔子学院中方院长赵卫东教授讲座:韩国孔子学院及其文化传播形式。

2016年3月30日　上海大学人文社会科学处常务副处长聂伟教授讲座:好莱坞大片廿年中国旅行记。

2016年4月12日　上海市语言文字工作委员会办公室副主任、语管处凌晓风处长讲座:汉语国际教育与语言文字法律法规及规范化。

2016年4月17日　上海市政府参事蔡建国教授讲座:华侨华人与"一带一路"战略。

2016年4月23日　孙宜学副院长带队参加南京大学承办的第二届"江浙沪汉语国际教育硕士汉语教学技能大赛",2015级王贞慧同学获得优胜奖。

2016年4月26日　上海教育报刊总社仲立新社长讲座:数字化时代的舆论问题。

2016年5月　孙宜学副院长带队赴郑州大学、河南大学等高校进行招生宣讲。

2016年6月3日　新加坡书法家协会陈声桂会长讲座:书法落款的技巧。

2016年6月12日　中国人民大学国际关系学院王义桅教授讲座:讲好中国故事,增强国际话语权。

2016年6月12日　美国德州大学尤菊芳教授讲座:美国的精英教育与中文教学。

2016年9月　2015级中国汉硕生王雪娇(意大利佛罗伦萨大学孔子学院)、王贞慧、邬娅雯(韩国庆熙大学孔子学院)、张鹏(西班牙莱昂大学孔子学院)赴海外孔子学院开始志愿者工作。

## 2016—2017学年

2016年9月10日　2016级全体汉硕生开学典礼、入学教育、导师见面会。刘淑妍院长、孙宜学副院长出席典礼,并致辞。

2016年10月　经过面试、培训,10位2016级中国汉硕生开始担任学院助教。

2016年10月11日　开展"认知图书馆"系列活动,2016级中外汉硕生在同济大学图书馆许静老师带领下参观图书馆,了解如何使用图书馆各类资源。

2016年10月12日　2016级汉硕生张立辉、程娟娟组织自己任教的进修班留学生开展"中华美食活动"。

2016年10月13日　由国务院侨办组织的"2016华教杰出人士华夏行"代表团莅临同济观摩教学,2016级国际汉硕生参与交流。

2016年10月21日　国际文化交流学院在淮阴师范学院文学院建立首个"同济大学汉语国际教育专业硕士人才孵化基地"。

2016年11月2日　《中国比较文学》常务副主编宋炳辉教授讲座:东欧文学与中国现代文学:从一首译诗谈起。

2016年11月8日　同济大学特聘教授康九红讲座:我的科学研究之路及对文理兼济的理解。

2016年11月16日　国家对外文化交流研究基地陈圣来主任讲座:挑战与机遇:提升中国文化软实力的思考。

2016年11月19日　北京语言大学党委书记李宇明讲授讲座:由"学汉语"到"用汉语学"——打造留学生汉语教育3.0版。

2016年11月23日　德国汉学家施寒微(Helwig Schmidt-Glintzer)教授受聘成为同济大学海外汉学研究中心兼职教授。

2016年12月9日　日本大阪大学古川裕教授讲座:汉语对举形式的表述特点及其教学对策。

2016年12月6日　同济大学图书馆学科与知识产权咨询馆员许静讲座:图书馆资源与特色服务概览。

2016年12月27日　2016级国际汉硕生举行迎新晚会。

2017年2月27日　2016级国际汉硕生正式开学。8位2016级中国汉硕生担任国际文化交流学院预科、进修班班主任。

2017年3月4日　同济大学朱崇志教授讲座：中外融合——《西厢记》《罗密欧与朱丽叶》的对比分析。

2017年3月9日　国际文化交流学院承办"2017年上海华文教育培训班"，由上海市侨办和教委联合颁授"上海华文教育基地"牌匾。

2017年3月11日　华东师范大学马国彦副教授讲座：汉语语言要素的教学运作。

2017年3月18日　华东师范大学叶军教授讲座：汉语课堂教学活动的多样性。

2017年3月　2015级中国汉硕生杨晶晶（意大利佛罗伦萨大学孔子学院）、曹璐（日本樱美林大学孔子学院）赴海外孔子学院开始志愿者工作。至此，2015级汉硕生全部外派海外孔子学院。

2017年3月20日　2017级中国汉硕研究生入学复试。

2017年4月8—9日　国际文化交流学院承办第三届"江浙沪汉语国际教育硕士教学技能大赛暨汉硕培养创新模式学术研讨会"，全程网络直播。孙宜学副院长主持开幕式，刘淑妍院长致辞。2016级国际汉硕生黑龙（苏丹）获得留学生组三等奖，中国汉硕生程娟娟获得中国学生组优胜奖。

2017年4月15日　2016级国际汉硕生黑龙（苏丹）参加由孔子学院总部、国家汉办与全国汉语国际教育专业学位研究生教育指导委员会共同主办，北京语言大学承办的首届"汉教英雄会"，成功晋级全国50强。

2017年4月29日　上海外国语大学杨建文教授讲座：当毕加索遇见王羲之。

2017年5月10日　国际文化交流学院与上海沃动科技公司签署实践基地协议书。

2017年5月19日　召开"同济大学海外孔子学院发展回顾展暨可持续发展视野下的跨文化交流论坛"，江波副校长主持开幕式，杨贤金书记致欢迎辞，樱美林学园理事长佐藤东洋士教授作为海外孔子学院的代表发言。中外汉硕生全程参与。

2017年5月22日　淮阴师范学院文学院"同济大学汉语国际教育专业硕士人才孵化基地"第一期进修研习研修团到访，与同济汉硕生交流。

2017年6月2日　2016级国际汉硕生孔安平(泰国)、黄可欣(泰国)参加由国家留学基金委主办，广东省公共外交与跨文化传播研究基地、华南理工大学国际教育学院承办的"'一带一路'助我圆梦"第六届国际学生朗诵比赛，荣获二等奖。

2017年6月24日　美国新泽西州威廉·帕特森大学语言文化系江岚教授讲座：汉诗英译与中国文化走出去。

2017年8月7—27日　中国汉硕生参与日本樱美林大学孔子学院汉语夏令营教学工作。

2017年9月　2016级中国汉硕生黄黎楠(意大利佛罗伦萨大学孔子学院)、顾悦(日本樱美林大学孔子学院)赴海外孔子学院开始志愿者工作。

## 2017—2018学年

2017年9月16日　2017级全体汉硕生开学典礼、入学教育、导师见面会。刘淑妍院长、孙宜学副院长出席典礼并讲话。

2017年9月18日　2017级国际汉硕生开学。2016级国际汉硕生黑龙(苏丹)、爱戴(吉尔吉斯斯坦)、沈剑赢(乌克兰)开始在学院预科部实习，2016级中国汉硕生王梦玲、刘畅、蔡志杰开始担任学院进修部助教。

2017年10月12日　外派志愿者杨晶晶参加第五届意大利暨圣马力诺汉语教师教学技能大赛获得A组铜奖。

2017年10月22日　韩国庆熙大学贝一明教授讲座：美国人看习近平主席的生态文明。

2017年10月24日　国际文化交流学院与浙江大学宁波理工学院签约共建"同济大学汉语国际教育专业硕士人才孵化基地"。

2017年10月24日　浙江大学外语教学研究所副所长王小潞教授讲座：非目标语环

境汉语学习动机的 EQS 建模与启示——基于印尼初中生的汉语学习动机的调查。

2017 年 11 月　2016 级中国汉硕生于慧勤(美国波特兰州立大学孔子学院)赴海外孔子学院开始志愿者工作。

2017 年 11 月 4 日　孙宜学教授在中国语文现代化学会汉语国际传播研究分会与厦门大学海外教育学院共同举办的"国际汉语教育与文化"学术研讨会上做主题报告,并在理事会上被推选为汉语国际传播研究会副会长。

2017 年 11 月 14 日　孙宜学副院长带队赴意大利佛罗伦萨大学孔子学院参加"实用汉语教学特点与技能培养规律"国际研讨会。孙宜学教授、李萍副教授、姚伟嘉助理教授以及国际文化交流学院外派佛罗伦萨大学孔子学院的赵莹老师分别作专题发言。

2017 年 11 月 19 日　2017 级国际汉硕生燕菲菲(乌克兰)参加"隽永诗文,友谊之歌"——上海市 2017 年留学生中国诗文诵读大会决赛,获团体二等奖。

2017 年 12 月 1—8 日　德国莱布尼兹孔子学院举办 2017"语言与跨文化交流"学术周,德国莱布尼兹孔子学院德方院长 Steffi Robak 教授、同济大学刘运同教授和华南理工大学安然教授受邀作专题发言。

2017 年 12 月 8 日　国际文化交流学院与中国社会科学院国际中国学研究中心联合主办首届"中华文明国际传播系列论坛",主题为"当代中国文化的国际传播与教学"。刘淑妍院长主持开幕式,同济大学江波副校长、中国社会科学院信息情报研究院张树华院长致辞。

2017 年 12 月 22 日　中外汉硕生参加 2018"New 耶"迎新新年趣味游园会,同济党委副书记马锦明出席活动。

2017 年 12 月 23 日　山东师范大学郭文娟副教授讲座:COME HERE, GO FAR 做一个幸福的国际汉语教育者。

2017 年 12 月 26 日—2018 年 1 月 30 日　中国汉硕生负责韩国拿撒勒大学、韩国首尔大学孔子学院冬季短期汉语文化研修课程教学工作。

2018年1月20日　同济大学孔子学院办公室面向全体在校生举办海外汉语教师志愿者项目宣讲会。曾任德国汉诺威孔子学院中方院长的胡春春教授解析海外孔子学院对志愿者的各种要求。国际文化交流学院优秀外派志愿者代表王雪娇讲述外派心得。

2018年3月　2016级中国汉硕生张立辉（日本樱美林大学孔子学院）、石玉鸾（德国汉诺威大学孔子学院）赴海外孔子学院开始志愿者工作。

2018年3月5日　2017级国际汉硕生开学，汉硕专用教室建设完成并投入使用。

2018年3月23日　2017级国际汉硕生曾子儒（乌克兰）应邀参加中央电视台第三届中国诗词大会。

2018年4月13日　召开"汉语国际教育一流学科建设研讨会暨同济大学汉语国际教育专业学位点专家评估会"。

2018年4月21日　宗骞副院长领队参加上海外国语大学承办的第二届"汉教英雄会"夏令营江浙沪片区选拔赛暨第四届江浙沪汉语国际教育硕士教学技能大赛。2017级国际汉硕生燕菲菲（乌克兰）荣获国际学生组三等奖，并夺得"汉教英雄会"决赛资格。中国汉硕生王梦玲获得中国学生组优胜奖。

2018年4月27日　复旦大学外文学院德语系李双志研究员讲座：世界文学视野中的中国形象嬗变：从歌德到黑塞。

2018年4月29日　2017级中外汉硕生在班主任时玥老师带领下赴同济嘉定校区开展素质拓展活动。

2018年5月20日　孙宜学副院长讲座：汉语国际传播的"同济模式"。

2018年5月26日　中国社会科学院国际中国学研究室唐磊教授讲座："讲好中国故事"的知识能力与技术能力略谈。

2018年6月1日　井冈山大学授牌成为同济大学汉语国际教育专业人才孵化基地、国际学生教学实践基地。

2018年6月9—10日　2017级国际汉硕生曾子儒(乌克兰)受邀担任上海合作组织成员国元首理事会第十八次会议(中国青岛)翻译工作。

2018年6月10日　同济大学图书馆学科与知识产权咨询馆员许静讲座：基于学术素养的文献检索与利用。

2018年6月10日　上海外国语大学附属外国语学校高级讲师陈润讲座：中学汉语国际教育略谈。

2018年6月13日　国际文化交流学院与上海外国语大学附属外国语学校签署实践基地协议书。国际文化交流学院刘淑妍院长、宗骞副院长与上外附中党总支副书记、国际部主管领导杭虹利老师共商合作。

2018年6月16日　美国耶鲁大学东亚语言文学系苏炜教授讲座："写作！写作！写作！"——从耶鲁的大学语文教学说起。

2018年6月14日　向全国汉硕教指委提交《汉语国际教育硕士专业学位授权点专项评估自评报告》及相关支撑材料。

2018年6月19日　2015级中国汉硕生、2016级国际汉硕生毕业论文答辩。

2018年6月20日　2017级国际汉硕生燕菲菲(乌克兰)赴北京参加第二届"汉教英雄会"夏令营，获得优胜奖。

2018年6月27日　2015级中国汉硕生、2016级国际汉硕生毕业典礼。

2018年7月1日　同济大学中德人文交流研究中心副主任胡春春教授讲座：面对世界，我们如何解释中国？。

2018年8月　2017级中国汉硕生蔡志杰(美国爱达荷大学孔子学院科达伦中心)赴海外孔子学院开始志愿者工作。

2018年7月14日—9月8日　海外华裔青少年"中国寻根之旅"夏令营、韩国庆熙大学孔子学院汉语夏令营、德国汉诺威孔子学院中学生夏令营、日本樱美林大学孔子学院汉语夏令营、俄罗斯我道汉语学校学生夏令营、日本名古屋大学汉语夏令营以及2018年上海暑期学校(欧洲项目)7个短期汉语研修班来院学习，中

外汉硕生积极参与,担任教学、管理工作。

2018年8月10—12日　国际文化交流学院刘运同教授与他指导的汉硕研究生韩毅参加由南京大学、北京语言大学、南京师范大学、福建师范大学、扬州大学、同济大学和美国Rice University联合主办的"第五届汉语中介语语料库建设与应用国际学术研讨会"。刘运同教授作大会报告,韩毅完成分组发表。

## 2018—2019学年

2018年9月9日　2018级全体汉硕生开学典礼、入学教育、导师见面会。刘淑妍院长及15位汉硕导师出席典礼,身在井冈山大学的孙宜学副院长通过网络向新生致辞,李萍副教授作为导师代表致辞。

2018年9月18日　修订同济大学汉语国际教育专业学位教学指导委员会成员名单。

2018年9月18日　中国全球化协会创始主席张伯赓(Julian Chang)教授受聘成为同济大学当代中国研究中心主任。

2018年9月26日　新一届同济汉硕教指委第一次全体会议。

2018年9月27日　国际文化交流学院姚伟嘉助理教授担任杨浦区"大家微讲堂·社区政工师"第七讲《讲好中国故事》主讲人,2018级国际汉硕生前往现场听讲。

2018年10月20—21日　在同济大学国际文化交流学院20周年院庆之际,召开第二届中华文明国际传播论坛"'一带一路'与当代中国文化的国际传播"国际研讨会。研讨会由中国社会科学院国际中国学研究中心与同济大学国际文化交流学院共同主办,由同济大学党委宣传部、同济大学留学生工作办公室和同济大学孔子学院办公室协办。刘淑妍院长主持开幕式,同济大学副校长江波教授致欢迎词。全体在校汉硕生积极研讨。

2018年10月24日　2017级国际汉硕生燕菲菲(乌克兰)与2018级国际汉硕生周伟霖(埃及)参加第二届中国北京国际语言文化博览会"一带一路"语言文化共兴

发展论坛并发表演讲。

2018年11月5—10日　2017级国际汉硕生曾子儒(乌克兰)参与第一届中国国际进口博览会乌克兰国家展厅翻译工作。

2018年11月2—16日　中国汉硕生参与意大利佛罗伦萨普拉托中学汉语秋令营带班工作。

2018年11月25日　中山大学周小兵教授讲座：问题导向与论文选题。

2018年12月14—16日　李萍、张占山副教授参加由北京师范大学、华东师范大学、福建师范大学主办的"第七届全国汉语国际人才培养论坛暨专业硕士培养工作研讨会"并作分组发言。

2018年12月22日　南洋理工大学吴英成教授讲座：游走于东西方之间——我的汉语语言学与国际汉语教学研究历程。

2018年12月22日　上海财经大学王永德教授讲座：教学实验报告中的数据处理方法。

2018年12月28日　中外汉硕生参与国际文化交流学院"We are 伐木嘞(Family)"新年游园会。柬埔寨王国驻沪总领事TEAN Samnang先生及其夫人出席游园会启动仪式及新年团拜会，同济大学党委副书记徐建平教授出席活动并致新年贺辞。

2019年3月5日　2018级国际汉硕生参加四平街道"不忘初心志愿行"学雷锋活动。

2019年3月7日　国际文化交流学院与上海甘泉外国语中学签订实践基地协议书。宗骞副院长、同济大学留办禹昱主任出席签约仪式。

2019年3月9日　同济大学国际文化交流学院、同济大学海外汉学与当代中国研究中心、中国浦东干部学院公共政策规划与评估研究中心、复旦大学高等研究院当代中国研究中心联合举办"跨文化对话：东西方文明的文化基因比较"专题研讨会。

2019年3月22日　2019级中国汉硕研究生入学复试。

2019年3月22—24日　2018级国际汉硕生赴宜兴参加中国陶文化体验活动。

2019年4月　2017级中国汉硕生王梦玲(意大利佛罗伦萨大学孔子学院)、程丽娜(日本樱美林大学孔子学院)、2018级中国汉硕生林冬(德国莱布尼茨孔子学院)赴海外孔子学院开始志愿者工作。

2019年4月20日　陈毅立副院长领队参加第五届江浙沪汉语国际教育硕士教学技能大赛、才艺大赛。2018级国际汉硕生姜文净(韩国)获得"教学技能大赛"国际学生组二等奖、"才艺大赛"三等奖。2018级中国汉硕生生蔡智媛、陈玉桃获得"教学技能大赛"中国学生组优胜奖,同济大学获得优秀组织奖。

2019年4月19—22日　同济大学和井冈山大学联合主办"汉语国际教育与文化国际传播"井冈山高峰论坛在井冈山市举行。孙宜学教授新书《"一带一路"与中华文化国际传播》举行发布式。

2019年4月27日　国际文化交流学院与人文学院共同主办"第四节国际青年学者论坛暨跨文化视域下的华语体系建设与中华文化国际传播论坛"。

2019年5月6日　国务院学位委员会、教育部发布《关于下达2018年学位授权点专项评估结果及处理意见的通知》,正式公布2018年学位授权点专项评估结果及处理意见。同济大学汉语国际教育专业学位授权点顺利通过本次专项评估。

2019年5月12日　上海师范大学陈昌来教授讲座:汉语国际教育的性质和研究对象。

2019年5月22日　美国哥伦比亚大学东亚系宋明炜副教授讲座:中国科幻在世界上进入广播时代。

2019年5月27日　2018级国际汉硕参加"第五届大学生国际学术研讨会",担任志愿者。

2019年6月2日　复旦大学张豫峰教授讲座:汉语句子的联结主义分析。

2019年6月6日　美国Villanova大学亚洲研究主任周海林教授讲座:翻译是艺术创作还是语言技巧?——解析美国学生翻译汪国真诗歌之案例。

2019年6月3—15日　新加坡南洋理工大学吴英成教授双周讲学。在沪期间完成3场讲座、2次特别课程,参加1场汉硕论文指导会。

2019年6月17日　2016级中国汉硕生、2017级国际汉硕生毕业答辩。

2019年6月23日　上海沃动科技有限公司姜子舒女士讲座:"基于移动互联网的国际汉语教学创新模式探索"。

2019年6月27日　2016级中国汉硕生、2017级国际汉硕生毕业典礼。

2019年6月29日　同济大学后勤集团马健老师讲座:中华美食与中华文化推广。

2019年8月　2017级中国汉硕生包丽嫒(澳大利亚楷模国际学校)、2018级中国汉硕生陈希凯(德国莱布尼茨孔子学院)、叶智嫒(西班牙加纳利斯拉斯帕尔马斯大学孔子学院)赴任。

2019年8月4—5日　刘淑妍院长领队参加由亚太地区国际汉语教学学会主办,南洋理工大学孔子学院、南洋理工大学国立教育学院联合承办的第十一届亚太地区国际汉语教学学会年会"新起点:重新定义国际汉语教学"(The Next Lap: Redefining Teaching Chinese as an International Language)。潘海峰副教授、姚伟嘉助理教授作分组报告,刘淑妍院长主持大会闭幕式。

## 2019—2020学年

2019年8月30日　2019级全体汉硕生开学典礼、入学教育、导师见面会。

2019年9月2日　2019级国际汉硕生开学。

2019年9月10日　日本大阪大学古川裕教授讲座:汉语语法感性教学法探析。

2019年9月11日　由日本樱美林大学孔子学院主办的第九届全日本青少年汉语卡拉OK大赛总决赛在同济大学浙江学院举行,2018级中国汉硕生刘姗姗、张培艺参与筹备、组织工作。

2019年10月26—11月8日　2018级国际汉硕生萨莎(乌克兰)、波琳娜(俄罗斯)在辅导员李钰倩老师带领下前往云南大理白族自治州云龙县团结中学开展志愿者服务。

2019年10月27日　国际文化交流学院与同济大学出版社共同举办"一带一路"与中华文化国际传播高峰论坛暨新书发布会，发布"一带一路"与中华文化国际传播丛书的最新成果《"一带一路"与文化国际传播经典案例》《"一带一路"与中国当代文学走出去》。

2019年11月9日　国际文化交流学院与中国社会科学院国际中国学研究中心、牛津大学领导力与公共政策研究中心、清华大学全球共同发展研究院新加坡研究中心联合主办第三届中华文明国际传播论坛暨"城市文明与人类美好生活"国际研讨会。研讨得到同济大学中德人文交流研究中心、同济大学全球城市与合作治理研究中心、同济大学文科办公室、同济大学孔子学院和美国奥克宁科（Arconic）基金会大力支持。2019级国际汉硕生在同时举办的"城市可持续发展领导力与公共政策"国际大学生邀请赛中获得二等奖。

2019年11月18—19日　国际文化交流学院刘运同、郑婕老师参加德国汉诺威大学孔子学院主办的"跨文化视角下关于文化遗产、记忆文化和文化教育的中德对比"研讨会，发表演讲。

2019年11月29日—12月1日　国际文化交流学院潘海峰副教授带领2019级汉硕生谢洋洋、张玲参加首届浙江师范大学主办的长三角汉语国际教育卓越人才创新论坛。

2019年11月　刘运同教授基于汉硕"学术研究与论文写作指导"课程完成的专著《课堂观察与分析：会话分析路向的探索》由上海教育出版社出版。

2019年16月　2018级中国汉硕生蔡智媛前往澳大利亚西澳大学孔子学院赴任。

2019年12月12日　英国理启蒙大学张新生教授讲座："正统汉语和国际汉语学习中的文化因素与跨文化交际"。

2019年12月16—29日　新加坡南洋理工大学吴英成教授双周讲学。在沪期间完成4场讲座、2次汉硕特别课程。

2019年12月29日　国际文化交流学院主办"新形势下汉语国际教育人才培养与专业建设高端研讨会暨汉教专业素养与技能需求研究生论坛"。国际文化交流学院刘淑妍院长主持,同济大学原党委常委、副校长,教育部人文交流中心特聘专家江波教授致欢迎辞。

2020年1月　中外汉硕生参与庆熙大学孔子学院、汉诺威孔子学院短期汉语研修教学、管理工作。

2020年3月2日　为抗击新冠疫情,所有课程通过网络在线形式进行授课。

# 2015—2019年《汉舟》执行主编及发行时间一览

创刊号执行主编:姚伟嘉(2015年9月26日发行)

第2期执行主编:杨晶晶(2015年10月10日发行)

第3期执行主编:王雪娇(2015年10月24日发行)

第4期执行主编:王贞慧(2015年11月7日发行)

第5期执行主编:邬娅雯(2015年11月21日发行)

第6期执行主编:曹璐(2015年12月1日发行)

第7期执行主编:张鹏(2015年12月19日发行)

第8期执行主编:杨晶晶(2016年1月2日发行)

第9期执行主编:王雪娇(2016年1月16日发行)

第10期执行主编:张鹏、曹璐(2016年4月9日发行)

第11期执行主编:王雪娇、邬娅雯(2016年4月30日发行)

第12期执行主编:杨晶晶(2016年5月28日发行)

第 13 期执行主编：姚伟嘉（2016 年 6 月 25 日发行）

第 14 期执行主编：张立辉、田媛（2016 年 9 月 24 日发行）

第 15 期执行主编：崔瑶瑶、程娟娟、黄黎楠（2016 年 10 月 15 日发行）

第 16 期执行主编：杜嘉彬、孙明明（2016 年 11 月 5 日发行）

第 17 期执行主编：姚伟嘉（2016 年 11 月 12 日发行）

第 18 期执行主编：李超然、黄懿（2016 年 11 月 26 日发行）

第 19 期执行主编：石玉鸾、钱金铎（2016 年 12 月 17 日发行）

第 20 期执行主编：李泽君、于慧勤（2017 年 1 月 7 日发行）

第 21 期执行主编：姚伟嘉（2017 年 3 月 11 日发行）

第 22 期执行主编：姚伟嘉（2017 年 4 月 1 日发行）

第 23 期执行主编：姚伟嘉（2017 年 4 月 22 日发行）

第 24 期执行主编：姚伟嘉（2017 年 5 月 13 日发行）

第 25 期执行主编：姚伟嘉（2017 年 9 月 30 日发行）

第 26 期执行主编：蔡志杰、靳开颜（2017 年 10 月 14 日发行）

第 27 期执行主编：刘畅、陈瑶（2017 年 10 月 28 日发行）

第 28 期执行主编：孙晶、李珊（2017 年 11 月 11 日发行）

第 29 期执行主编：周雯玉、刘轶新（2017 年 11 月 25 日发行）

第 30 期执行主编：程丽娜、王梦玲（2017 年 12 月 9 日发行）

第 31 期执行主编：董方、汤驿（2017 年 12 月 23 日发行）

第 32 期执行主编：蔡志杰、唐蕾（2018 年 1 月 6 日发行）

第 33 期执行主编：姚伟嘉（2018 年 1 月 20 日发行）

第 34 期执行主编：孙晶、汤驿（2018 年 4 月 14 日发行）

第 35 期执行主编：郭漪菲、陈玉桃（2018 年 9 月 29 日发行）

第 36 期执行主编：闫亿欣、吴洋（2018 年 10 月 20 日发行）

第 37 期执行主编：华敏敏、胡阳阳（2018 年 11 月 10 日发行）

第 38 期执行主编:刘姗姗、张培艺(2018 年 12 月 1 日发行)

第 39 期执行主编:孙明明、林冬(2018 年 12 月 22 日发行)

第 40 期执行主编:姜文净、徐晶芹(2019 年 1 月 12 日发行)

第 41 期执行主编:叶智媛、赵怡(2019 年 4 月 20 日发行)

第 42 期执行主编:严俪、赵龙举(2019 年 5 月 18 日发行)

第 43 期执行主编:普心雨、张晓芯(2019 年 6 月 22 日发行)

第 44 期执行主编:高丽、祁笑(2019 年 7 月 6 日发行)

第 45 期执行主编:陈玛丽、张莉韵(2019 年 9 月 19 日发行)

第 46 期执行主编:张露、钱蔚殊(2019 年 10 月 19 日发行)

第 47 期执行主编:张兰兰、谢洋洋(2019 年 11 月 2 日发行)

第 48 期执行主编:牛晓超、靳辉(2019 年 11 月 20 日发行)

第 49 期执行主编:黄嘉琦、林向荣(2019 年 12 月 14 日发行)

第 50 期执行主编:王燕、丁思雨(2020 年 1 月 4 日发行)

# 2015—2019 年同济汉硕中外学生名录

（按音序排列）

## 2015 年

### 中国学生

| 曹璐 | 王雪娇 | 王贞慧 | 邬娅雯 | 杨晶晶 | 张鹏 |

## 2016 年

### 中国学生

| | | | | | |
|---|---|---|---|---|---|
| 陈　龙 | 陈　钰 | 程娟娟 | 崔瑶瑶 | 杜嘉彬 | 顾　悦 |
| 韩　毅 | 黄黎楠 | 黄　懿 | 李超然 | 李泽君 | 林莎莎 |
| 钱慈航 | 钱金铎 | 阮丽颖 | 申　琳 | 石玉鸾 | 孙明明 |
| 田　媛 | 屠燕飞 | 于慧勤 | 张立辉 | | |

### 国际学生

| | | | | | |
|---|---|---|---|---|---|
| 爱　戴 | 爱　琳 | 黑　龙 | 黄可欣 | 卡　佳 | 孔安平 |
| 孔诗琳 | 林婕珍 | 刘智善 | 欧　妮 | 沈剑赢 | |

## 2017 年

### 中国学生

| | | | | | |
|---|---|---|---|---|---|
| 包丽媛 | 蔡志杰 | 陈　瑶 | 程丽娜 | 池佳斌 | 董　方 |
| 靳开颜 | 李靖贤 | 李　珊 | 刘　畅 | 刘威麟 | 刘轶新 |
| 龙天华 | 卢锦凡 | 莫　愁 | 宋　薇 | 孙　晶 | 汤　驿 |
| 唐　蕾 | 王梦玲 | 周雯玉 | | | |

### 国际学生

| | | | |
|---|---|---|---|
| 古来娜 | 全正仁 | 燕菲菲 | 曾子儒 |

## 2018 年

### 中国学生

| | | | | | |
|---|---|---|---|---|---|
| 蔡智媛 | 陈希凯 | 陈玉桃 | 高　丽 | 郭漪菲 | 韩　晗 |

| 胡阳阳 | 华敏敏 | 林 冬 | 刘姗姗 | 祁 笑 | 孙 静 |
| --- | --- | --- | --- | --- | --- |
| 孙明明 | 王 静 | 吴 洋 | 徐晶芹 | 闫亿欣 | 严 俪 |
| 叶智媛 | 张培艺 | 张晓芯 | 赵龙举 | 赵 怡 | |

### 国际学生

| 爱 戴 | 波林娜 | 布茹来 | 姜文净 | 金洙旻 | 普心雨 |
| --- | --- | --- | --- | --- | --- |
| 萨 莎 | 王买娣 | 王小雅 | 周伟霖 | | |

## 2019 年

### 中国学生

| 陈玛丽 | 丁思雨 | 冯宇洁 | 黄嘉琦 | 靳 辉 | 李 言 |
| --- | --- | --- | --- | --- | --- |
| 林向荣 | 刘洁琼 | 牛晓超 | 钱蔚殊 | 王 俊 | 王 燕 |
| 王一钧 | 夏洁琼 | 谢洋洋 | 杨 竞 | 张兰兰 | 张莉韵 |
| 张 玲 | 张 露 | 张雅婷 | 朱梦钰 | | |

### 国际学生

| 古来娜 | 鬼丸英和 | 江莉莉 | 理 沙 | 张思悦 |
| --- | --- | --- | --- | --- |

# 2015—2019 年同济汉硕导师名录

## （按音序排列）

| 蔡三发 | 陈 强 | 陈毅立 | 程 妤 | 樊秀娣 | 侯文玉 |
| --- | --- | --- | --- | --- | --- |
| 胡春春 | 胡方芳 | 李海燕 | 李 凰 | 李玲玲 | 李 萍 |

| | | | | | |
|---|---|---|---|---|---|
| 李 挺 | 梁 洁 | 凌璧君 | 刘根洪 | 刘淑妍 | 刘运同 |
| 娄晓凯 | 潘海峰 | 孙宜学 | 王 琼 | 夏雪飞 | 许 涓 |
| 许歆媛 | 姚伟嘉 | 叶 澜 | 张德禄 | 张燕春 | 张永胜 |
| 张占山 | 赵 莹 | 郑 婕 | 朱崇志 | 宗 骞 | |

# 2015—2019年同济汉硕专业课授课教师名录

(按音序排列)

| | | | | | |
|---|---|---|---|---|---|
| 卞舒舒 | 陈毅立 | 程 妤 | 侯文玉 | 胡春春 | 胡方芳 |
| 李海燕 | 李 凰 | 李 萍 | 李 挺 | 梁 洁 | 林 希 |
| 凌璧君 | 刘根洪 | 刘淑妍 | 刘运同 | 娄晓凯 | 潘海峰 |
| 孙宜学 | 王 琼 | 夏雪飞 | 许 静 | 许 涓 | 许歆媛 |
| 姚伟嘉 | 叶 澜 | 张林华 | 张燕春 | 张占山 | 赵 莹 |
| 郑 婕 | 朱金锋 | | | | |

# 后记

2015年4月,我完成国家汉办外派日本樱美林大学孔子学院的3年任期,回到同济大学国际文化交流学院,重新投入了忙碌且充实的预科汉语教学。不久,当时担任国际文化交流学院副院长的孙宜学教授找我谈话,说学院准备任命我为新设立的"汉语国际教育专业硕士学位点"负责人。那时的我,没有任何行政管理经验,对汉语国际教育专业也没有太多了解,一时茫然无措。孙院给了我一大摞材料,让我先好好学习,并语重心长地说:"同济汉硕是非全日制培养,目前全国只此一家,咱们要做出自己的特色。这个担子很重,但全院都会全力支持你的!"

在我负责同济汉硕的这些年,不仅得到了学院历任领导、同事、学生给我的巨大支持,更有同济汉硕教指委的专家们、同济各部门老师们、兄弟院校以及合作单位同志们的倾力指导与协助。正是这些力量,帮助我走过了那段"摸石子过河"的岁月,陪伴同济汉硕一点点成长起来,逐步形成了具有"同济特色"的汉硕培养模式。2018年,我们培养的第一批汉硕生顺利毕业,学位点也通过了全国汉语国际教育硕士专业学位教育指导委员会的专项评估。这标志着同济汉硕步入正轨,并得到了行内专家的肯定。

众所周知,非全日制研究生在培养过程中面临着各种挑战,首先的就是日常管理难。很多有过非全日制汉硕培养经验的前辈都和我说:非全日制生在校时间短,对学校、学院、班级缺乏归属感,对汉语国际教育事业缺乏使命感。这些特点往往导致学院投入大量沟通成本,但学生配合度低,培养效果不佳。所幸,同济汉硕诞生于一个前所未有的"互联网+"新时代,因微信

等的普及,即使学生无法长时间在校,也能与同学、老师、学院及时联络,展开知识共享。

现代技术为我们铺了路,如何触发互动、密切沟通,成了强化管理的主要课题。在准备 2015 级迎新的时候,我突发奇想:可以建立一个"任务"——一个能促进生生互动、师生互动的"任务",一个让学生更了解学院、学校及学科的"任务",一个能成为同济汉硕师生共同回忆的"任务"。于是,我向孙院长提出,能否办一个小报,由汉硕生担任每期执行主编,完全自主地记录自己与学位点的进步与成果。孙院立刻表示支持,并应邀担任主编。

在 2015 级汉硕生的第一次班会上,我和同学们谈了这个构想,大家都非常兴奋,迫不及待地抽签确定了执行主编顺序,并就各版内容展开了讨论。当时,这个小报还没有名字,我说:"它因你们而生,名字也应该由你们来起。"两天后,王雪娇兴冲冲地跑来我办公室:"老师,我灵光乍现想到一个好名字,叫《汉舟》,怎么样?"真是个好名字!在班级微信群全票通过后,我把这名字报给学院领导。时任院长陈强教授大为激赏,欣然写下《创刊词·寄语〈汉舟〉》,孙院特赋一阕《〈汉舟〉行》。2015 年 9 月 26 日,《汉舟》精美的彩色创刊号问世。

创刊号的执行主编是我,一是想为学生们立一个范本,二是想把它做成一份入学纪念礼物。一名学生告诉我,当她看到印有自己照片、自己文字的《汉舟》,就像拿到同济录取通知书一般激动,更下定决定要把自己负责的《汉舟》做好。对于从未有过编辑经验的学生来说,独立组稿、采编,完成版面设计,并按时提交,并非易事。我帮他们明确了工作时间表,制作了编辑模板,教会了他们用 word 排版的技巧。为解决稿源问题,我又提供了四个"锦囊":(1)汇编学院新闻,(2)书写个人心得,(3)诚邀师生赐稿,(4)摘录前沿成果。这基本奠定了《汉舟》头版、"雏莺新啼"、"杏坛论道"、"学术前沿"四大板块的格局,让学生在编报过程中加深对专业、对学院的了解,增进与

同学、老师的交流,锻炼写作和编辑的能力。

同济"汉硕一期生"只有6名,且全部采用"5+2"培养模式(即周一至周五从事汉语教育工作,周六、周日完成汉硕专业课的学习)。整个第一学期,他们根本没有休息日,却顶住压力,保质保量地完成了《汉舟》编辑工作。汉硕的任课教师们与导师们也格外关注《汉舟》,在此倾听学生心声,关注学生动态,并将《汉舟》作为课堂的延展,补充在课堂上未及深入探析的问题、分享各自最新的研究成果。

为了让更多人读到《汉舟》,学院官网总是同步发布《汉舟》的电子版。2016级新生入学时,有好几位同学表示,自己经常上官网看《汉舟》,越看越喜欢这个专业,更为自己能成为同济汉硕一员感到骄傲。此时,"汉硕一期生"基本都已外派孔子学院,2016级成了《汉舟》主力军。他们比前辈幸运——班级人数多,还有11位国际汉硕同学,更能得到学长、学姐从海外发回的"一线报道"。执行主编们再也不用为"稿子不够"愁眉不展,而能专注思考"哪篇更好"。《汉舟》,促使不同国别、不同年级的学生互相交流,将所有的同济汉硕人团结到了一起。

那一年,学校对学院领导班子作了较大调整,陈强院长离开了学院,依旧全力支持着汉硕;刘淑妍院长走马上任,为专业建设带来了新的视角。在向刘院长介绍汉硕工作情况的时候,我递上了《汉舟》。她眼前一亮,喜道:"咱们继续加油干!将来《汉舟》一定要出书!"

2020年,同济汉硕设立五周年,《汉舟》发行至50期[①]。得到同济大学研究生院教改项目的支持,终于可以集结出版。在这个特别的春天,我将50期《汉舟》细细整理,仿佛经历了一场时光穿越的旅行,感慨良多。

在这里,我要特别感谢同济大学出版社的丁会欣老师为这本书的出版

---

① 其中,创刊号至44期由我指导学生完成。45期起,由我院思政辅导员李钰倩老师负责指导。

所做出的贡献。最初，为不辜负学生们排版所付出的心血，我希望将《汉舟》按原样影印。会欣老师非常理解、支持，与出版社多个部门反复沟通。最后由于种种原因，无法呈现小刊原貌。她便建议我按文章内容分类，以"文集"的形式呈现《汉舟》登载的文章。于是，有了"不忘初心""教学相长""海外佳音""杏坛论道""源头活水"五个板块，构成了这样一本小书。

《汉舟》，生于"突发奇想"，得名"灵光乍现"，但因为所有心怀热爱的同济汉硕人持之以恒，刻画出这一册珍贵的成长印记，成为同济汉硕的特色。前辈筚路蓝缕、殚精竭虑，后继不忘初心、勇于创新。我，将止笔于此，《汉舟》仍在前行，另一段精彩已然开启。

姚伟嘉

于庚子端午